战略性新兴产业持续创新能力研究

ZhanLüexing XinXing ChanYe
ChiXu ChuangXin NengLi YanJiu

张 璇 / 著

长江出版传媒
湖北人民出版社

图书在版编目(CIP)数据

战略性新兴产业持续创新能力研究/张璇著.
武汉:湖北人民出版社,2017.1
ISBN 978-7-216-09141-1
Ⅰ.①战… Ⅱ.①张… Ⅲ.①新兴产业—产业发展—创造能力—研究—中国 Ⅳ.①F279.244.4

中国版本图书馆CIP数据核字(2017)第012249号

责任部门：时政经济分社
责任编辑：曹新哲
封面设计：刘舒扬
责任校对：范承勇
责任印制：王　超

出版发行:湖北人民出版社　　地址:武汉市雄楚大道268号
印刷:武汉市天星美润设计印务有限公司　　邮编:430070
开本:787毫米×1092毫米 1/16　　印张:13
版次:2017年3月第1版　　印次:2017年3月第1次印刷
字数:233千字　　定价:28.00元
书号:ISBN 978-7-216-09141-1

本社网址：http://www.hbpp.com.cn
本社旗舰店：http://hbrmcbs.tmall.com.
读者服务部电话：027-87679656
投诉举报电话：027-87679757

内容摘要

本书主要基于能力构筑视角下研究战略性新兴产业持续创新体系的问题。以产业创新、持续创新和能力创新为基础，旨在解决三大问题，即战略性新兴产业持续创新能力有哪些、有何特点、有何实现路径？如何构建、评价该产业持续创新能力的系统？目前我国战略性新兴产业持续创新能力水平如何、完善创新能力的途径是什么？结合这三个层层递进、环环相扣的问题，本书在总结我国战略性新兴产业持续创新总体成效、剖析能力缺失现状及原因分析的基础上，借鉴发达国家持续创新实践经验，研究战略性新兴产业基于技术周期持续创新能力的影响因素，提出了该产业“持续创新容器模型”。该模型在前人理论研究的基础上，提出战略性新兴产业由基础板块、内部板块与外部板块组成，并且在运行板块下实现良性互动。其中，基础板块指国家产业战略，内部板块由核心技术、商业模式、模块化组织构成。在理论研究的基础上，通过对武汉市123家战略性新兴企业进行了实地调研与统计分析，分析该模型中支持板块的持续创新能力，同时通过对生物产业进行研究，分析该模型中运行板块的持续创新能力，以期探索符合我国国情的战略性新兴产业持续创新能力构建的实现路径、理论模型、创新体系，力争从能力构筑的新视角探索建立我国战略性新兴产业持续创新能力和产业国际竞争力的有效途径。

序　一

2008年美国次贷危机，引发了世界经济的大变动，各国经济，无论是发达国家还是新兴经济体国家增速均已下降，无一幸免。从经济大周期看，世界经济可能正发展到一个转折点，即使没有美国次贷危机，大的调整也在所难免。在这样一个背景下，2012年中国及时制定了《“十二五”国家战略性新兴产业发展规划》，2016年又进行了调整，重新修订了“十三五”该产业的发展规划。明确提出，力争使战略性新兴产业成为国民经济和社会发展的重要推动力量，到2020年，该产业增加值占国内生产总值比重达到15%，加快发展壮大网络经济、高端制造、生物经济、绿色低碳和数字创意五大领域，并超前布局空天海洋、信息网络、生物技术和核技术领域，形成一批新增长点。应该说，这一国家发展战略的调整是恰逢其时的，它不仅顺应了我国发展方式转变的要求，也是应对世界经济格局大调整的良策。

国家战略性新兴产业的提出，正值张璇同学博士论文选题规划之际，她敏锐地抓住了这一契机，义无反顾地将战略性新兴产业持续创新能力作为攻读博士学位论文的选题。虽然新兴产业、战略产业、创新产业等问题已有很多研究，成绩斐然，但是，战略性新兴产业却是一个全新的研究领域，并非战略产业和新兴产业的简单相加，而且该选题抓住了战略性新兴产业发展的核心问题即创新能力，而且是持续创新能力，这就使博士论文并非简单的应景之作，而是有了一个新的理论高度。应该说，这一在博士论文基础上修改而形成的专著，我认为，对这一问题的创新研究取得了以下三点较好成绩。

首先，通过对战略性新兴产业持续创新能力的路径机理研究，发现战略性新兴产业持续创新能力具备创新元素系统性、创新时间持续性、创新环境动态性与创新方式多样性等多方面的特征。从技术演进角度来看，战略性新兴产业也分为技术研发期、技术突破期、技术生产期及技术商业期,各个不同阶段也有其独特的影响因素,而这些因素决定了战略性新兴产业持续创新模式的成长路径。

其次,基于产业创新系统理论,开发出“战略性新兴产业持续创新能力容器模型”,它由基础板块、产业内部创新能力即支持板块、外部支持能力即运行板块构成,是战略性新兴产业持续创新能力形成的核心。其中,支持板块由前沿技术、生产组织、商业模式、政策改善四个方面共同组成;运行板块强调三个板块之间的有序运行与协同发展。

除此之外,该书在运用数理理论对支持板块进行的分析、运用 DEA - Malmquist 指数法和 FCE 评价法进行实证研究、基于研究的结论而提出的政策建议等方面也有许多很好的个人见解,值得关注。例如,在构建理论模型的基础上,运用相关性分析、鉴别能力分析和模糊分析法,识别评价指标系统的关键因素,构建了战略性新兴产业持续创新能力评价指标体系;从指数及结构分解计算的研发能力与创新转化能力的变化角度,认为我国战略性新兴产业创新效率的总体增长主要来源于技术进步的贡献,资源配置效率的下滑对该产业创新效率的增长造成了不利影响;从战略性新兴产业创新能力体系的三板块结构出发所提的政策建议,等等,我以为这些都是该领域值得重视的研究成果,具有较好的参考价值。

由于战略性新兴产业是一个具有前沿性质的新领域,人们对它的认识才刚刚开始,因此该书不可避免地还存在一些问题,正如作者所说,因战略性新兴产业提出时间较短,书中所提出的战略性新兴产业持续创新能力构建,可能并不完善,有待时间检验或改进。所以,希望本书的出版只是作者在该领域研究的开始,在以后的工作中随战略性新兴产业发展而做持续研究,以取得更好的成绩。

程启智

2016 年 8 月 11 日于武汉

序　二

从当前全球经济进入新平庸期以来，几乎所有国家都展开了新一轮新兴产业的强弱争执之中。各国根据现有的基础条件创新性选择未来产业，从而培育新的经济增长点，加快技术领先的步伐，抢占世界科技前沿，推动经济持续发展，已经显得尤其迫切。在这种大的宏观趋势下，加快我国战略性新兴产业发展的问题也显得尤其重要。这意味着，中国下一轮经济发展主要依靠新兴产业占主导地位，同时产业的新技术、新方式、新模式、新动力等也会随之诞生。但是，众所周知，当前我国传统产业仍然是支柱产业。战略性新兴产业如何取代传统产业成长壮大、如何实现持续创新发展、如何构建现代产业体系成为了各级政府、理论界、企业普遍关注的一个重大议题，其中一个根本的理论需求是如何将该产业创新能力彰显出来，并且保持不间断、持续性的创新效力。

张璇博士以问题为导向，系统提出了战略性新兴产业持续创新的理论体系作为这一新的研究课题。本书理论联系实际，着眼于对实际问题的理论探索，在参考国内外大量相关文献的基础上，坚持运用理论研究与实证研究相结合、实地调查与问卷分析相结合、数理分析与逻辑分析相结合、动态分析与静态分析相结合，分析战略性新兴产业创新集成的基本构造、逻辑关系、指标体系，提炼出指导该产业发展壮大的具体模式和创新路径，并提出相应的政策完善建议。本书以典型地区、典型产业为研究样本，全面阐述并系统回答了培育战略性新兴产业持续创新能力的要素体系。这些观点和思路可以为推动该产业健康发展提供较好的参考和借鉴。

作为中共武汉市委党校的一名优秀骨干教师，张璇博士长期承担厅局级领导干部和公务员各类班次的培训教学任务，所讲授的专题获国家行政学院“首届优秀课”称号，获湖北省党校系统第四届“优秀精品课”称号。主持省部级、市级课题多项,并参与多项国家级课题研究以及政府、企业战略咨询。在国内外刊物发表学术论文20多篇,核心刊物上发表学术论文8篇。多项决策咨询报告获武汉市委、市政府领导签批。作为一个关心她成长、并殷切期盼她成长的领导,我欣喜地看到她一直以来的积极进取与严谨治学的态度。在承担本单位的日常教研工作之余,她利用业余时间攻读在职博士研究生并完成本书的撰写,其中的艰辛是可想而知的。本书是在她博士论文的基础上进一步修改完善而成的,作者历经几年的心血凝聚而成,比较充分地反映了作者深入思考的成果。

我相信,本书的出版有助于提高理论界对战略性新兴产业持续创新能力的认识,也期待本书的研究成果能为我国推进产业转型升级和建设产业强国提供有益的参考和借鉴。当然,我更希望张璇博士能够以此为契机,在今后的教学、科研、咨询工作中不断开拓进取,多出精品。

杨学文

2016年8月于武汉

CONTENTS

目　录

第一章 绪　论

第一节　研究背景与意义

一、本书选题背景

自2008年次贷危机后国际国内经济形势发生了深刻变化。世界经济进入深度转型调整期，一方面世界经济平衡格局被打破，经济重心向亚太地区转移趋势明显，发达经济体与新兴经济体加速转型，另一方面伴随着第三次工业革命浪潮与新兴产业不断成长，新一轮国际产业转移显得势不可当，世界经济全球化也日趋深入。在这种新的格局下，世界各国积极进行战略性重组，力争抢占新一轮科技与经济发展的制高点和主动权。而中国也进入了新的阶段，经济增长速度换挡期、结构调整阵痛期、前期刺激政策消化期的"三期叠加"使经济步入新常态，增长速度、发展方式、产业结构、增长动力等都发生了变化。而无论是发达国家还是发展中国家，都把大力发展新一轮新兴产业视为这种调整的有力支撑。

新一轮新兴产业的强弱争势，从国内来看，是有效调整产业结构、满足人民更多需求、推动经济健康发展的着力点，从国际来看，是彰显科技发展程度的里程碑、经济安全稳定的保护伞、国家综合竞争能力的标志牌。战略性新兴产业也就应运而生了。虽然我国战略性新兴产业提出时间不长，但是可以说，它即将成为国民经济的重要支柱产业，是强国富民之根本，是实现中华民族伟大复兴中国梦的必要保证。因此，为适应世界经济变革，优化我国产业结构，推动产业创新，使战略性新兴产业成为新的经济驱动力具有非凡的意义。

1. 历史背景：发展战略性新兴产业是我国产业转型升级的必经之路

纵观世界经济发展，以产业创新为标志的科技革命推动了国家发展的进程。

18 世纪以蒸汽机为代表的工业革命使英国成为世界经济霸主,19 世纪后期的电气时代和 20 世纪的信息时代又都是以美国为开端,并奠定了美国紧随其后独领世界经济舞台。随后的日、韩、欧盟等也都开启了以标志性产业为代表的科技革命,呈现出劳动密集型、资本密集型到技术密集型,目前已升级到了以知识密集型产业为主的持续性产业升级。

再看国内经济发展,改革开放三十多年是中国产业结构调整的三十多年,也是中国主导产业不断更替的三十多年。中国的产业结构变化主要受两方面影响:一是国内市场需求。20 世纪 80 年代初居民对以"三大件"或"三转一响"(自行车、缝纫机、手表、收音机)为代表的农副、轻工等产品有强大需求;随后 20 世纪 90 年代以后出现以家庭耐用品为标志的产业转型,如电视、冰箱、洗衣机及录音机;而 20 世纪 90 年代末,以汽车、住房、通信、教育等产品的消费和更新换代又成为主导。然而进入后危机时代,我国的市场需求又发生了明显变化。据 2013 年国家统计局公布,我国第一产业增加值比重为 10.0%,比上年略微下降 0.1 个百分点,比重基本持平,而第三产业比重则明显提高,达到 46.1%,比上年提高 1.5 个百分点,比第二产业比重高 2.2 个百分点,这是第三产业比重首次超过第二产业,也是我国产业结构进入"服务性"时代的标志阶段,它不仅是消费结构升级不断加快的客观反映,也是产业结构调整政策不断推进的结果。需求市场的转变势必需要供给侧结构性改革,减少无效和低端供给,扩大有效和中高端供应,提高全要素生产率成为供给侧结构性改革的主要任务。二是对外开放导入。自 1980 年批准建立深圳等四个经济特区之后,纺织、服装、家电、机械电子等为代表的终端组装型劳动密集行业,伴随着国际产业转移浪潮涌向我国,其后党的十四大报告明确提出"引导外资主要投向基础设施、基础产业和企业的技术改造,投向资金、技术密集型产业,适当投向金融、商业、旅游、房地产等领域",产业由劳动密集型向资本、技术密集型转变,但始终集中在处于价值链低端的劳动密集型产业。十八大我国提出了"完善互利共赢、多元平衡、安全高效的开放型经济体系,三中全会明确要"构建开放型经济新体制",五中全会提出"发展更高层次的开放型经济",做到引资引技引智并举,将走出去和引进来相结合,提高外资使用效率,转移富余产能,腾出空间调整国内产业市场。因此,无论是从其他国家成功的经验还是我国产业发展的进程来看,推动以战略性新兴产业为代表的产业创新将成为我国产业转型升级的必经之路。

2. 经济背景:发展战略性新兴产业是我国经济增长的源泉

在全球经济增速明显趋缓的大格局下,各国之间围绕科技、产业、经济等关键领域制高点的竞争日趋激烈,无论是发达国家还是新兴国家都加快了寻找下一轮经济增长源泉的脚步,发达国家纷纷实施再工业化战略,新兴经济体加强了新技术新产业战略部署,各国的探寻足迹无一例外的是寻找更高端的产业来取代旧有产业,努力抓住新一轮科技和产业革命的机遇。而随着消费需求步入我们视野的战略性新兴产业,凭借其明确的发展前景和对经济较强的拉动作用,发展该产业成为世界各国共识。

众所周知,当前我国传统产业仍然是支柱产业。传统产业企业数占整个企业数的三分之二,我国国内生产总值的87%属于传统产业创造的,国家财政收入的70%左右来自于传统产业。当前传统产业富余现象明显,供给侧结构性改革提出去产能、去库存、去杠杆、降成本、补短板的“三去一降一补”成为首要任务。那么,我国新一轮经济增长源泉靠什么产业作主导也摆在我们面前。而且,要成为新一轮经济增长的支柱产业,其实质是以高新技术为依托,要义在于大力发展新能源、生命科学、智能制造、新一代信息技术等高新技术产业,并以此改造传统制造业,建立新兴产业部门,推动产业升级,创造新经济增长点。以美国为例,美国在经历产业霸主、货币霸主、科技霸主的更迭后,开始构建能源霸主地位。而美国将发展新能源首要放在对页岩气的开发使用上。页岩气具有资源消耗低、清洁程度高、科技含量高、潜在市场大、战略地位强等优势,其勘探开发技术的突破使美国页岩气产量爆发式地增长,2006—2010年五年间增长近20倍,推动美国连续4年超过俄罗斯成为世界第一大产气国,也使美国能源自给率上升到80%以上。同时美国针对欧洲和亚洲市场加大对页岩气出口,2012年美国分别与英国、西班牙、印度及韩国签署了年出口量共计1600万吨的协议,2013年与日本、韩国、印度等国家的公司签署10项出口协议。截至2013年底,美国签署的LNG出口协议量已经达到5505万吨,预计2017年左右,美国每年将至少有2600万吨页岩气直接销往亚洲市场。由此可见,迅速抢占战略性新兴产业的制高点,是培育新一轮经济增长源泉的有效途径。

3. 技术背景:重大技术突破为战略性新兴产业发展奠定了基础

有关统计研究表明,20世纪初发达国家经济增长只有5%~20%来自科学技术,而50年代后则有60%~80%依靠科学技术的进步。当今世界新一轮科技创新正在加速推进,以大数据、网络空间安全、可穿戴设备为代表的新一代信息技术,以3D打印、工业机器人为代表的智能制造技术,以碳纤维、石墨烯、海洋工程材料、高温合金材料、半导体照明为代表的新材料技术,以遗传基因工程为代表的生物技术等,将在新一轮全球经济变革中发挥关键的作用和产生重大的影响。

以新材料中的石墨烯产业为例，随着2015年习近平出访英国时参观曼彻斯特大学国家石墨烯研究所，这个以新材料为代表的战略性新兴产业更多进入公众的视野中。起初作为一种纳米级新材料，石墨烯具有透光性好、导热系数高、电阻率低、电子迁移率高、高机械强度的优势，随着技术不断突破与广泛运用，包括散热材料、柔性触摸面板、微型传感器、二次电池、芯片材料等领域在内均有石墨烯的身影。除此以外，研究人员试图将该材料运用于医学领域，将未处理的石墨烯材料与神经元接触，通过电极植入神经并不对人体神经元产生影响，有望对治疗神经系统疾病如帕金森，恢复截肢患者、瘫痪患者的知觉等产生深远的影响。目前石墨烯的应用已经开展，在技术专利上，我国在国际上已经申请2200多项石墨烯专利技术，约占全球石墨烯专利技术的三分之一；在技术成果上，我国已有量产石墨烯智能手机，以及石墨烯柔性显示屏等；在产业规模上，我国形成了以江苏省（常州、无锡、南京等地）为中心，宁波、青岛、重庆、德阳、河北、北京等地活跃分散发展的格局。2015年11月，工信部、发改委和科技部联合发文，对加快石墨烯产业创新发展提出了若干指导意见，推动“实验室技术”走向“产业化技术”，启动产业国家标准制定，推进首批次产业化应用示范，推进拓展应用领域。2016年“两会”期间，石墨烯产业再次成为关注焦点，以石墨烯为代表的新材料数份议案提案被提交至两会，并纳入“十三五”规划制订中。因此，建立战略性新兴产业一旦取得重大技术突破，势必会广泛运用在各个领域，其发展也将势不可当。

4. 政策背景：多种政策叠加推动战略性新兴产业快速发展

面对未来经济预期普遍不乐观的局势，世界各国都纷纷出台国家创新战略，大力推进技术创新，立足新兴产业崛起，力求不断创造新的经济增长点，多种政策不断出台，使美国、欧盟、中国等国家和地区都从国家及地区发展的战略层面制定了新兴产业规划并已逐步形成了持续进步的态势。

美国《创新战略》《美国复兴与再投资法》《美国清洁能源安全法》等确定了重点投资基础建设为可再生能源、节能项目、医疗信息化等领域；欧盟提出《地平线2020》科研计划总预算约800亿欧元，其中246亿欧元用于基础研究，179亿欧元用于应用技术研发，推动信息技术、新材料技术、生物技术；在欧盟成员国中，德国通过“温室气体减排新法案”和“工业4.0计划”，预计投资2亿欧元，旨在提升制造业的智能化水平，建立具有适应性与资源效率并重的新型智慧工厂；英国立足于环保产业，颁布《低碳产业战略远景》《英国低碳转型计划》《英国可再生能源战略》等，提出核能、可再生能源和洁净煤是英国未来能源的三个重要组成部分，并在2020年前使所有能源中可再生能源的比重达到15%；日本提出《技术创新25战略》《制造基础白皮书》等，提出了“技术革新战略路线图”，强化推进研发体制创新和产业集群计划。

围绕新兴产业崛起与发展，世界经济进入高研发强度与高技术产业时代，我国也不例外，推动产业创新的政策不断出台。2016年推出《“十三五”国家战略性新兴产业发展规划》，确定了加快发展壮大网络经济、高端制造、生物经济、绿色低碳和数字创意五大领域，并超前布局空天海洋、信息网络、生物技术和核技术领域。同时先后也提出“宽带中国”“中国制造2025”“互联网+”产业发展。其中，《“十三五”国家战略性新兴产业发展规划》中明确提出，到2020年，战略性新兴产业增加值占国内生产总值比重达到15%，形成新一代信息技术、高端制造、生物经济、绿色低碳、数字创意5个产值规模达10万亿元级的新支柱。到2030年，战略性新兴产业发展成为推动我国经济持续健康发展的主导力量，我国成为世界战略性新兴产业重要的制造中心和创新中心，形成一批具有全球影响力和主导地位的创新型领军企业。一直以来，战略性新兴产业如何成长壮大、如何取代传统产业、如何实现持续创新发展，作为产业转型与供给侧结构性改革的新研究课题，备受关注。

我国战略性新兴产业的发展，要建立持续创新系统为推动力，而这个创新系统中最重要的是创新能力的构筑。因此，针对我国战略性新兴产业的发展现状，在借鉴发达国家持续创新实践经验的基础上，探索符合我国国情的战略性新兴产业持续创新能力构建的实现路径，形成一套既立足实际又展望未来的创新机制，从而在全球竞争格局中构建独特的产业创新系统，发挥我国的产业竞争优势，提升产业技术水平和国际竞争力，构建中国经济安全的保护网，是实现中华民族伟大复兴中国梦的重大战略问题。

二、本书选题意义

1. 对于推动我国战略性新兴产业发展具有宏观指导意义。党的十八大报告明确提出：着力增强创新驱动发展新动力，着力构建现代产业发展新体系。从过去的产业背景看，我国战略性新兴产业不是简单从传统产业过渡而来，它与发达国家有着截然不同的发展背景；从现在的产业起点看，基本与其他国家同步，有些产业在技术层面上差距不大；但是，在未来谁能成为战略性新兴产业的领导者，还有待事实来论证。显然，新一轮的科技浪潮将战略性新兴产业作为一个崭新的探索性重大任务摆到我国企业和政府管理部门面前,人们对"究竟如何建立战略性新兴产业发展体系"尚缺乏全面而深刻的理论认识。我们需要什么样的运行机制、如何构建这样的机制、如何用创新因素推动发展等问题,我们并不十分清楚。所以,本书立足于产业创新体系研究,对于挖掘该产业的本质特性,剖析成长规律、探寻发展路径,具有重要的指导意义。

2. 对于战略性新兴产业创新系统的能力建设具有学术意义。从学术角度看,"产业创新系统"(SIS)研究时间较短且局限于传统产业,而且这些系统往往忽视了产业动态演进的本质特性,既没有从理论上剖析创新系统运行机制、创新因素间的逻辑关系,也没有从实证上测算创新系统建立的根本目的、如何实现这些目的等问题。因此,本书批判地借鉴和吸收产业创新系统理论的科学成果,结合新经济时代发展背景,构建战略性新兴产业创新系统,认为创新能力的构建是创新系统的内质内涵,并论证通过创新能力因素的集成实现产业创新效能最大化的目标与路径,这对于发展现代产业创新体系具有十分重要的理论意义。

3. 对于提升不同战略性产业的经济效益具有现实意义。从现实角度看,一方面纵观其他很多产业,虽然在短短几十年迅速实现了产能扩张,但快速发展后一系列问题也相继凸显,使我们不得不深思产业发展优化体系与最终目的到底是什么;另一方面细看战略性新兴产业最初提出了大力发展不同战略性新兴产业,而"十三五"中确定了五大产业领域为发展重点。那么,不同产业存在技术不同步、优势不均衡、风险不相等、市场不一样等问题,这都充分说明它既具有成长规律的共性,又具有发展现实的差异性,更需要构建一个良性产业运行机制,以利于不同产业各自比照、扬长避短。所以,本书立足于战略性新兴产业持续创新能力体系的建设,构建实践活动中的整体框架与流程步骤,对我国政府在该产业创新过程中应采取的策略提出具体建议,具有重要的实践意义。

4. 本书将是多学科交叉综合研究的成果。一方面,本研究立足于经济学视角,以创新系统理论、持续创新理论、创新能力理论为指导,建立战略性新兴产业的创新能力体系的评价指标,用所建立的评价指标体系对现实发展中的企业进行评价。另一方面,立足于创新规律及培育路径研究,不仅涉及经济学的理论和方法,而且涉及管理学、行政学、法学及复杂性科学的理论和方法,这种多学科交叉综合研究形成的科研成果,对于管理科学在我国宏观管理中的应用和发展具有十分重要的理论意义。

因此,科学合理地评价战略性新兴产业的持续创新能力,从宏观上可以为政府部门有针对性制定相关政策提供理论依据,构建国家产业的良性发展机制,从微观上可以为企业的分析评价、经营发展与投资决策作出科学指导,找出企业在持续创新能力上的差距及剖析原因,提出对策,提高企业及整个产业的持续创新能力。这对于我国产业保持良性运转体制与长期竞争优势,获得最优化的资源整合与最佳的经济效益都具有重要的研究意义。

第二节 逻辑思路与方法

一、逻辑思路

本书主要基于能力构筑视角下研究战略性新兴产业持续创新的问题。以产业创新、持续创新和能力创新为基础,本书旨在解决三大问题,即战略性新兴产业持续创新能力有哪些、有何特点?如何构建、评价该产业持续创新能力?目前我国战略性新兴产业持续创新能力水平如何、还应该怎么去完善?这三个问题从逻辑上层层递进、环环相扣,是我国发展战略性新兴产业的重要研究命题。

以此展开,本书首先从文献分析入手,分析了当前文献中对战略性新兴产业的持续创新能力研究较少,从战略性新兴产业内涵及特征入手,分析了我国该产业持续创新的成效、存在问题及能力缺失原因。然后,从战略性新兴产业及创新系统入手,界定该产业持续创新能力理论内涵、影响因素,剖析该产业的成长路径,构建战略性新兴产业持续创新能力的理论模型,应具备基础能力子系统、内部创新子系统及外部支持能力子系统,其中内部创新子系统又由前沿技术创新能力、模块化组织创新能力、网络化商业模式能力三方面组成。

在理论模型构建的基础上,运用模糊评价法构建了战略性新兴产业持续创新能力评价指标体系,采用两阶段 DEA 法构建战略性新兴产业持续创新能力静态评价模型。这两种分析法将定量分析与定性分析结合,并且通过收集整理武汉市战略性新兴产业相关真实数据进行数理分析,对战略性新兴产业持续创新能力的建立提出对策。

这一系列的理论研究丰富了产业能力创新理论,有助于新时期战略性新兴产业发展提供技术支持,最终对企业发展、政府规制提出有益启示。

二、技术路线和研究方法

首先以问题为导向，解释战略性新兴产业持续创新能力的诸多因素及路径机理，运用相关理论分析和实证研究，分析该产业创新集成的基本构造、逻辑关系、指标体系，提炼出指导该产业发展壮大的具体模式和创新路径。主要运用的研究方法有：

系统分析法：引用产业创新系统分析战略性新兴产业创新因素之间的逻辑关系，揭示其所具有的功能和作用。

实证分析法：建立战略性新兴产业"持续创新能力容器模型"，建立 4 个目标层 38 个一级指标的评价体系。以武汉市为例，对 123 家战略性新兴产业的相关企业运用数据包络法（DEA）进行调查研究，并且以武汉生物企业为研究对象，运用综合模糊评价法（FCE）进一步深入进行持续创新能力体系与运行模式的研究。以期探索战略性新兴产业的持续创新能力存在的问题并提出相关建议。

交叉研究：本研究涉及众多关联学科。因此，本书将采用多学科的交叉研究方法，从产业经济学、企业战略理论、价值链理论、商业模式理论、技术创新理论等多个研究领域出发进行多维交叉研究。

在运用研究方法的过程中，还注意了各种方法之间的结合。例如在模型构建过程中，运用动态与静态分析的结合，不仅在静态下构建了两阶段的 DEA 评价模型，还考虑了时间因素构建了评价变动模型；在收集数据的过程中，运用了理论与实证分析的相合，根据已构建的指标体系和评价模型，通过调查问卷的形式获得了相关数据，并对数据进行效度和信度分析，在指标数据满足检验后再进行实证研究。

第三节　研究结构及内容

本书共分为八章，各章节的主要内容为：

第一章，绪论部分，这是对本书的一个鸟瞰。首先，该部分对本书的研究背景、研究意义做出说明。其次，介绍了论题的逻辑思路、研究方法与全书的结构、内容体系。最后，对本书进行总结性述评，除了总结在前人工作基础上可能取得的创新之外，还包括所存在的不足之外。

第二章，文献综述，这是对本书涉及文献的一个梳理。分别梳理了产业创新理论与战略性新兴产业相关理论，并对现有研究进行了述评。

第三章，战略性新兴产业持续创新的概述，是对我国战略性新兴产业持续创新的总体印象，即对我国战略性新兴产业持续创新的总体成效、存在问题与能力缺失的原因分析。这是研究的现实基础和逻辑起点。在对战略性新兴产业内涵及特征分析的基础上，梳理近几年来我国战略性新兴产业持续创新所取得的六大成效，即发展势头迅猛并带动市场需求强劲、部分技术取得重大突破并极大增强技术创新信心、新兴服务层出不穷并不断扩大惠及民生范围、大批指导政策不断出台使产业发展环境进一步改善、涌现一批高速成长的企业并形成区域聚集化发展、地方政府高度重视并加速了区域分工格局。但是，在实际发展过程中还存在技术创新能力、产业标准能力、人才培育聚集能力、投融资运行能力、财税扶持能力、政策配套能力、创新价值链能力、区域协调统筹能力、商业化运行能力及国际市场领先意识十大持续创新能力缺失的现象，并对存在问题原因进行深刻剖析，认为对发展战略性新兴产业持续创新能力的认识不足、"市场在资源配置中起决定性作用与更好发挥政府作用"尚未完全释放、质量与速度并存的发展格局使有限的资源较难用到尚待培育的战略性新兴产业上这三方面是存在问题的根源所在。

第四章，战略性新兴产业持续创新能力运行机理，是基于技术周期理论对战略性新兴产业持续创新能力的模式进行分析。这是研究的理论基础和理论根源。结合产业持续创新能力相关基础理论，科学界定了战略性新兴产业持续创新能力的内涵，总结该产业与传统产业可持续创新在战略定位、技术创新、价值创造等方面有明显差异，总结出战略性新兴产业持续创新能力具备创新元素系统性、创新时间持续性、创新环境动态性与创新方式多样性的特征。运用技术生命周期理论合理剖析了战略性新兴产业在技术产业不断演进过程中，即技术研发期、技术突破期、技术生产期及技术商业期四个不同周期应具备的各种持续创新能力。在此基础上，提炼出该产业持续创新的三种新模式，即进程创新、方式创新与主体创新，提示了战略性新兴产业持续创新能力形成的机理。

第五章，战略性新兴产业持续创新能力理论模型。这是本书的思想中心和理论核心。对战略性新兴产业持续创新模型构建原理进行分析，提出该模型的本质属性、构建原则与构建目标，认为国家战略创新能力、产业内部创新能力与外部支持能力是战略性新兴产业持续创新能力的三个核心问题，三者之间相互作用与影响。在此基础上，构成了基础板块、支撑板块与运行板块共同构建的

"战略性新兴产业持续创新能力容器模型"。一是基础板块即国家战略引导能力,国家战略的有效引导能够使战略产业形成合力,不仅能克服成长初期的各种障碍性因素,也能在国际市场形成强大的竞争力。二是支持板块,由产业内部创新能力与外部支持能力组成。内部创新能力按照产业生命周期理论可以由前沿技术、生产组织、商业模式三个方面共同组成,分别代表该产业由实验室环节、生产环节到商业环节的运行系统。外部支持能力是使内部创新运行系统达到效率最大化的政策改善体系,确保该产业在各个运行阶段协调运转。三是运行板块,由支持板块的四个子运行系统共同构建。重在调配各供给要素间相互关系,强效推进战略性新兴产业内部创新、外部支持两方面有序运行、协同发展。

第六章,对战略性新兴产业持续创新能力进行实证分析。以武汉战略性新兴产业为研究样本,通过发放调查问卷、访谈企业、邀请专家座谈等多种形式,收集一手的数据资料,为模型构建提供实证分析。运用 DEA-Malmquist 指数法对战略性新兴产业持续创新能力进行实证研究。发现从 Malmquist 指数及结构分解计算的研发能力与创新转化能力的变化看,我国战略性新兴产业创新效率的总体增长主要来源于技术进步的贡献,资源配置效率的下滑对新兴产业创新效率的增长造成了不利影响。从企业间产业创新效率的变动看,股份制背景的新兴企业的资源配置效率明显高于民营和国有的有限责任公司的资源配置效率,却和企业的规模没有关系。

第七章,对战略性新兴产业持续创新能力进行案例分析,这是对上一章的有效补充和进一步论证。实证研究可以从数理角度客观分析战略性新兴产业持续创新容器模型的支持板块,但不能有效分析运行板块的构成逻辑。因此,本书以武汉生物产业为研究样本,通过对典型地区、重点产业进行实地调查的方式,运用模糊评价法对战略性新兴产业持续创新能力进行理论与实证研究,发现战略性新兴产业持续创新能力的各项指数发展并不是十分均衡,其中模块化组织能力指数(C)和支持体系能力指数(D)比较低。说明战略性新兴产业还需在项目管理决策能力、企业管理激励机制、内部协调顺畅性、市场融资能力、创新人才激励能力、政策创新扶持能力等方面尚需加强。

第八章,对战略性新兴产业持续创新能力政策研究。针对该产业的持续创新能力容器模型的理论基础,分别对各板块提出政策建议,即对基础板块要增强国家战略引导创新能力、对支持板块要培育要素环节的协同创新能力、对运行板块要优化产业模式的运营创新能力。

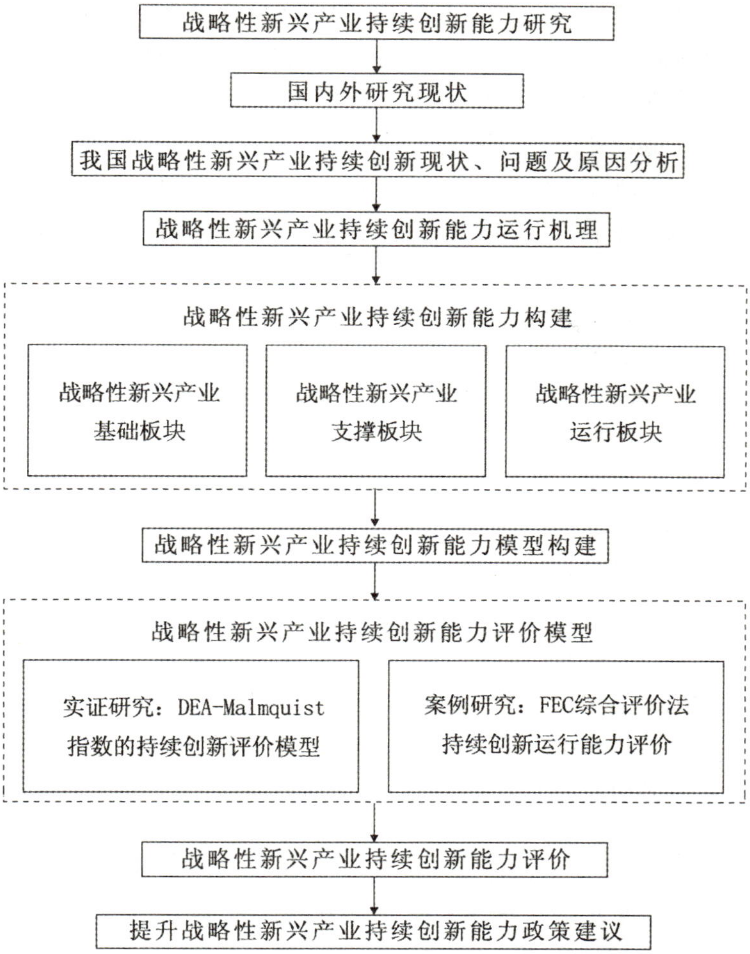

图 1-1　全书结构

第四节　主要创新与不足之处

本书可能存在的创新点主要有以下几个方面。

一是通过界定战略性新兴产业持续创新能力，分析其影响因素以及持续创新能力形成的路径机理。战略性新兴产业与传统产业在可持续创新上的战略定位、技术创新、价值创造等方面有明显差异，总结出战略性新兴产业持续创新能力具备创新元素系统性、创新时间持续性、创新环境动态性与创新方式多样性的特征。从技术演进角度，战略性新兴产业可分为技术研发期、技术突破期、技术生产期及技术商业期，各个不同阶段有其独特的影响因素，而这些因素决定了战略性新兴产业持续创新模式的成长路径。

二是基于产业创新系统理论，开发“战略性新兴产业持续创新能力容器模型”，认为国家战略创新能力即基础板块、产业内部创新能力即支持板块、外部支持能力即运行板块是战略性新兴产业持续创新能力的三个核心问题，三个板块之间相互作用与影响。在此基础上，构成了基础板块、支撑板块与运行板块共同构建的该产业持续创新的构成体系。其中，支持板块由前沿技术、生产组织、商业模式、政策改善四个方面共同组成。运行板块强调三个板块之间的有序运行与协同发展。

三是运用数理理论对支持板块进行分析。在构建理论模型的基础上，运用相关性分析、鉴别能力分析和模糊分析法，识别评价指标系统的关键因素，构建战略性新兴产业持续创新能力评价指标体系。构建两阶段 DEA 的持续创新能力静态评价模型和基于非参数的动态评价模型，运用 DEA-Malmquist 指数法对战略性新兴产业持续创新能力进行实证研究。以静态和动态相结合的方式，以具有代表性的武汉战略性新兴产业相关数据为样本进行评价，为战略性新兴产业定量指标评价提供科学方法。运用实证案例对持续创新能力体系进行分析。以武汉生物产业为研究样本，根据产业特征与产业生命周期特性，梳理成长规律，预测未来发展趋势。并且，运用综合模糊评价法（FCE），以武汉生物产业为研究样本，根据产业特征与产业生命周期特性，梳理成长规律，预测未来趋势，构建持续创新能力理论模型与运行体系，剖析其培育持续创新能力的平台建设，进一步深入进行持续创新能力体系与运行模式的研究。

战略性新兴产业是一个十分前沿、指导意义十分重大的研究课题，而该产业的持续创新能力构建更是一个复杂的理论与实践并存的问题。由于本人能力与精力有限，对与产业创新系统相关的经济学、计量学、管理学等相关理论知识研究深度不够。研究上存在的问题主要表现在三个方面。

一是战略性新兴产业持续创新能力构建有待时间检验。由于战略性新兴产业是我国政府提出的特有概念，理论界对此有较多争议，部分学者认为该产业的兴起应该是市场行为，因此该产业是否能持续创新发展还有待时间检验，不能仅限于理论分析。

二是关于战略性新兴产业持续创新能力还有待进一步做更细致的研究。该产业创新能力构建是一个复杂、庞大的系统工程，它受诸多因素影响，因而对相对动态的环境变化下如何适时调整该系统没有做更深入的探讨。

三是数据收集有限。从计量分析的角度来看，时间序列的数据越长，样本数量越大，其实证的准确性也就越高，但由于该产业提出时间较短，相关文献资料还不够丰富，相关的产业组织成立的时间也较短且规模普遍较小，所以数据的收集存在一定的局限性。

第二章 文献综述

第一节　产业创新相关理论

一、创新基础理论回顾

1. 创新的内涵

创新概念最早由奥地利经济学家约瑟夫·熊彼特(Joseph A.Schum Peter)开创性地提出的,他在《经济发展理论》中认为现代经济的发展根源于创新,是一种新的生产函数的建立,是实现生产要素和生产条件的一种从未有过的"新组合",这种"新组合"即是创新的内容,分别是引进新产品、采用新方法、开辟新市场、获得新供应来源、实现一种新组织。熊彼特的创新理论不仅突破了仅从资源、劳动力、资本的角度解释经济增长的旧束缚,还引导人们从知识、技术、人力资源等全新角度来解释经济增长的动因。

随后,从经济增长理论角度研究的创新内涵,主要出现过两次高潮。一是罗伯特·索洛(Robert Solow)1956 年提出的技术创新外生经济增长模型。经济学家认为,经济增长主要来自于全要素生产率的提高,而全要素生产率的一个重要决定因素就是技术变化。索洛率先将产量、资本、劳动、知识四个因素作为变量,提出了著名的索洛模型,而索洛剩余即是有效劳动的平均资本存量的增长和单位平均产量之间的差。索洛用标准经济学方法解释了技术进步推动经济增长这一问题。二是保罗·罗默(Paul Romer)1986 年将知识完整纳入经济增长的内生化而推动经济增长为理论基点,从而提出内生增长模型。这种模型大致可以分为两种,一种是建立在 1962 年肯尼斯·阿罗(Kenneth Arrow)的"干中学"(Learn by Doing)模型基础之上,阿罗认为学习是经验的产物,经验增长是推动技术变革和创新的重要因素。在此基础上,罗默(Romer,1986)提出了知识外溢模型、卢卡斯(Lucas,1988)提出了人力资本模型等;第二种是将R&D、不完全竞争整合进增长框架的技术进步模型。基本都认为,不是将创新视为产品种类的增加,就是将创新视为固定种类的产品质量的改进。其中有代表性的是格罗斯曼(Grossman,1991)、罗默(Romer,1990)、阿洪和霍伊特(1992)。第二种模型受到熊彼特创新思想影响更为明显,这类模型往往被称为新增长理论中的新熊彼特主义的复兴。最有代表性的是罗默提出的“知识积累的经济增长模型”,他将生产部门分离,引用人力资本和技术水平两个重要因素建立了知识积累的经济增长模型,研究了知识增长如何转化为生产率并促进经济增长,以及索洛剩余中的外生变量如何转化为内生变量的经济增长问题。这些研究一直以来以如何理解创新对经济增长的推动作用为核心,并且致力于将技术创新、知识创新、经验创新等因素纳入经济增长模型。

早期的创新理论基本认为创新就是技术创新与产品创新。经济合作与发展组织(OECD,2005)则将创新的内涵进一步地拓展。它认为创新不仅包括产品创新、工艺创新,还包括市场创新与服务创新。因为前两种的创新实现或完成,必然涉及生产领域活动到消费领域活动的诸多方面,包括科学、技术、组织、金融和商业的一系列活动,最终只有在市场上实现成功的完整过程。随着市场创新成为越来越重要的非技术的创新形式,实现了为客户创造新的价值,为企业及相关利益者创造新的财富,因此这个过程也可以理解为商业模式创新(Chesbrough, 2007①)。这些研究的重要贡献在于,不断丰富了创新的内涵,使创新不再局限于技术层面,而是涵盖了由思想创新到走向市场一系列进程中的创新因素和创新环节。

2. 创新过程模型

熊彼特提出了“创新是一个过程”的思想,但他并没有对技术创新活动进行过程的阐释。1951年索洛在《资本主义过程中的创新》中强调了创新的两个过程,即新思想来源和以后阶段现实发展,被认为是创新过程研究的里程碑。此后,学者们对创新过程进行了持续研究。

一是线性模型。线性模型分别从新技术的生产者、新技术的使用者以及两者共同作用这三个角度最直接描述了技术创新的过程。第一种角度最有代表性

---

① Chesbrough H, Business Model Innovation: it's not just about Technology Anymor, *Strategy & Leadership*.2007.

的是 1985 年 Kline.S.J.提出的四阶段模型、1982 年 Schinmidt-Tiedemann 提出的七阶段模型;第二种角度最有代表性的还是 1983 年 Tornatzky,et al 提出的技术使用者模型;第三种角度是 1979 年 Von Hippel 提出的将技术源与技术使用者两者相结合的模型。正如罗森伯格提出“创新活动由需求和技术共同决定,需求决定创新的报酬,技术创新决定成功的可能性和成本”。然而,线性模型直接简单的优点恰恰也暴露了它的缺陷,它无法表达创新元素之间相互复杂的关系。

二是交互作用模型。它弥补了线性模型的缺陷,较好反映了创新活动中的交互关系和反馈关系。最具代表性的是 20 世纪 70 年代末至 80 年代初罗斯·韦尔(R. Rothwell)和罗伯逊(A. Robertson)提出的,它强调技术和市场的有机结合,强调创新过程中各环节与市场需求、技术进展之间的交互作用,是线性模型的进一步深化。

三是“链环—回路”模型。美国斯坦福大学教授克莱茵认为技术创新的过程是一个复杂的过程,不能简单用“技术推动”或“市场拉动”来阐述,他于 1985 年提出了环形模型和五个链接模式。他将技术创新的各个阶段与现有知识技术存量和基础研究相联系,提示了创新链各个环节之间的反馈关系。

四是一体化模型。一体化模型也称并行模型,它将技术创新过程看作是同时涉及创新构思的产生、研究与开发、设计、制造和市场销售的并行的过程,强调技术创新相关职能部门与供应商、用户之间的沟通和合作。

五是系统集成网络模型。该模型强调企业与外部环境的联系和互动,导致了企业创新网络的兴起,即企业技术创新过程既是企业不同部门职能交叉的过程,又是多主体网络互动的结果。这五种模型被 Rothwell(1992)称为创新过程的五代模型。五代模型发展的进程展示了创新元素多样化、复杂化的过程,更好地揭示了创新参与者的相互作用关系。

六是产业层面的 A-U 模型。20 世纪 70 年代,哈佛大学的阿伯纳西(N. Abernathy)和麻省理工学院厄特巴克(J.M.Utterback)认为企业的创新频率和创新类型取决于产业成长的不同阶段,只是在产业成长的不同阶段,对企业的产品创新和工艺创新的侧重有所不同。而产业的成长阶段可以演化为三个阶段,即流动阶段、过渡阶段、特性阶段,由此提出了以产品创新为中心的产业创新分布规律。

3. 创新模式

创新基础研究中最具争议的是关于创新模式的界定。这些界定主要包括:

内生创新(Endogenous Innovation)(Rainer A., Franco N. 2005①)、集成创新(Integrated Innovation)(R. Rothwell 1992②)、模仿创新(金麟洙,1998③)、开放式创新(Henry Chesbrough, 2003④)、持续性创新与排斥性创新(Christensen C M. 1997⑤)、渐进式创新、平台式创新与突破式创新(Marquish, 1982⑥)、系统创新(Rothwell,1994⑦)、全面创新(浙江大学创新与发展研究中心,2002⑧)、协同创新以及接力创新(李天柱,2012⑨)。创新是一个古老而现代的研究课题,对创新模式的研究从系统走向全面,而创新模式的内涵也在不断扩大。

在创新的诸多模式中,有两种模式值得深入研究,即从创新程度的角度分为渐进式创新与突破性创新。渐进式创新属于"不断奔跑型"的创新过程。它通过对既有产品或服务进行修改式创新,以其跟随竞争步伐或占领市场份额。一方面,它不会对客户带来巨大的收益;另一方面,它也不会对企业提出过多的要求,它的创新过程更类似于持续改进而非持续创新。虽然,渐进性创新更为稳妥,更有利于企业能力的保持,但是飞速扩大的企业速度与市场需求出现,这种创新模式付出的代价会是企业没有进行突破式创新而遭受的损失。因此,容易陷入"创新死旋"⑩,突破性创新也称为破坏性创新、革命性创新等,属于"改变型创新"。它不是对产品的性能、企业的利润、产出的收益进行边际的改善,它以彻

---

① Rainer Anderdassen, Franco Nardini, Endogenous Innovation Waves and Economic Growth, *Structural Change and Economic Dynamics*, 2005.

② Rothwell, Successful Industrial Innovation: Critical Factors for the 1900s, *R&D Management*, 1992.

③ 金麟洙.从模仿到创新——韩国技术学习的动力[M].北京:新华出版社,1998.

④ [美]亨利·切萨布鲁夫.开放式创新进行技术创新并从中赢利的新规则.金马译[M].北京:清华大学出版社,2005.

⑤ Christensen C M, The Innovator's Dilemma: When New Technologies Cause Great Firms to Fail, *Harvard Business School Press*, 1997.

⑥ Marquish D G, He anatomy of successful innovation. Cambridge, *Winthrop Publishers*, 1982.

⑦ Roy Rothwell, "Towards the fifth-generation innovation proeess", *International Marketing Review*, 1994.

⑧ 许庆瑞,喻子达,郑刚等."Towards Capability - based Total Innovation Management (TIM): The Emerging New Trend of Innovation Management" *MIT proceeding*. 2002.

⑨ 李天柱,马佳,萌萌,冯薇.接力创新的一般规律及应用价值——以生物制药产业为例[J].技术经济,2012(11):9~13.

⑩ 维达·科特尔,索伦·克里斯滕森,阿迪·阿伦.摆脱"创新死旋"[J].现代国企研究,2012(7):44~51.

底改变企业生存和发展为技术基础，通过寻找一种新的增长路径、创新一种新的生产函数，使企业主导一个全新的市场，并且使消费者得到全新收益的过程。

表 2-1 渐进式创新与突破式创新的主要特征

类别	渐进式创新	突破式创新
创新时间	短期(6个月至2年)	长期(10年或以上)
创新过程	不间断	断断续续
组织结构	一个业务单元内的正式团队	在项目组织的多个创新单元中相继移植创新成果
创新能力	较多依靠过去经验	除依靠过去经验外，较多依靠获取全新的创新力
商业模型	前期详细规划好，以目标为导向	没有具体目标，在创新过程中不断变化与完善

注：参考 R.Leifer, et.al, Radical innovation, *Harvard Business School Press*, 2000.

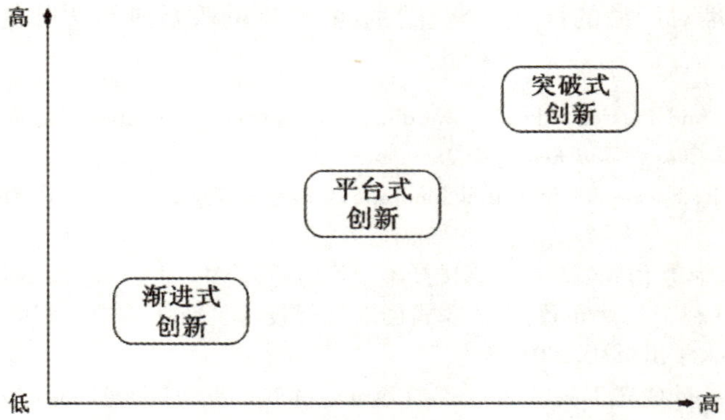

图 2-1 渐进式创新与突破式创新过程演化

二、产业能力与持续创新研究

1. 产业能力创新

“能力”是指做事的本领或从事某项活动的技能。它是顺利完成这项活动必备的主观条件，也是直接影响活动效率的主观因素。作为能力的载体可以从个体与组织两个角度分别来分析。从个体的角度上看，能力的解释多从心理学为出发点，是指个人为顺利有效地完成某种活动而经常稳定具备的心理条件，美国学者查特·保亚提斯对能力作了创新，他将能力广泛地定义为人的潜在性格，它可以是动机、特性、技能、人的自我形象、社会角色的一个方面或所使用的知识整体。从组织的角度上看，能力不再是一个主观概念，而是一个系统工程。许多学者认为，企业永远是一个能力系统①。D.L.巴顿(1992)认为企业能力是四种尺度，即知识与技能、技术系统、管理系统和价值与规范。杜兰德(2000)认为企业能力包括知识、诀窍和态度三维因素。因此，无论是从个体还是组织角度，能力都是作用力的一种表现，都是在主体为实现目标的具体活动中形成与发展的。本书认为，从经济学的角度而言，能力是个人或组织为实现既定目标或既得利益，将本身具备的资源进行转化、重组、整合或调整的过程，从而实现更大、更多或更优的社会财富的作用力。

"能力创新"是指居于核心地位并能产生竞争优势的要素作用力的创新。具体地说就是组织集体学习能力和集体知识创造能力。能力创新同样可以从个体与组织的角度去分析。从个体的角度，美国组织行为研究者 David McClelland 提出的"能力素质创新模型"，他将能力素质(Competency)界定为能明确区分在特定工作岗位和组织环境中杰出绩效水平和一般绩效水平的个人特征，并分为知识(Knowledge)、技能(Skill)、自我概念(Self-Concept)、特质(Traits)与动机(Motives)五个创新层次。从组织的角度，研究领域主要集中在"企业能力"与"产业能力"。季春松(2004)认为企业创新关键是能力创新，是企业保持竞争优势的源泉和持续发展的动力。而张正治(2002)认为企业创新能力的精髓是具备企业的产业创新能力，它不仅是企业最高层次的创新能力，也是企业核心能力的核心。张春香等(2010)提出创新虽然是以企业为主体进行，但是没有任何一项企业创新可以脱离产业整体推进而独立完成。本书认为，产业能力建立在企业能力基础之上，是企业可持续成长能力与长期竞争优势的具体体现。

对企业能力的研究主要经历了"核心能力""动态能力"的发展。第一个提出"企业能力"概念的是经济学家理查德森(Richardson)，他认为能力反映了企业积累的知识、经历和技能，是企业活动的基础。1990 年，普拉哈拉德(Prahalad)和哈默(Hamel)在《哈佛商业评论》上发表了《公司核心能力》一文，指出"核

① Nicolai J.Foss, Christian Knudsen, Towards a Competence Theory of the Firm, *Routledge*, 1996.

心能力是组织中的积累性学识,特别是关于如何协调不同生产技能和有机结合多种技术流的学识"①。1994 年,提斯(Teece)等人又率先提出动态能力战略观,从此进入到"动态能力理论"研究阶段。Eisenhardt 和 Martin (2000)提出动态能力是企业整合、重组、获取及释放资源的过程,通过创造与发展新的能力以符合甚至创造市场机会。

对产业的能力创新集中在对"技术能力""制度能力""组织能力"等方面的研究。最初 Stewart 提出"技术能力",他认为技术能力是一种自主地做出技术选择、采用和改进所选的技术和产品,并最终内生地创造出新技术的能力。熊彼特(Schumpeter,1992)认为,技术创新能力不能完全等同于创新能力,技术创新能力是创新能力结构系统中最核心的一种能力要素。制度创新是形成和建立新的制度体系,以促进各项创新要素形成最有效的组合和创新系统最有效的运作。科利斯(Coilis,1994)最早正式提出组织能力,他将组织能力分为三类,即第一类能力是指企业开展生产规划、物流配送和产品营销等基本职能活动的能力,第二类能力是指带有过程性质的企业动态提升各项业务活动的能力,第三类能力是企业认知和开发自己潜能,早于竞争对手制定开发策略并能更好地加以执行的能力。而国内学者多将技术能力与自主创新能力相统一,多是围绕技术能力开展产业创新能力的探讨。张春萍等(2010)将产业创新能力分为三个方面,即产业的创新资源是基础、产业创新成果是标志、产业创新环境是保证。孙晓华等(2010)以 2006 年 36 个工业行业的统计数据为样本,从企业异质性与产业创新能力关系进行实证研究,认为异质性程度越高,产业创新能力越强,研发强度越大,行业内企业数量越多,越有利于产业创新能力的提升。

能力演化路径研究主要有两个方面,一是能力生命周期研究,二是能力构筑竞争研究。HELFAT 提出企业能力演化的生命周期,分为创生、发展、成熟三个阶段,进入成熟阶段后的企业能力可能向着更新、重新配置、重组、复制、衰退、隐退六个不同方向发展。藤本隆宏(FUJIMOTO,2007)提出能力构筑竞争是消费者无法直接看到的以深层水平的竞争力和对手企业进行的优劣竞争,实际上就是与对手企业在产品制造能力的维持、改进和构筑等方面的竞争。市场营销、企业战略等这些都是表层竞争力,而企业组织能力、产品结构

---

① Prahalad C K, Hamel G. The core competence of the Corporation , *Harvard Business Review*, 1990(5): 79~91.

研发与生产能力这些才是深层竞争力，主要指标体系包括生产效率、生产周期、开发周期、产品合格率等。而这种竞争力包括产品制造能力、改进能力、进化能力的三个层次的演化过程。第一个层次以静态能力为主，在相对稳定状况下达到生产效率、产品合格率等指标领先；第二个层次以改善能力为主，通过产品开发、生产系统不断完善，提高第一层次的水平，且将能力复制到其他生产系统；第三层次以进化能力为主，使竞争企业难以模仿或超越，而这个层次是核心竞争力的关键。

2. 持续创新研究

"持续创新"（continuous innovation）尚处于起步与广泛研究阶段，目前尚未形成统一与规范的概念，它起源于"持续改进"（continuous improvement）。持续改进源于渐进式创新，当西方管理创新理论由渐进性创新转向突破性创新时，持续改进理论也得到了进一步发展与延伸。Robert（2002）、Boer（2003）分别发表了同一个题名《从持续改进到持续创新》的不同内容的文章，都强调了随着产业发展或经济体系的增速，持续创新必将与新产业的发展所匹配并取代持续改进。

根据持续创新国际组织（CINet）的定义，持续创新是一种正在发生的方法，这种方法旨在创造一些新的产品、市场、技术、组织的组合，而这些组合对于个人、工作小组、企业、某个特定市场或者甚至是整个社会都是全新的。Shapiro（2001）把持续创新界定为组织上下的每个人随时随地都创新，使创新就像呼吸一样的自然。Rodriguez（2003）将持续创新定义为一个能够创造新产品和服务并改进企业流程的新创新系统。Soosay（2003）认为持续创新包括企业的所有方面，是企业不断在企业组织中运用新的观点和方法的过程，它需要一套系统的、程序性的、渐进性的或突破性的能贯穿企业的所有员工和企业的所有层面的组织的方法。Boer（2006）对持续创新概念进行了修订，认为持续创新是对开发和开创的完美结合，持续创新既能提高企业的运行效率又具有灵活的战略，是能使企业运作、渐进性改进与学习、突破性创新的有效、持续的相互作用与结合。国内学者最早提出持续创新概念的是傅家骥教授（1992），他指出通过创新市场需求诱导企业持续技术创新。随后，国内学者从不同角度研究了持续创新理论，有远德玉教授在野中郁次郎（Ikujiro Nonaka）提出知识创新型企业的基础上从持续创新的角度提出了"技术创新型企业"的概念；王大洲从制度层面提出了持续创新制度体系。

而较多学者是从企业层面提出企业持续创新概念。向刚教授（1996）提出单一意义的技术创新不能使企业获得持续的经济收益的增长。"企业持续创新是企业在一个相当长的时间内,持续不断地推出、实施新的技术创新(含产品、工艺、原料、组织管理和市场创新及其内部扩散)项目,并不断地实现创新经济效益的过程"①。夏保华(2001)、陈仲伯(2003)、薛捷(2010)等都对企业持续创新的概念表达了独到的见解。周珊珊(2007)认为持续创新的定义大体可以分为两类。一种是将持续创新理解为不断创新;另一种是从可以满足企业持续发展的全新创新战略或方法的角度来理解持续创新。

对于持续创新评价测度的问题,国外学者研究较少,最有代表的是国际持续创新组织(CINet)设计了针对持续创新能力评价的22个大类问题,260个子问题,共分为4大部分的调研问卷。最近Tony Dawila等(2012)在*Making Innovation Work*一书中,从实用性的角度论述了企业若想通过创新获得持续成功,需要掌握七条创新法则,即在制定创新战略方面显示出强大的领导力、将创新融入企业的经营理念、使创新与企业的战略相吻合、处理好创新与获利之间的关系、削弱组织中的反对力量、构建创新网络、为创新制定正确的评估指标和激励机制等。而国内学者从这一角度研究相对丰富。刘海芳(2007)从战略创新能力、组织创新能力、创新激励能力、市场营销能力、技术创新能力、知识创新能力六个方面评价企业持续创新能力的强弱。徐莉(2007)从关注、学习、思考、决策的四个认知层次分析技术创新核心刚性形成的深层次原因,对创新核心刚性的成因进行系统模型分析,提出解决对策。周珊珊(2007)从学习、战略、员工参与、领导者、企业文化、组织、快速创新和测评八个方面构建了持续创新体系。李支东、章仁俊(2009)认为企业持续制度创新、持续管理创新、持续技术创新和持续市场创新四者相互联系、相互耦合,共同形成了一个综合性的、具有强大功能的企业持续创新能力系统。构建持续创新评价指标体系是重难点问题,普通采用专家调查法、层次分析法与模糊综合评价法等。针对定量与定性的研究,学者们也纷纷提出了以提升持续创新能力为目标的培育策略。

三、产业创新与生命周期理论

1. 产业创新研究

1972年Freeman和Soete合著的第一本产业创新方面的专著《工业创新经济学》(*The Economics of Industrial Innovation*),为产业创新理论奠定了初步基础。

---

① 向刚.企业持续创新:理论研究基础、定义、特征和基本类型[J].软科学研究,2005(1):134~138.

弗里曼认为工业创新包括四个方面内容,即根本上与工业技术创新、微观上与企业技术创新、宏观上与国家创新系统、发展上与创新公共政策等密不可分。1994年Dodgson和Rothwell合著的《产业创新手册》(*The Handbook of Industrial Innovation*)是目前国际上较有影响的产业创新著作,不仅包括产业创新的本质、创新部门、行业特征、影响创新关键因素、创新的战略管理,还涉及在全球视野对创新未来挑战的内容,丰富了产业创新系统的理论研究。

产业创新根植于演化经济学思想,是对技术创新理论、制度创新理论与创新系统理论的延伸和发展。1960年Cunningham最早提出"产业创新"概念。Carlsson(1991)提出"技术系统"理论,认为技术系统是由特定技术领域内所有参与机构形成,以具有创造、扩散和利用特定技术的知识网络系统为基础,对该体系中的经济能力、基础设施及区域环境等进行分析。诺斯(North,1999①)提出"制度创新"的概念,认为制度创新是对现有制度的变革,使创新者获得更大收益,其动力来源于创新的预期净收益大于预期成本,而这种收益只有改造了现有制度中的阻碍才能实现。这三方面的理论构成了产业创新的理论基础。

基于这三个方面的理论基础,产业创新也从不同视角被赋予不同的内涵。从技术创新的角度,"技术创新是将新的或改进的产品、过程或服务引入市场"②、"创新是将新产品引入市场,新技术工艺投入实际应用的技术的、工业的以及商业的系列步骤"(Freeman,1997)。从制度创新的角度,"制度创新是制度主体通过建立新的制度以获取追加利润的活动,包括产权制度创新、组织制度创新、管理制度创新和约束制度创新四个方面的内容"(卢现祥,1996③)。从创新系统的角度,"产业创新是把产业自身及关联产业的关联要素重新组合并引入体系"(张治河,2003④)、"产业创新包括产业组织创新、产业结构创新"(Rothwell,1992⑤)、"其目的是实现产业的可持续发展"(Dosi,1988⑥)。因此,产业创新的

---

① [美]道格拉斯·诺斯.西方世界的兴起[M].北京:华夏出版社,1999.

② 美国国家科学基金会(NSF).科学指示器,1976.

③ 卢现祥.西方新制度经济学[M].北京:中国发展出版社,1996.

④ 张治河.产业创新与中国光谷[D].博士论文,武汉理工大学,2003.

⑤ Rothwell,R.,Successful Industrial Innovation: Critical Factors for the 1990s,*R&D Management*,1992,22(3):221~239.

⑥ Dosi,G.Sources,Procedures,and Microeconomic Effects of Innovation,*Journal of Economic Literature*,1988,(26):1120~1171.

内涵研究可以从不同视角进行。

2. 产业生命周期研究

生命周期理论的发展大致经历了以下三个阶段，从产品生命周期到企业生命周期，再到产业生命周期理论。波兹（1957）在其《新产品管理》一书中最先提出了产品生命周期的概念。之后，美国哈佛大学的维农（1966）提出了产品生命周期理论。他认为：产品生命是指市场上的营销生命，产品和人的生命一样，要经历形成、成长、成熟、衰退这样的周期。就产品而言，也就是要经历一个开发、引进、成长、成熟、衰退的阶段。1967 年，贺什尔根据维农的产品生命周期理论，对世界不同类型国家的工业竞争力做了对比研究，从而进一步将产品生命周期理论动态化。企业生命周期理论是 20 世纪 90 年代以来国际上流行的一种管理理论，其中比较著名的是美国管理思想家伊查克·爱迪斯于 1989 年提出的生命周期理论。产业生命周期理论是从产品生命周期理论和企业生命周期理论扩展而来的。20 世纪 70 年代 William J.Abemathy 和 James M.Utterback 共同提出了 A-U模型。他们依据产出增长率将产品生命周期划分为流动阶段、过渡阶段和稳定阶段，并认为企业的产品创新和工艺创新相互关联，在不同阶段对两者的侧重有所不同，企业的创新类型和创新频率取决于产业成长的不同阶段。80 年代 Gort，Klepper 提出了 G-K 产业生命周期理论，基于该理论，产业生命周期大致可分为五个阶段：引入期、大量进入期、稳定期、大量退出期、产业成熟期。再到 90 年代，Klepper，Graddy 对 G-K 模型进行了技术内生化的发展，将产业生命周期划分为成长、淘汰和稳定三个阶段。

第二节 战略性新兴产业相关理论

1958 年，经济学家 Hirschman 提出的“战略部门”成为了“战略性产业”的最早研究文献。但在更早时期，创新系统研究领域就有这一思想的理论萌芽，只是未贯注这一明确概念：早在 1841 年 Firedich List 出版的 *The National System of Political Economy* 主导思想明确提出国家应该利用积极干涉政策来培育具有战略意义的新兴产业。后来，西方发达国家相继提出了“主导产业”“新兴产业”“战略产业”等概念。Porter、Freeman、Kremer 和 Perez 等学者不仅非常强调新兴产业对国民经济的重要作用，而且更侧重技术创新对新兴产业的作用，认为“挖掘和评价现有的技术集是新兴产业的重要支撑”。

从发展阶段来看,战略性新兴产业大致可以分为两个研究阶段。一是前期认识阶段,学者们围绕什么是战略性新兴产业、该产业具有哪些特征、如何评价、如何扶持等问题进行研究。二是深入认识阶段,学者们围绕评价战略性新兴产业的指标体系、技术评价标准、扶持政策效率等问题开始深入研究。从研究内容来看,我国学者基本围绕战略性新兴产业的三个维度层面展开,即对该产业的认识维度、发展维度与支持维度。

一、认识维度

"战略性新兴产业"是自次贷危机后我国经济领域提出的一个崭新的概念,目前学术界还没有形成统一的定义①,在国际上也无通行阐述。我国明确提出"战略性新兴产业"概念,赋予了它在新的战略时期更加鲜活的创新特性。我国学者对战略性新兴产业的认识,主要从理论引入、现实背景、概念表述、特征内涵、与传统产业关系、选择指标等几个方面展开。

战略性新兴产业的理论引入主要分为两个方面,一是"技术—经济"范式视角,它是以 Grid Mensch、Von Dan 等学者提出的技术周期理论为研究点,战略性新兴产业是突破"技术僵局"并进入创新生命周期的产物;二是产业发展与演化视角,由于传统产业利润空间收窄而产生了新的创新群,使得周期性繁荣的投资乘数效应出现而导致战略性新兴产业创新群出现。从现实背景看,学者们分别从当前国际经济态势与科技浪潮为背景、国内经济现状与未来发展为需求、该产业内在功能与价值体现为供给等不同视角都彰显了发展战略性新兴产业重要原因。因此,战略性新兴产业在"选定"的机会来临,最终会实现"以我为主"的产业化发展道路。

国内学者对战略性新兴产业的概念提出了较多表述,其观点主要分为三种:一是强调"新兴",即强调该产业本身具有的新兴科技性与技术性,如李兴华(2010)、宋河发等(2010);二是强调"战略",即强调产业对国民经济的长远与全局作用,如周菲等(2010)、朱瑞博(2010);三是强调"新兴"与"战略"的统一和融合,大部分学者都持这一观点,如姜江(2010)、陈柳钦(2011)、来亚红(2011)、邓龙安和刘文军(2011)等。为准确把握战略性新兴产业的概念,较多学者也分析比较了几个较易混淆的概念,如新兴产业、战略产业、高技术产业、主导产业与

① 刘洪昌.中国战略性新兴产业的选择原则及培育政策取向研究[J].科学与科学技术管理,2011(3):87~92.

支柱产业等,基本认为与战略性新兴产业既有区别又有联系。战略性新兴产业所具有的战略性、全局性、创新性、引领性、长远性、复杂性、成长性、不确定性、复杂性、动态性、阶段性、地域性、资源节约与环境友好性等特征内涵最能说明它与几个概念之间的区别。熊勇清(2013)深入分析了战略性新兴产业视角与传统产业互动耦合的研究,从两大类产业的耦合内容、过程、机制、耦合效应进行了详细的理论分析,开展一对一关系的耦合关联度研究和处于产业集群阶段的耦合红利研究。对战略性新兴产业的选择方法多采用主成分分析法、数络包络分析法、模糊综合评价法、灰色综合分析法、层次分析法、因子分析法、相关分析法等。较有代表性的是贺正楚的研究,他首先将战略新兴产业的评价标准分解为政府支持、资源环境、市场、技术研究、战略新兴性五大指标(2010);通过运用德尔菲和层次分析法,将选择的27个评价指标进行实证筛选,得出四个一级指标和13个二级指标(2011);透过知识发展的视角,采用关联规则的方法,根据其最先筛选的评价指标体系,采用 Afrawal、Imielinski、Swami 在1993年提出的数据关联规则挖掘技术,建立了战略性新兴产业数据挖掘关联规则识别模型(2012);后采用 Weaver-Thomas 模型,从技术先进性、产业带动性和产业生态性三个方面,筛选符合战略性新兴产业特征要求的指标体系。任保全、王亮亮(2014)采用 DEA 非参数 Malmquist 指数方法,利用战略性新兴产业上市公司数据,测度并分析全要素生产率变化率及其分解指标的变动趋势,认为战略性新兴产业呈现"轻技术创新,重规模扩张"的产业低端化发展趋势。熊勇清等(2015)认为我国战略性新兴产业现阶段要以国内市场为重点,由"外需拉动"转为"内需拉动"十分必要并且切实可行,国际市场具有较高的不可控性和风险性,对产业发展的影响敏感且持续时间长,国内市场对战略性新兴产业发展影响存在滞后期,初期拉动作用不明显但长期贡献大于国际市场。

二、发展维度

国内学者对战略性新兴产业现存的问题进行了深入研究,有的学者认为是技术方面的问题,如李红锦、李胜会(2013)以 LED 产业为例测算战略性新兴产业创新效率不高,认为创新投入不足、创新效率不高且与竞争力无明显关系等是主要问题。卢文光等(2013)通过构建了技术创新与战略性新兴产业的耦合协调度评价指标体系,认为两者之间并未建立良性互动耦合机制,存在科技创新与产业发展脱节现象。而有的学者认为是非技术方面的问题,如朱瑞博、刘芸(2011)认为不确定性是战略性新兴产业形成期最大的障碍,应该进行企业、科技、融资、市场管理、干部考核激励等方面的制度创新。针对战略性新兴产业发展中的种种问题,学者们普通认为该产业要从产业道路、技术运用、组织模式、商业模式等方面进行破解。

在产业道路方面,较多学者认为战略性新兴产业既要联系传统产业、又要开创适合自身特征的发展轨迹。万钢在2012年3月中国发展高层论坛上提出发展战略性新兴产业不是在现有产业做增量,而是改变这些产业的结构。黄浩等(2013)提出战略性新兴产业发展方式转型和创新要建立内生培育机制、推动本土领军企业进入战略性新兴产业全球价值链高端,不能再沿袭传统高新技术产业的发展模式。任志成(2013)从战略性新兴产业创新价值链角度,认为可以采用自上而下的源头创新到全链条创新,也可以采用自下而上的模仿创新开始攀升,两者可以相互依存、相融共生。张鹏(2013)认为我国战略性新兴产业嵌入发展应实现的四重转变,即从低端的点嵌入转向高端的系统嵌入、随着网络演化阶段的推进实现动态性嵌入发展、从被动单向参与国际分工转向主动双向嵌入发展、从后发嵌入发展转向先发嵌入发展。霍影、霍金刚(2015)认为地方层面在布局战略性新兴产业时应与传统产业协同发展的基本结论,但现阶段各地区均不同程度存在发展战略性新兴产业趋同和传统产业让位的情况。

在科技创新方面,不仅强调传统的“产学研”发展链条,更强调“产学研”之后的延伸发展。温兴琦(2013)认为战略性新兴产业发展过程中,“产学研用”必须深度结合、协同创新,而“用”的功能显得最为重要。陈锦其(2013)从技术与市场互动的角度,将战略性新兴产业发展分为理论研究、应用研究、技术开发、市场导入和规模扩张五阶段,应在传统“产学研”的基础上加入资本运作与中介机构,形成“产学研资介”发展模式。马亮等(2013)在传统的R&D分析框架上建立R&3D模型,认为战略性新兴产业的关键共性技术不仅只关注技术的研究和开发阶段,更要注重示范和推广阶段。黄海霞、张治河(2015)认为我国战略性新兴产业科技资源配置效率整体水平不断提高,但并没有实现最优,且不同产业间以及同一产业内部存在较大差异。刘晖等(2015)也提出我国战略性新兴产业的技术创新效率存在明显的地区不均衡,北京和广东的技术创新效率最高,甘肃、陕西、内蒙古等西南、西北地区的技术创新效率最低,东南沿海和中部地区的技术创新效率位于中间水平,且存在很大上升动力和上升空间。在创新方式上,刘晖(2014)提出产业创新驱动影响要素的螺旋模型,由市场需求、创新投入、发展效率、发展质量四个要素共同构建。张其春、郗永勤(2015)认为阻碍战略性新兴产业不断快速成长主要是产品链、技术链、价值链和生态链的“四链”相互割裂,只有协同创新升级才能健康快速发展。

在组织模式方面,有的学者强调以技术为中心的多元联系,如黄幸婷、杨煜(2010)提出核心技术联盟是后危机时代发展战略性新兴产业的有效组织形式,并且要在联盟层面应用组织知识创新(SECI模型);李煜华等(2013)运用演化博弈理论强调企业与科研院所的重要联系,构建了战略性新兴产业集群内企业和科研院所创新博弈的复制者动态模型,认为协同创新预期收益、协同创新风险和协同创新知识位势是该产业集群协同创新的重要因素。有的强调混合组织的主体地位,如宋波等(2013)从混合组织理论的角度,认为战略性新兴产业要建立公私合作制的培育机制。有的强调要采取产业集聚化发展模式,如赵玉林、史玉芬等(2012)通过对武汉·中国光谷生物城进行问卷调查,提出提升战略性新兴产业集聚效应的产业组织优化模式。有的学者认为可以采取试点模式,如王程韡(2013)针对我国在战略性新兴产业发展过程中“过度趋同”的现象,认为我国在满足可选择性条件方面尚且存在诸多先天劣势,而首先采取政策试验再成功推广的经验,既能让行政指导重新模糊化,又能释放出地方政府的灵活性。还有的学者如李志彤(2013)认为要依次发展战略性新兴产业的培育载体,建设创业孵化载体和创新支撑载体,将创新过程载体的建设和优化做为最终目标,实现战略性新兴产业的接力创新。曹虹剑等(2015)认为产品模块化、企业组织模块化、产业组织模块化、模块化分工与模块化协同对技术创新都具有显著正向影响。战略性新兴产业模块化生产程度高,其中,新能源产业模块化程度最高,新能源汽车与新一代信息技术产业模块化程度较高,生物医药产业与新材料产业模块化程度相对较低。

在商业模式方面,学者们指出战略性新兴产业建立全新商业模式的重要性,提出商业模式的构成因素并建立模型研究。荆浩等(2011)提出战略性新兴产业的商业模式必须具备技术创新、市场创新、价值网络和赢利模式四个构成要素,并对四要素的逻辑关系进行了说明。陈志(2012)提出由于新兴产业的发展充满了各种风险和成本,在推动不同类型商业模式创新的同时,要从宏观政策和微观政策两个方面促进战略性新兴产业的商业模式创新。杜传忠等(2013)以合同能源管理为例,从商业模式的核心逻辑与商业模式的构成要素理论为基础,提出了战略性新兴产业商业模式构建的概念模型。

三、扶持维度

我国学者在“战略性新兴产业”概念提出的初期,都认为要从国家的宏观层面制定战略性新兴产业发展规划,制定战略部署,确定发展重点,拟定进度表,出台政策保障措施。

在宏观政策方面,张嵎喆(2011)提出战略性新兴产业的培育政策应分为产业技术政策、市场培育政策、国际合作政策、投融资政策、税收政策、专项政策等几方面。胡赛全等(2013)以我国31个省市关于战略性新兴产业发展的政策文本为样本研究发现我国战略性新兴产业发展的政策工具体系由战略规划类、组织保障类、具体措施类和政策支持类构成。费钟琳等(2013)从产业生命周期的角度,认为战略性新兴产业应从引入期、成长期、成熟期及调整期四个发展阶段来制定,政策手段应从直接财政支持转向间接财政支持,进而转向产业规制及组织协调。

在金融支持方面,熊正德(2011)通过构建战略性新兴产业金融效率影响因素的Logit模型,以金融支持DEA效率测度结果为基础,认为该产业受宏观经济形势影响巨大,高端设备制造、新一代信息技术、生物三大产业实现金融支持效率存在难度。顾海峰(2013)从资本市场的分析视角,认为构建以资本市场为支持主体、政策性金融支持机制与市场性金融支持机制为两制的“一体两制”政策支持体系,可以高效发挥资本市场对战略性新兴产业演进的支持效能。乔军华(2013)通过借鉴美国和芬兰的金融环境建设经验,提出我国战略性新兴产业在早期发展阶段可以在金融体系引入公私协作机制(Public-Private Partnership, PPP)。赵玉林(2014)等认为当前战略性新兴产业资本配置效率整体不高。基于战略性新兴产业发展的内在特点考虑,应当从提升产业技术效率、缓解产业发展面临的融资约束和长期内建立完善的金融市场契约环境等方面来改善战略性新兴产业资本配置效率。

在财税政策方面,张少春(2010)提出战略性新兴产业要采取设立战略性新兴产业发展资金,研究完善鼓励创新、引导投资和消费的税收支持政策,加大政府采购力度等多种方式,提高财政政策的效益。赵福昌、李成威(2011)提出战略性新兴产业的财政支持政策可以采用预算投入、国债投入、财政补贴、财政贴息、财政担保、税收优惠及政府采购等政策。柳光强、田文宠(2012)指出战略性新兴产业要减少区域优惠税收政策,加大产业性政策,尤其针对产业链上的重点项目的关键环节制定优惠政策,实现由区域主导向产业主导、项目主导的转变。

巫强、刘蓓(2014)认为我国各级政府需要改变普遍使用的定额研发补贴方式,以比率研发补贴来代替定额研发补贴,从而提高战略性新兴产业的创新产出。汪秋明(2014)认为政府补贴没有促进战略性新兴产业中的企业科研投入,造成这种无效的主要原因有政府对企业行为监督的困难,也有政府惩罚力度的不够。

在产权保护方面,不仅众多学者提出要建立知识产权保护制度,如朱瑞博(2011)分析了战略性新兴产业中知识产权、标准竞争的重要性,提出我国要建立基于"专利池"的知识产权与国际标准竞争战略。孙颖等(2013)认为由于战略性新兴产业具有技术创新难度大、主导设计不明确、产业化风险高等特点,需要知识产权发挥其创造机制、交易机制和保护机制,对产权创造、交易体系与环境保护提出更高要求。而且学者们还提出要建立知识的共享机制,如陈一鸣等(2013)提出要建立战略性新兴产业基地内的知识共享机制,建立共享系统的逻辑概念模型及其总体架构。邓洲(2014)认为战略性新兴产业要培育自主技术标准,关键是要保护和发展用户基础、促进联盟的技术溢出与构建"长而窄"的专利保护体系。

还有的学者通过实证方法,对战略性新兴产业产业布局与人才激励方面都提出了独到见解。如王宏起(2013)从产业价值链视角,构建了以规模实力、创新能力、外向度和发展环境四个维度为主的战略性新兴产业布局指标,以合理布局促进产业持续发展。郭丹(2013)通过对全国56家企业调研,认为内部制度、操作技术、外部环境和实施方法是战略性新兴产业人力资本产权激励的主成分因子,可以构建了以实施制度体系为主、保障体系为辅的战略性新兴产业人力资本产权激励思路框架。

第三节　现有理论述评

总结国内外理论成果,可以发现现有理论都取得了丰富的研究成果,然而也都存在不足之处。

一、从本书相关的基础理论进行分析研究

持续创新理论尚处于起步与广泛研究阶段,目前还未形成统一与规范的概念,在Robert、Boer、Rodriguez等学者开创性研究基础上,后来的学者们也从持续创新的内涵理论、内容特征、评价测度等方面进行了研究。通过现有文献可以发

现,目前较多观注点集中在此,但是对于持续创新的实质,特别是持续创新的培育路径、成长机理及对持续创新能力建设研究较少。

从20世纪90年代开始,能力创新作为个人或组织都不可或缺的重要本质受到了理论界的高度关注,它起步于对人的能力的研究,逐步延伸到对企业的能力的重视,后来学者们从组织行为学、技术创新学、管理学、社会学等多个视角对能力创新进行了研究。通过文献回顾可以看到,从个体角度研究人的能力创新、从组织角度研究企业能力创新都有丰富成果,但从产业角度涉及能力创新的成果较少,而且经常将能力创新等同于技术创新、自主创新,认为只要具备良好的技术创新能力就有了整体创新的能力,这种以偏概全的解释是不符合产业与企业发展逻辑的。

生命周期理论应用范围广泛,特别是在政治、经济、环境、技术、社会等诸多领域经常出现,其基本涵义可以理解为从摇篮到坟墓的整个过程。生命周期理论的发展大致经历了以下三个阶段,从产品生命周期到企业生命周期,再到产业生命周期理论。就某个产业而言,从产生到成长再到衰落的发展过程,就是产业生命周期的基本概念。一般人们将这个过程分为四个阶段:初创阶段(导入期)、成长阶段、成熟阶段与衰退阶段。

综上所述,持续创新、能力创新是创新理论的不同研究角度,现有理论的弊端主要表现在:一是着重微观层面的企业创新,缺乏对中观层面产业创新的研究;二是将企业创新、产业创新等同于技术创新、自主创新;三是对产业的持续创新与能力创新都研究较少;四是没有将产业的持续创新与能力创新紧密结合起来,而只有能力建设才有持续发展,没有能力培育也只是昙花一现;五是对传统产业研究较多,对战略性新兴产业研究不足。作为尚处于新生事物的战略性新兴产业多从技术创新、扶持政策、产业培育等角度去研究,缺乏对持续创新能力成长机理的研究。厘清持续创新价值体系的构造和能力创新的培育机制对于指导战略性新兴产业在新时期的发展具有重要意义,而把握了这一点,就等于把握住该产业运行的核心。因此,基于持续创新能力的战略性新兴产业成长研究是一个前沿性较强的学术命题,也是重要的实践问题。

二、从战略性新兴产业本身的研究进行分析

虽然此概念提出时间不长,但引起了国内学者高度关注与研究热潮。研究主要围绕三个方面,第一方面主要集中在“是什么”的问题上,从概念界定、特征理解、产业选择等方面入手,以定性的基础理论为主;第二方面主要集中在“干什

么”的问题上，从成长规律、发展模式、运行机制等方面入手，以定性的产业理论为主；第三方面主要集中在“如何干”的问题上，从支持体系、扶持路径、突破方式等方面入手，开始有一些定量的实证研究成果。

虽然“战略性新兴产业”概念提出仅五年，理论界对探索战略性新兴产业的发展壮大进行了丰富研究并提供了重要理论依据。然而我们认为，当前学术界从研究目的上立足于扩大产能较多，弱视产业质量与获利能力的最终提升；从理论分析上混同于新兴产业较多，忽视战略性新兴产业特殊性与具体领域差异性；从培育模式上较多从政府政策视角切入，忽略构建市场机制与政府引导相结合的系统培育体系；从研究视角上侧重于静态与同质发展，忽略战略性新兴产业动态演进与个性化发展实际；从论证层面上停留在当前现状阶段，轻视长远性、规划性与前瞻性研究；从论证方法上侧重于宏观描述较多，缺乏科学定量的实证支撑。因此，战略性新兴产业在动态性成长规律、优化性运行模式，定量性创新因素、最大化价值创造以及实现持续性收益等问题上，我们尚未寻找到答案。笔者认为，未来的研究将会从以下几个方面展开：

一是理论框架体系研究。传统产业经济学的研究框架是“S（结构）—C（行为）—P（绩效）”范式，而战略性新兴产业作为一个全新的产物，不仅没有形成统一的理论概念，更没有建立一个完善的理论框架体系，在基础理论的研究视角下尚显匮乏。

二是内部成长系统研究。战略性新兴产业的成长需要诸多因素的协同努力，学者们围绕单方面的因素研究较多，如技术突破、商业模式等单独因素，而在多因素的耦合与协同上研究较少，如熊长清在战略性新兴产业与传统产业的互动耦合发展研究上尚有突破。下一步，针对技术创新与商业模式如何耦合、产业发展与组织模式如何互动、支持政策与发展阶段如何协调等产业内部成长的问题上将是重要研究领域。

三是行业标准制定研究。由于该产业提出时间较短，在产业的核定上形成统一标准，因此在战略性新兴产业的统计指标、行业界定、产业认证、计算方法等方面都有明显空白。现在国家已经开始着手制定该产业的统计标准，未来这一领域研究将有重大突破。

四是各细分行业成长研究。由于战略性新兴产业涉及行业较多，而每个行业中又包括较多产业门类，且各个细分产业性质不同、发展规律、成长方式、所处阶段等差异性都较大，针对细分领域的研究有较大理论空间。

五是发展绩效实证研究。我国现在的战略性新兴产业因成长时间有限，普遍存在小、散的问题，导致了收集第一手资料难度很大，系统性、原始性的数据资料严重不足，使相关实证研究不多。随着时间推移与产业发展，会逐渐弥补实证研究的薄弱环节。

六是内生增长模式研究。战略性新兴产业是由我国政府提出主导，实现产业结构升级、经济转型的重要方式。它具有明显的外部推动效力，而内生发展模式明显不足。如何激发该产业的内生增长动力，建立内生驱动的创新模式，形成创新高效的发展轨迹也将成为未来研究的重点。

第三章

战略性新兴产业持续创新概述

第一节　战略性新兴产业内涵及特征分析

一、战略性新兴产业内涵界定

1. 战略性新兴产业提出

2009 年 2 月，上届国务院常务会议通过了《关于发挥科技支撑作用，促进经济平稳较快发展的意见》，提出大力支持新能源、生物、新材料、信息等战略性高新技术产业，培育新的经济增长点。5 月，国务院常务副总理李克强在财政支持新能源与节能环保等新兴产业发展工作座谈会时首次在国家领导人层面提出"战略性新兴产业"。9 月，温家宝总理连续主持召开三次战略性新兴产业发展会，听取经济、科技等方面专家的意见，随后公布的会议公告中，新能源、节能环保、电动汽车、新材料、新医药、生物育种和信息七大产业被表述为"战略性新兴产业"。11 月，温总理在人民大会堂向首都科技界发表题为《让科技引领中国持续发展》的讲话，对战略性新兴产业做出了详细解释，在原来的七大产业的基础上增加了海洋工程、航天航空两大产业。2010 年 3 月，国家发改委、科技部、财政部、工信部四部委联合制定下发了《关于加快培育战略性新兴产业的决定》征求意见稿，经过半年的征求意见后，9 月国务院常务会议审议并原则通过《国务院关于加快培育和发展战略性新兴产业的决定》，确定了七个产业发展的重点方向、主要任务和扶持政策。并对原有产业进行了调整，其中"高端装备制造业"替换了"新医药"，将"生物育种"扩展为"生物产业"，以"新能源汽车"包含了原来的"电动汽车"。2012 年 7 月，国务院以国发〔2012〕28 号文件印发《"十二五"国家战略性新兴产业发展规划》。该《规划》分背景，指导思想、基本原则和发展目标,重点发展方向和主要任务,重大工程,政策措施,组织实施6部分。重点发展方向和主要任务是:节能环保产业,新一代信息技术产业,生物产业,高端装备制造产业,新能源产业,新材料产业,新能源汽车产业。同时,全国29个省市也相继出台了培育发展战略性新兴产业的相关意见和政策措施。

随后,国家各部委针对各个产业也相继制定了相关扶持政策。以新一代信息技术产业在2013年出台政策为例,2013年8月,国家发改委、工信部等四部门联合推出《关于开展国家下一代互联网示范城市建设工作的通知》,同月国务院先后推出《关于促进信息消费扩大内需的若干意见》及《关于印"宽带中国"战略及实施方案的通知》,2013年9月,国家发改委、工信部等十三个部门推出《关于印发10个物联网发展专项行动计划的通知》,同月推出《关于组织实施2013年互联网及第四代移动通信(TD-LTE)产业化专项的通知》。针对节能环保产业、新能源产业,国家发改委、环保局等各部门在2013年推出近二十余项指导性政策。近两年更是国家推动战略性新兴产业发展出台相关扶持政策的高潮时期,进一步细化相关领域的专题规划,出台产业发展指导意见,制定重点产品和服务目录,科学指导产业分类,适时进行产业结构调整及重大工程实施方案。目前,《"十三五"国家战略性新兴产业发展规划》已经正式颁布,拟定了未来五年加快发展壮大网络经济、高端制造、生物经济、绿色低碳和数字创意五大领域,超前布局空天海洋、信息网络、生物技术和核技术领域一批战略性新兴产业。

表3-1　战略性新兴产业主要及细分领域目录

战略性新兴产业	细分行业
节能环保	1. 垃圾发电 2. 建筑节能 3. 照明节能 4. 工业节能 5. 清洁煤技术 6. 节能服务行业
新一代信息技术	1. 下一代通信网络(NGN) 2. 物联网 3. 三网融合 4. 新型平板显示 5. 高性能集成电路 6. 云计算 7. 高端软件

续表

战略性新兴产业	细分行业
生物产业	1. 生物医药 2. 生物农业 3. 生物能源 4. 生物制造 5. 生物环保
高端装备制造	1. 航空制造行业 2. 核电设备 3. 卫星装备制造 4. 物联网相关设备 5. 海洋工程装备 6. 铁路装备行业
新能源	1. 风电能 2. 地热能 3. 水能 4. 海洋能 5. 太阳能 6. 核能 7. 生物质能
新材料	1. 新能源材料 2. 纳米材料 3. 先进复合材料 4. 先进陶瓷材料 5. 生态环境材料 6. 新型功能材料（含高温超导材料、磁性材料、金刚石薄膜、功能高分子材料等） 7. 生物医用材料 8. 高性能结构材料 9. 智能材料 10. 新型建筑 11. 化工新材料

续表

战略性新兴产业	细分行业
新能源汽车	1. 混合动力汽车 2. 纯电动汽车 3. 燃料电池汽车 4. 氢动力汽车 5. 其他新能源汽车

注:资源来源于博思数据发布的《2014—2018 年中国战略性新兴产业现状分析及投资前景研究报告》。

2. 战略性新兴产业理论内涵

培育和发展战略性新兴产业是增强我国经济社会可持续发展能力、转变经济发展方式的战略举措,也是构建产业竞争新优势、掌握未来发展主动权的必然选择。本书认为:战略性新兴产业是一个国家或地区在一定的经济发展阶段,以国家经济战略为导向,以重大技术突破与重大发展需求为基础,优先发展有巨大成长潜力和广阔市场前景,且对经济社会全局和长远发展具有重大引领作用的产业。我国目前明确的战略性新兴产业及细分领域包括:

要准确理解战略性新兴产业的理论内涵,需要把握以下几个方面:

第一,从战略层面,战略性新兴产业具有全局性与长远性。这是战略性新兴产业区别于一般的新兴产业、高新技术产业的重要特征。它以国家经济社会的全局领域为出发点,不仅是国家产业的主导、经济安全的保障与综合实力的体现,而且将在较长一段时期,吸收创新成果、满足消费需求与提升产业结构,成为国家的重要支柱产业与主导产业。因而,国家在对战略性新兴产业的选择上,要将国家的意志、战略方向与长远规划作为首要因素,而我国选择的七大战略性新兴产业正是我国经济转型、产业升级、自主创新、谋划未来的重要战略方针。

第二,从技术层面,战略性新兴产业具有创新性与引领性。战略性新兴产业不仅是当前创新的科技水平体现,它通过掌握的核心关键技术带动一批相关行业和配套企业的兴起,具有较强的产业关联度、经济辐射力、技术带动性,而且代表了国家未来产业发展方向,将创造更多就业机会,提高社会消费水平,改善国家贸易结构,提升国家经济实力,在整个产业结构中占据首要位置,为国家经济增长与技术竞争力体现直到引航与领军的作用。

第三,从发展层面,战略性新兴产业具有成长性与资源性。由于战略性新兴产业尚处于产业生命周期的萌芽与成长期,产业潜力尚待挖掘,其生产规模、产业总量、市场份额等都还不够大，但是随着时间发展，技术将逐渐成熟，该产业将会体现出显著的增长潜力，爆发出强劲的增长态势，这种势头还将在相当长的时间内持续。而且，随着低碳经济的要求不断提高，战略性新兴产业作为智力密集型产业也将进一步体现其资源性。

第四，从阶段层面，战略性新兴产业具有复杂性与动态性。战略性新兴产业是在特定的历史时期，由特定的区域在现有经济背景与科技发展的实况下应运而生的，同时它也将随着时间推移与技术进步而动态变化。一是较小范围的调整，如战略性新兴产业的重点领域发生改变。二是整个产业的更替，如战略性新兴产业步入成熟、衰退期后会沦为传统产业，被下一轮的新兴产业取而代之。同时，由于该产业涉及多个产业部门，细分的产业门类较多，使产业之间在技术路线、统计核算、行业标准等方面存在交叉复杂等现象，具有较强的产业界定与产业发展的复杂性。

二、战略性新兴产业的特征

战略性新兴产业是新兴技术驱动与社会较大需求拉动共同作用下兴起的产业，是当前转变经济经济发展方式与迫切建立国家经济安全产业体系的具体安排。它除了具备“新兴产业”“高新技术产业”或“产业升级”等要求的一般性质外，其产业创新更具备自身独特的本质属性。

1. 国家意志是战略性新兴产业发展的根本基石。国家政治意志是启动战略性新兴产业重大前沿创新、增强我国产业安全性的根本前提。其“战略性”体现在两个方面，一是从产业内部而言，战略性是针对产业结构调整的自身发展战略。二是从产业外部而言，战略性表现在有利于保障国家安全、提高国家综合实力、应对日趋激烈的全球竞争。如果没有国家政治意志作基础，战略性新兴产业的前沿引领性技术创新就会信心不足、意志不坚，在重大技术标准等事关国家战略利益问题上就会处于被动状况，从宏观上的建立的国家创新体系建立就会动摇。历史证明，我国的“两弹一星”计划，美国的“阿波罗”计划，日、韩等国高科技的发展都是建立在坚定的国家政治意志基础上的。由此，我国的战略性新兴产业首先要有国家政治意志支持，实现我国产业由“基础产业”作奠基—“高新技术产业”作学习跟踪—“战略性新兴产业”作创新领先的发展转变。同时，这就不能仅靠单一产业政策予以扶持，它需要全方位的产业支持系统创新，实现“技术能力”与“非技术能力”相互促进的共同“源动力”，否则片面能力创新是不可持续的。

2. 技术领先是战略性新兴产业发展的不竭动力。哈佛大学迈克尔·波特(M.Porter)提出经济发展四阶段论即要素驱动阶段、投资驱动阶段、创新驱动阶段和财富驱动阶段,我国基本完成了前两个阶段,自主创新政策提出与2020年步入创新型国家计划向全世界昭示我们要进入创新发展阶段。但是较长时期以来,我国产业技术演进路径基本遵循后发国家的技术模仿、跟踪发展为主的依赖路径,一直以来缺乏“根技术”创新,也失去了部分技术市场,陷入更加被迫依赖国际市场的恶性循环中。技术可以购买、模仿或复制,但技术能力缺失是无法替代的。战略性新兴产业是我国产业技术由追赶跟踪到创新领先的转折点,突破原有技术路径依赖是战略性新兴产业技术创新的关键。从技术规划上,强化超前战略部署弱化追随跟踪效仿;从创新方式上,强化集成创新体系弱化单一线性创新;从技术研究上,强化重大突破性创新弱化渐进模仿式创新;从创新投入上,强化技术领域弱化规模数量;从创新效果上,强化实际产业化研究弱化实验室研究;从创新领域上,强化“非禁即入”思想弱化等待成型技术;从技术标准上,强化先行自主制定国内标准弱化一味采用国际标准。

3. 市场需求是战略性新兴产业发展的决定因素。技术创新是战略性新兴产业形成的必要条件,需求市场则是战略新兴产业形成的充分条件。或者说,技术领域创新是供给,市场需要创新是需求。归根结底,在战略性创新的具体要求下,技术性及其他创新都是为满足全新的市场需求而形成的。如果没有市场需求,战略性再可行,技术条件再充分,资源禀赋再丰富,也难以促进产业的形成,甚至还会导致新的产业体系失败。日本的第五代计算机研究与开发计划(FGCS)与高清晰度电视系统技术(HDTV)都是很典型的例子,产业制定者仅从产业供给角度单一去思考,站在国家战略角度认为新的产业技术会掀起新技术革命的浪潮,也一定会受到消费者的欢迎。如果仅从纯技术角度看,这些新技术的某些领域确实国际领先,但是它忽略了新旧技术兼容、消费者习惯与价格因素等问题,导致了新技术游离于市场需求之外,几乎完全丧失了市场作用和商业价值。因此,消费需求创新是产业创新的内在推动力量,需求量与需求结构会引导战略性新兴产业形成的规模与方向,市场需求开拓和全新商业模式会加快形成战略性新兴产业的产业体系。

4. 产业化运作是战略性新兴产业发展的必备条件。战略性新兴产业的最终市场价值要通过“创新思想—实验室技术—产业化—进入市场”等系列流程才能体现出来,将新技术演变成产品并实现产业化的过程是战略性新兴产业成为“实验室经济”的必要渠道。那么,创新技术的“产品化”与“产业化”就是这个进程中的两个关键环节，它需要与之相适应的产业组织在相关配套产业政策的支持体系下，实现战略性新兴产业的效益最大化。虽然随着先进制造技术与信息技术的广泛运用，产业组织体系催生了计算机辅助设计制造（GAD/CAM）、柔性制造系统技术（FMS）、准时生产制度（JIT）等一系列有别于传统的新式管理方式或生产模式。但是战略性新兴产业作为一个开放动态的复杂创新系统，产业组织需要满足其产业战略系统化、研发技术科学化、生产体系动态化、产业组织复杂化、市场需求多元化、产业周期进程化等全新多元的要求。只有战略性新兴产业组织结构适应产业化进程，才能成为技术创新的具体承载者，成为前沿技术开发、创新系统引进、创新产业化的价值链增值者。

第二节　我国战略性新兴产业持续创新总体成效

经过几年的发展，我国战略性新兴相关产业规模保持年均增长15%以上，逐渐成为转方式、调结构、稳增长的重要力量，引导产业快速健康发展①。主要表现为以下六个方面：

一是战略性新兴产业发展势头迅猛，同时带动市场需求强劲。在国家宏观政策引导、舆论广泛宣传、各地政府积极响应及大型国有企业的投资带动下，七大产业迅猛发展，规模迅速扩大，很多产业持续保持较快增长，部分领域的产业规模已经居世界前几位，尤其是近几年增速明显。如节能环保产业连续八年年均增长率超过20%，是世界最大的太阳能电池生产国，全球第二风电装机大国；光电行业在2009年产业规模扩张并不快，但自2011年以来仅LED芯片产业规模达到46.2亿元，同比增长31.9%；2010年的新材料产业规模达6500亿元，自2005年以来年均增速接近20%，2011年产业规模超过8100亿元。数据显示，我国战略新兴产业发展速度明显加快。同时，这些新产业的飞速发展也带动了相关产业的市场需求。以新材料产业为例，航天、航空、汽车、电子、电器及众多民用领域都需要新材料，至2015年新能源汽车累计产销量超过50万辆，大量需要动力电池模块、电池隔膜、正极材料、碳基负极材料等，乘用车需求超过1200万辆，需要铝合金材料、钛合金材料等，新一代信息技术产业需要硅单晶抛光片、平板显示玻璃基板、混合液晶材料等，生物医药产业需要人工关节、血管支架、眼内

① 国务院.中国战略性新兴产业发展报告（2014）.

人工晶体等，将大幅减少对医用高分子材料、生物陶瓷和医用金属等材料的需求。因此，七大战略性新兴产业在自身发展迅猛的基础上，也带动了上游、下游等市场的巨大需求潜力。

二是部分技术取得重大突破，极大增强我国发展战略性新兴产业的信心。我国自改革开放以来，基本沿用了技术引进、技术模仿、技术追赶的发展思路，近35年的追赶之路积累了产业基础，整合了创新要素，奠定了领先能力，也饱尝了技术受制于人的依赖。战略性新兴产业发展战略与创新型国家战略、中国制造2025战略等异曲同工、相互促进，都是希望通过技术突破推动产业发展与国家强大。当前我国战略性新兴产业在部分领域已经取得了重大技术突破，如在新材料产业领域，我国自主开发的钽铌铍合金、非晶合金、超导材料等已经达到或接近国际先进水平；我国自主研制的"天河一号"计算机以峰值速度4700万亿次、持续速度2566万亿次每秒浮点运算的优异性能位居世界第一；我国自主研制的首台4500米深海遥控无人潜水器系统完成海上试验；我国首列混合动力型直通车组正式投产；清洁煤利用、高压输电、高铁技术等都领先于全球，移动通信系统和下一代互联网技术大规模商业应用等。虽然，有些技术还远远没有形成较大的规模化局面，也不可能立即扭转长期落后的面貌，但是都呈现出一种从萌芽向成长的加速发展趋势，意味着我国技术产业发展正进入一个新的阶段，意味着我们可以由"技术追赶者"向"前沿探索者"进军。因此，我们应该及时把握这种新变化，增强更加自主创新的决心，增强大力发展战略性新兴产业的决心，及时调整国家战略与政策，使我国早日成为前沿创新与技术领先的国家之列。

三是新兴服务层出不穷，惠及民生范围不断扩大。战略性新兴产业的发展，使人民群众享受了健康、绿色、智能、泛在的新兴服务。在信息技术行业，华为、中兴自主研发的4G手机终端芯片批量应用，百度、阿里云等汇聚了数十万中小商户，促进了O2O（Online To Offline，即线下的商务机会与互联网结合）、C2F（customer to factory，即消费者对接工厂）、P2P（peer to peer lending，即借贷与网络借贷相结合的金融服务网站）等创新服务方式，推动滴滴出行、途牛网等软件覆盖广大用户，提供便捷服务。云南省建设覆盖了全省的远程可视医学诊疗中心，在215家医院建成远程医疗终端站，累计提供各项服务100万例以上，开展远程医学教育培训150万人次以上。在可穿戴设备市场，据腾讯2014年调研报告，去年三星wear手表占到全球智能手表市场份额的50.7%，Inwatch市场占有率为12.1%，是国产厂商中出货量最高的手表品牌。网络信贷是近年来随着互联网兴起而出现的一种基于互联网技术的新型信贷模式，该模式有效缓解了中小企业融资难问题。以上海为例,2014 年 8 月市政府印发了《关于促进本市互联网金融产业健康发展的若干意见》,明确从政策上给予互联网金融更有力的支持,对上海的金融信息服务产业发展势必将产生重大影响。目前,上海作为互联网金融的细分领域——网络信贷行业最早的发源地,拥有多个业内第一:中国第一家纯线上模式的 P2P 平台"拍拍贷";中国第一个网络信贷服务业自律行业组织"上海网络信贷服务业企业联盟";中国第一个垂直金融搜索平台、第一个 OFA 在线融资贷款代理平台"融道网";中国第一个大型金融集团开设的 P2P 平台"陆金所"等,这些"第一"成就了上海产业发展高地的地位,也体现了上海市政府对于互联网金融开放的态度。因此,这些新兴的服务模式,提升了消费水平,扩大了服务范围,惠及了广大民众。

四是大批指导政策不断出台,产业发展环境进一步改善。从总体上看,战略性新兴产业颁布了总体规划、金融支持产业升级意见、基础设施鼓励社会投资等相关政策。从行业来看,以节能环保产业为例,国家环保部门颁布加快发展节能业,加强污染源环境监管、环境空气细颗粒污染防治、汽车污染物排放测量方法、铝工业污染物排放标准等政策,对环保产业发展提供了明细的产业标准。以新能源产业为例,国家能源局印发《新建电源接入电网监管暂行办法》,为可再生新能源公平接入电网提供了有力保障,并豁免了部分新能源发电项目电力业务许可证,进一步简化流程,减轻企业负担。国家电网公司全面放开分布式电源并网工程与电动汽车电设施市场,为民营企业投资发展新能源和新能源汽车提供了机会。再如,新能源汽车虽然突破技术屏障已经面世,但是个人用户充电难、影响电动汽车使用的问题并不是少数,而克服这一问题,不仅要按照车桩科学比例进行基础设施建设,而且需要借助市场力量,推动充电服务模式的优化升级。2015 年出台了《关于加快电动汽车充电基础设施建设的指导意见》,2016 年 2 月 24 日国务院常务会议对加快充电基础设施建设的建议,到 2016 年两会期间李克强总理在政府工作报告中也特别提及建设新能源汽车充电设施,充电基础设施的普及发展被纳入重点。根据规划,未来除了公交、出租及环卫与物流等公共服务领域充电基础设施建设,公务与私人乘用车用户结合的居民区与单位充电桩建设也将成为重点建设方向。在地方公车改革的带动下,不少地方政府部门在增加新能源汽车采购比例的同时,也鼓励民间资本介入到公务出行领域,如分时租赁的运营模式。因此,大批的指导性与鼓励性政策出台,可以使产业环境得到进一步改善。

五是涌现一批高速成长的企业,区域聚集化发展日渐清晰。战略性新兴产业的各个领域都有一批高速成长的企业在引领行业发展。如在信息通信、网络领域，涌现了以中兴、华为、展讯、阿里巴巴、腾讯、东软等一批骨干型企业；在新材料领域，涌现了江西赛维、新奥光伏、深圳光启等一批创新型企业；装备制造业涌现了以中航工业的航空装备企业、中船工业和中船重工为代表的海洋工程装备企业、以南车和北车集团为主导的轨道交通装备企业等。同时，区域聚焦化发展状态日渐清晰，呈现出朝三大区域集聚的态势，一是朝产学研强大区域集聚，二是朝经济发达区域集聚，三是朝市场需求潜力较大区域集聚。以高端装备制造业为例，目前出现六大重点城市的产业布局。一是北京的高端装备产业研发中心和总部基地，这里集中了丰富的人力、科研和教育资源，清华、北大、北航、北理工等高校及包括航天航空、轨道交通和卫星领域的研发中心均汇集此处，形成了强大的科研体系。二是上海的南方客机设计总装和海洋工程基地，重点发展航空产业、海洋工程装备制造与智能制造装备，主要布局在长兴岛海洋装备产业基地和临港产业区。三是大连的北方最大船舶与海洋工程装备基地，因是北方重要的对外贸易港口和东北地区最大的货运枢纽，也形成了集建造、修理、配套、技术研发及试验设施等为一体的船舶工业体系。四是沈阳的北方高端智能装备制造基地，因是东北的重要老工业基地，拥有良好装备制造资源，形成了以数控机床为代表的智能制造设备成为全国最具竞争力的产业领域。五是南通的南方最大海洋工程和造船业基地，因拥有独有的发展海洋工程和造船业的自然禀赋，有绵延两百公里的海洋线，既靠江又邻海，所以造船业较为发达，已经形成集船舶工程、海洋工程、游艇和配套业为一体的海洋工程船舶产业体系，南通经济技术开发区也是国家新型工业化示范基地。六是西安是西部地区最具实力的航空制造业领取地，其航空及卫星产业是两大特色优势产业，是国家民用航天产业基地。整个产业空间布局由沿海向中西部地区进一步扩散，随着重点新兴城市产业持续涌现，也带动周边地区发展。

六是地方政府高度重视产业发展，各种政策措施加速了区域分工格局。自2009年12月江西省出台了我国第一个战略新兴产业的省级发展规划后，各省市纷纷出台了各种相关的扶持政策与配套措施，支持措施清晰，政策思路明确，都高度重视战略性新兴产业发展，主要做法包括加强组织领导，规定产业规划，确定发展目标，加大财政投入，实施培育工程，积极发展创业投资，引导社会资金投入，加大产业园区建设并加快招商引资引智步伐等。如武汉市制定的加快地球空间信息产业的财税政策就有企业研究开发费用未形成无形资产计入当期损益的，在按照规定据实扣除基础上，按照研究开发费用的50%加计扣除，形成无形资产的,按照无形资产成本的150%摊销;企业通过专利机构申请专利的,按发明专利2000元/件、实用新型专利300元/件、外观设计专利300元/件标准发放;对企业或有关组织主持国际标准、国家标准、行业标准及地方标准制(修)订工作的,分别一次性给予50万元、30万元、10万元及5万元资助奖励;对建立3S专业大学生实习基地的单位实行财政补贴。除此以外,还有鼓励银行信贷、加大高层次科技人才引进、加大土地供应支持等其他政策。正是在各地快速发展优势战略性新兴产业重要基础上,形成了凭借其产业集群、科研优势为主导的领先地区。而这些地区也凭借原有基础不断强化其在产业链环节中的优势地位,使各区域之间的分工进一步明确。

第三节　我国战略性新兴产业持续创新存在问题

尽管国家从宏观上给予了战略性新兴产业大力支持,但是目前该产业毕竟尚处发展初期,在理论与实践中还存在不少问题,尤其是在战略性新兴产业持续创新能力上还有明显缺失,主要表现在以下十个方面:

第一,技术创新能力还比较弱。自主发展还是被俘获是中国发展战略性新兴产业的重要抉择,毫无疑问,培育战略性新兴产业的首要任务是强调自主技术创新,这是抢占产业发展制高点、获取产业利润的重要环节。余江(2012)①通过专利文献计量方法对我国战略性新兴产业技术创新能力进行统计,认为各产业在技术发展的基础上也存在较大差异,例如电子通信领域发展较好,而(插电式)混合动力汽车明显处于劣势。同时很多产业的基础技术和核心技术还有待重大突破,如位居战略性新兴产业第一位的节能环保产业,产品多为常规产品,未涉及核心关键工艺,技术含量低,在体现高新技术水平的风力发电总体设计和自动控制技术、太阳能薄膜电池的制备技术、脱氮脱硝处理设备、机动车污染控制及危险固体废弃处理装置等关键设备方面都缺乏我国原创性的技术。再如发展较好的电子通信领域,虽然在国内市场的技术创新份额相对于在华跨国公司逐渐占据上风,但集成电路、CPU、系统芯片组、存储器芯片、RAID控制器等都被中国台湾、韩国等新兴工业国家和地区所控制。

---

① 余江,陈凯华.中国战略性新兴产业的技术创新现状与挑战——基于专利文献计量的角度[J].科学学研究,2012(5):682~695.

第二,产业标准能力尚未形成。如果说专利技术影响的是一个或若干企业,那么技术标准却是影响的一个产业发展,它是国际竞争的核心资源与优势来源。技术标准可以控制产业、垄断市场,获得竞争主导权。发达国家自80年代开始将制造业转移到发展国家,不仅可以降低生产成本还可以高额获利,就是通过技术垄断"坐收渔人之利",既将获得利润专注于下一轮技术领先与标准垄断,又减少生产制造环节带来的环境污染。而这种竞争主导权的垄断往往会给生产制造者、技术追赶者带来最终技术壁垒,只有以技术领先的产业标准才能甩开这种技术轨道的威胁。电子信息产业的芯片技术就是典型的例子,由于发达国家发展比我们早而技术领先,占据了产业标准的决定权,我们产品一直无"芯",使行业利润多被美国、日本与韩国等国家瓜分,我们仅获得低廉的加工制造费用。而现在随着国家对核心技术日益重视、国内消费市场潜力巨大,由信息产业催生的物联网、云计算等技术上我们与发达国家几乎同步,加之多年的模仿创新也积累了技术领先的经验,我们的很多新产品技术应运而生,如安全防范视音频编解码技术的国家安全标准,是世界上第一个围绕视频感知的物联网基础标准之一,类似这样的产品、标准与系统集成都应该在国内大胆使用,由国内标准向国际标准迈进,抢占产业发展的"领跑权",而不至于陷入"微笑曲线陷阱"。

第三,人才培育集聚能力有待加强。人才是技术的关键,是技术的创造者与智慧的凝结者,而战略性新兴产业的高端技术、核心技术通常不会被大多数技术创新者掌握,只有少数拥有核心技术的人、通过适宜的土壤环境才能让战略性新兴产业技术在中国"星火燎原"。该产业人才的缺乏表现在两个方面,一方面是高端技术人才的培育,这类人才通常既具有国内扎实的基础教育又学习了发达国家先进的创新技术,在吸引这类人才回国创业的过程中,往往会受到他们不愿意放弃国外已经先进的研究基础与技术环境,唯恐失去这样的环境会导致他们持续创新技术出现脱节,同时国内尚还不成熟的资本市场、融资环境、创业文化也会成为他们的"拦路虎",所以吸引这批高端人才的集聚往往是通过政府的引导而非市场行为,深圳光启创新科研团队的成功引入就是在前期获得政府给予的4000万元专项经费资助、12000平方米实验室、2000万元装修款、800万元房租补贴、5000万元实验设备投入等。另一方面是技能人才的培育,虽然国家已经制订了战略性新兴产业技能人才培育计划,并依行业目录在高校开设相关专业与课程,但仅处于起步阶段,人才的培育尚需时日,要赶上日益更新的技术进步还显得步伐滞后。

第四,投融资运行能力还不健全。技术的创新无处不在,但美国硅谷的创新创业成就却是目前世界上任何一个地方无可替代的,它靠的不仅是技术的创新,更是投融资运行能力的支持。硅谷两三公里长的"沙丘路"聚焦了十几家大型的风险投资公司,其中包括世界最大的风投公司 KPCB、红杉资本、NEA 等。风险投资为创新创业者填补了关键的资金缺口,战略性新兴产业的发展同样需要前期资金的支持。而国内尚不发达的投融资制度、社会保险制度、信用制度等无疑会成为技术走向产业化的障碍,而仅靠政府投入不仅效率低下、融资有限、而且没有经过市场行为对项目的选择难免也会造成投入失败。同时由于私募资金基本没有、创业投资不发达,融资渠道不畅通,特别是对于具有不确定性较高、投资回报较长的战略性新兴产业,如生物产业等融资就显得更加困难。其次,市场化的利益分享与高效性的激励机制也是产业顺利运行的关键。技术入股、股权激励、期权股票等共同运用,不仅可以减少企业的资金难题,也可以使技术者、创业者、利益相关者保持目标一致,提高项目运行成功概率。因而,建立战略性新兴产业配套的投融资运行渠道,如信贷、股票、企业债券、创业投资基金等都是市场选择产业项目的关键,也是该产业是否能迈向成功的关键一步。

第五,财税扶持能力有待形成。科研合理的财税政策无疑对战略性新兴产业发展的每一个环节都会起到积极促进作用。虽然我国制定了战略性新兴产业一些零散的财政政策,但整个扶持体系尚未形成,几乎还是空白。例如,现行17%的增值税率仅对农业、核电等少数行业有低税、退税等优惠政策,战略性新兴产业基本不在该范围内;对战略性新兴产业急需的金融支持没有税率优惠,使本身具有不确定性的该产业成为融资的弱势群众;在进入商业化的市场推广过程中,也没有对该产业广告宣传的税收扶持;对科研技术人员的个人所得税减免限制严格,既不利于调动科研积极性,也不利于鼓励个人的风险投资行为;技术转让税收重复叠加,不利于技术成果的转化利用等现象普遍存在。因此,完善税收激励政策,创新财税金融支持方式,形成普惠性战略性新兴产业的财政支持手段,激励各类社会资源共同发展该产业尤为重要。

第六,政策配套能力不适应需求。我国虽然出台了战略性新兴产业发展规划、产业目录与扶持政策等,但现行体制机制不适应该产业快速发展的需求。主要表现在两个方面:一是体制机制不顺畅。多头管理、部门分割、资源分散造成产业链断裂、没有形成市场条件下的整合能力,例如以生物医药产业为例,我国虽有医疗体制政策、医药市场准入政策、医药市场监管政策与生物医药创新政策等，但从管理体制上看，涉及产业价值链的主管部门包括国家发改委、科技部、卫生部、农业部、国家药监局、国家工商局等诸多部门，没有专门协调机构与组织来整合产业价值链；从政策体制上，除药品价格体系外，国家税收制度、药品审批制度、医疗体制都对生物医药产品产生种种不利影响因素，使产业对政策的“吸虹效应”很难体现出来；二是产业服务体系与政府公共服务职能还有待建立。例如节能环保产业的价格形成机制、“三网融合”的相关行政管理制度、便捷快速的新药审批程序与定价制度、卫星应用的军民结合机制等。

第七，创新价值链能力有待构建。虽然战略性新兴产业覆盖领域广，产业发展阶段不尽相同，但总的来说，大多数产业处于技术爆炸性和技术持续高增长阶段，它都需要产业链的传递与连接才能实现产业的最终成功，仅凭某一个环节领先也很容易导致中途夭折。而产品内的分工成为战略性新兴产业发展的主要模式，刘志彪（2012）提出只有产业链、价值链、创新链、服务链和生态链这五个方面共同构建，才能避免战略性新兴产业成为新一轮的低端加工制造业，从而推动该产业进入国际产品分工的高端环节，形成主导全球的创新价值链。而本书认为，传递连续的产业链、不断增值的价值链、定位领先的创新链、科技融合的服务链与满足内需的生态链是这五个链条的关键。例如融合的服务链所需要的机构就应该建立大量生产性服务企业，风险投资公司、研发与实验中心、产品设计中心、猎头公司、市场调研公司、律师与会计事务所、咨询公司、评估公司、公共关系公司等，而这些具备高科技含量的生产性服务业正是我国产业发展所缺乏的。

第八，区域协调统筹能力尚不明晰。在国家提出大力发展战略性新兴产业的经济战略下，各地方政府积极响应，几乎所有的省市都制订了相关政策措施。以武汉为例，武政〔2012〕31号文制定了武汉市推进战略性新兴产业“超倍增”发展意见，随后相继出台了该市七大产业发展规划与技术路线图，可以说与国家宏观政策“一脉相承”，但从这些政策中除了强调发展的重要性，更多就是强调要实现的目标，而对于如何实现目标似乎显得措施乏力。同时，各省市都争相壮大这七大产业，容易造成新一轮低端过剩，不能形成产业因地制宜良性发展态势。因此，各地方政府应仔细现有基础、产业优势、资源禀赋等因素，选择符合自身优势的重点产业积极力量，加大投入，并且还要将战略性新兴产业发展与本区域的发展战略、城市规划、产业融合、国企改革、园区建设等统筹考虑，改变过去重硬件形象，轻实用效率，重新建扩建，轻资源整合，重平台建设，轻管理制度，重眼前利益，轻长远发展的管理弊端。

第九，商业化运行能力还需提升。领先的技术还需要潜在的市场需求予以承认和肯定，否则再精良、再领先的技术也只能被发明创造者聊以慰藉，会被人们束之高阁与抛之脑后。美国Tesla新能源汽车成为汽车界的新宠并得到世界市场的认可，除核心技术的自主创新外，商业模式的自主创新也是关键环节。它一改传统汽车建立经销商网络的方式，采用"苹果式"的体验店销售模式，由公司直接管理，应用顾客体验、专款订制、免费维护电池、建立电池管理系统等配套措施，以最大限度满足个人需求与市场普及，这就是传统汽车所不能比拟的。目前我国杭州为推广新能源汽车也在探索"只租不售"的营运模式，不在于迅速取得投资回报，而是以新产品最大程度得到消费者认可为目的，着眼于潜力市场的培育。同样，七大战略性新兴产业都有待新产品、新技术得到消费者认可，形成强大市场份额，这都需要新兴的商业模式支撑发展。

第十，国际市场领先意识有待提高。中国以"儒家""道教"的传统文化有几千年的历史，而这些文化塑造了"不争先""不出头"的内敛精神，但恰恰也制约了我们，不愿技术领跑、不愿前沿创新、不愿占领国际市场，甚至还存在产业"还没有做就认为自己不行""国外的技术就是先进"的落后思想。但是，中国巨大的市场资源、自有的产业基础、大量的人才优势、充裕的投资资源及国家强大的经济战略都为我们参与国际市场竞争提供了可能，而长期技术受制于人也让我们深深体会到技术领先的重要性。政府指令、严格限制、创新缺失、投资僵化、分权发展等都成为了阻碍我们领先于国际市场的因素。我们应该珍惜我国现处于世界上为数不多的可以规模化增量发展的市场优势，与发达国家在战略性新兴产业所处差距较小的时间窗口，改变传统跟随追赶惯性，以占据国际市场的眼界与胸怀让所有创新的资源发挥最大效用。

熊勇清（2011）①认为我国新兴产业发展具有与发达国家不同的规律性，不能简单从传统产业直接向高技术产业过渡，而面临着"双峰逼近效应"，即一方面传统产业发展还不够充分且面临调整改造的高峰，另一方面战略性新兴产业需要培育的高峰同时到来。这就决定了我国战略性新兴产业尚在起步阶段，不可避免在产业发展初期不可能迅速形成强大的自身创新能力，但我们也不能重复一味依靠国家政策推动、产业资金扶持与低端重复制造的老路，迅速形成战略

① 熊勇清，李世才.战略性新兴产业与传统产业的良性互动发展——基于我国产业发展现状的分析与思考[J].科学进步与对策，2011(3)：54~58.

性新兴产业的自身良性发展体制是首要任务。

第四节　战略性新兴产业持续创新缺失原因分析

我国战略性新兴产业持续创新能力不强，存在以上十个方面的问题，探究原因也是多方面的，其本质原因源于三个方面：

首先，对大力发展战略性新兴产业持续创新认识不足。战略性新兴产业是应运时代而生的新兴产业，它因国际经济形势特殊性、国内国情特殊性颠覆了类似其他产业逐级梯次发展的道路，这就对我们如何把握产业发展规律、分清该产业与高新技术产业、新兴产业、战略产业等不同的本质特征与相互关系似乎都存在争议。同时，近年来不断推出了诸多产业概念，如"互联网+产业"、大数据产业、中高端产业等，这些与战略性新兴产业有共性也有区别，而且趋同于产业升级的路径依赖。那么，不断更迭的概念使人们降低了对战略性新兴产业的深入理解。在实际操作过程中也就难免会出现不知如何平衡战略性新兴产业与其他产业的关系，不知如何相互促进这些产业的共同发展，不知如何把握战略性新兴产业发展的核心要素和关键环节，也就自然而然形成了该产业持续创新能力不强的诸多体现。

其次，"市场在资源配置中起决定性作用与更好发挥政府作用"尚未完全释放。自我国在十四大确定了社会主义市场经济以来，一直是以市场在资源配置中起基础性作用为主导，而在十八届三中全会中明确要使市场在资源配置中起决定性作用。正是这种"作用"的不足，使我们在产业发展进程中的体制机制不顺畅，重点环节不突出，扶持效率低下，使人才、资金、技术等重要生产要素不能最大限度释放活力，反而还产生了依赖政府扶持、政府不推不发展的怪象。主要的障碍表现在两个方面：一是现有管理体制还不能完全适应创新产品与服务的发展。战略性新兴产业隶属于多个管理部门。发改委重视科技项目建设，忽视后期项目运作；科技部门重视科技创新，忽视信息化管理；经信委重视科技创新，却没有业态创新；商务部门只重视服务业的业态模式创新。这种管理模式要么交叉重叠，分散扶持重心，要么存在空白盲区，造成管理漏洞。二是诸多市场不完善使战略性新兴产业创新不断遇阻。以资本市场为例，我国《证券法》明确规定 A 股上市的一个重要条件就是发行人要有"持续盈利能力"，而战略性新兴产业发展初期也是资本最短缺的时期，大批企业就辗转于境外上市。再如，随着我国战略性新兴产业的崛起,与国际贸易摩擦也不断加剧,对尚处于发展初期的产业有较大冲击。2016 年 3 月,所有的美国半导体企业,包括美系主被动元器件企业都接到通知,在获得出口许可之前,开始限制供应给中兴,无疑是对中国所有芯片公司的沉重打击。2014 年 4 月,英国药品和健康产品管理局下令全面禁售未注册的草药制品,这意味着目前英国市场上的中成药将全部退出英国市场。

最后,质量与速度并存的发展格局使有限的资源较难用到尚待培育时日的战略性新兴产业上。新兴技术的培育需要市场,而技术市场化也需要过程。同样,战略性新兴产业从实验室技术走向产业化需要时间,而不断持续的创新能力更待时日来培育,其持续能力的效率也需要较长一段时间进行检验。但是,一方面是地方政府对土地财政形成的创富依赖模式不减,会降低对创新驱动的热情;另一方面,各类扶持政策从提出到对产业形成利润效应也需要时间。战略性新兴产业具有投资回报未知、投资周期较长的典型特征,且处于成长初期的企业正逢发展的困难期与爬坡期,这些因素都会导致政府与企业在发展之初面临质量与速度的选择。

然而,当今世界无处不是资源的争夺战,人才、资金等都朝着最能快速体现效率的地方涌动,而对于尚待时日的战略性新兴产业似乎不可能一蹴而就迅猛发展,不能立竿见影体现经济收益,这就对它汇聚优势资源、储备必需要素提出了苛刻要求,它既要注重当前既得利益,也要持续创新能力地不断孕育,使其在今后一段历史进程中独领风骚。

党的十八大五中全会提出“产业发展迈向中高端水平,加快构建现代产业发展新体系”,通过公开透明的市场规则、完善的金融市场体系、深化的科技制度体系等手段,发挥市场对资源配置的引导作用。这无疑为战略性新兴产业亟待构建的创新体系所必备的要素,提供了释放活力的无限空间。战略性新兴产业是市场推动与国家战略结合的一个必然需求,是工业化、现代化、信息化、产业化的必然趋势,而培育其持续创新能力单纯依靠政府是不够的,更多的需要深化改革制度、环境体系与自身产业发展的结合。

第四章 战略性新兴产业持续创新能力运行机理

第一节 战略性新兴产业持续创新能力界定

一、战略性新兴产业持续创新能力内涵

1. 产业持续创新能力内涵界定

产业持续创新能力是产业在国内外经济动态环境下，获取与保持持续竞争优势的关键因素。具有幼稚性的战略新兴产业，需要国家政策与地方扶持，但也不能完全依靠外援性拉动作用。这种拉动作用，从短期上可以形成有效的产业推动力量，可以激发相关企业快速成长，也可以形成一定的规模效应，但中长期而言，政府作用不能长期激发企业内生增长模式，不能有效形成完整健全产业链，更不能主导消费者市场。因而，产业持续创新能力才是产业在任何一个生命周期都必须具备的首要因素。

在继承和发展现有研究成果的基础上，本书认为：产业持续创新能力是指在一个中长期的发展阶段，在国家创新战略指导下，产业能主动顺应市场需求变化为目的，积极推动产业技术创新、整合产业链协同供应、不断为市场创新价值，从而使产业获得持续经济效益和持续发展的综合能力体系。这种持续性具体包括三个方面的含义：一是时间的持续性。这个中长期一般指十年以上的时间；二是产业创新的持续性。它可以是产业的间断性创新、或是连续性创新，无论是哪种状态，都是产业从战略、供应、需求等方面形成的综合创新体系；三是收益增长的持续性。收益增长持续性与产业创新的持续性是正相关关系，它与产业创新的频率基本吻合，持续收益的增长会促使产业将创造的利润更多变成技术、经营的投入，形成良性互动发展模式。

2. 战略性新兴产业持续创新能力内涵界定

2006年国务院颁发了《国家中长期科学和技术发展规划纲要(2006—2020)》提出经过十五年的努力步入创新型国家行列,21世纪中叶成为世界科技强国的奋斗目标,为我国创新发展提出了中长期目标;2013年1月颁发的《“十二五”国家自主创新能力建设规划》明确指出要提升包括战略性新兴产业在内的五个重点领域,把增强其产业创新能力作为我国自主创新能力建议的目标。2015年8月颁布《中华人民共和国促进科技成果转化法(2015年修订)》,旨在促进科技成果转化为现实生产力,规范科技成果转化活动,加速科学技术进步。2016年12月,《“十三五”国家战略性新兴产业发展规划》正式颁布。这项规划在“十二五”的基础上进行了部分调整。由原来大力发展的七大战略性新兴产业确定重点发展五大领域和超前布局的一批产业。

国家的产业规划为战略性新兴产业发展制定了方向,发展壮大战略性新兴产业并不是单纯数量上的迭加,而是体现于产业质量的提升,更是旨在建立良性运行机制并实现获利能力持续性。任何一个因素的缺失,产业仅靠部分领域创新或阶段性创新,都会导致成长过程中陷入“卡夫丁峡谷”。因此,产业的创新不是某一方面的创新,而是全面的创新;不是阶段性的创新,而是持续性的创新;不是数量增加的创新,而是产业能力提升的创新。

一直以来,“持续创新”得到了国内外学者的关注,而从“持续创新能力”方面也有一定的研究成果,其研究主要集中在“企业持续创新能力”与“产业集群持续创新能力”两个方面。“企业持续创新能力”的研究以郑勤朴(2001)、向刚、汪应洛(2004)等为代表。郑勤朴认为企业持续创新能力是一个综合性的能力体系,要从投入、生产、产出、营销、财务、创新潜力与环境适应等多方面的能力共同构建企业持续创新能力;向刚等认为持续创新能力是企业在相当长的时间内,持续不断地推出、实施包括技术、产品、工艺、原材料、市场、组织等诸多创新项目,并持续不断实现创新经济效益的能力。“产业集群持续创新能力”的研究以解学梅、曾赛星(2008)为代表,他们认为产业集群持续创新能力是在特定的区域内,以创新主体系统(主要为科技企业)为核心,以科技中介和创新设施为支撑系统,以创新环境为外围系统的创新网络,并通过整合集群内的创新要素,最终形成知识和技术由创造、应用到扩散,不断提升集群持续创新能力的动力系统。并且将该系统以系统学与协同理论为基础,构建了创新主体子系统、创新支撑子系统和创新环境子系统的集群持续创新系统模型。在此基础上,以青岛经济技术开发区为样本,选取集群区域持续创新能力的 22 个原始指标进行了实证研究。

已有研究从不同角度对持续创新能力进行了界定,但都没有解释战略性新兴产业持续创新能力。本书认为这一概念的界定应以战略性新兴产业的“创新系统”为研究对象,以“创新能力”为本质特性,以“持续创新”为探索方向,可以理解为:战略性新兴产业持续创新能力是指国家产业规划确定的战略性新兴产业领域,以创新性技术为供给,以市场变化为需求,运用产业系统内外诸多元素参与者的组织集成,不断对各种生产要素进行优势集成,以获取持续产生经济效益的能力的产业综合集成。

表 4-1　战略性新兴产业创新能力建设重点

项目		创新能力建设领域
发展壮大	新一代信息技术	高速光纤网络、新一代无线宽带网、下一代广播电视网、“互联网+”工程、大数据发展工程、人工智能创新工程
	高端装备与新材料	智能制造、航空产业、卫星及应用产业、轨道交通装备、海洋工程装备、航空铝材、碳纤维复合材料、核电用钢、绿色材料、稀土与石墨等功能材料
	生物	抗体药物、重组蛋白药物、新型疫苗等新兴药物、新型医疗设备、生物农业、生物制造、生物能源
	新能源汽车、新能源和节能环保产业	纯电动汽车、插电式混合动力汽车与充电基础设施、燃料电池汽车、智能自动驾驶汽车、先进核电、风电、太阳能、生物质能、节能技术装备、环保技术装备产业、污染防治技术装备、绿色低碳技术、资源循环利用
	数字创意产业	数字文化创意、创新设计及产业融合
超前布局	空天海洋领域	空间进入、新型航天器、航空领域关键技术和重大产品、深海远海极地技术装备及系统
	信息网络领域	未来网络、关键技术和产品、电子器件变革性升级换代
	生物技术领域	干细胞与再生技术的医学新模式、基因编辑技术研发与应用、合成生物技术研发与应用
	核技术领域	新一代核能装备系统、非动力核技术

注:参见国务院 2016 年 11 月 29 日《“十三五”国家战略性新兴产业发展规划》(国发〔2016〕67 号)。

二、战略性新兴产业与传统产业可持续创新的差异表现

1. 基于战略定位的差异表现。战略性新兴产业与传统产业都是当前我国经济发展的重要组成部分，在我国人口众多、市场需求较大及科技引领发展的形势下，两者都是同时存在、不可或缺、不能替代的。虽然当前战略性新兴产业份额较小，但是无论从国家安全、经济命脉、人民需求等战略角度来看，它都将成为未来的主导产业和支柱产业，都将成为未来经济和社会可持续发展的战略方向，都将成为领先科技、新兴技术、跨越发展的重要体现。因而，我国在战略性新兴产业的选择和培育上，不仅立足于现在要兼顾传统产业发展，也着眼于今后更长远一段时期国家战略意志的重要体现，不仅立足于战略性新兴产业当前能带来的经济效益，更立足于长远能带来的社会效益，不仅立足于当前该产业持续创新能力的培育，更立足于今后该产业通过创新能力培育带来的能力释放效应。

2. 基于技术创新的差异表现。无论是传统产业还是战略新兴产业都需要技术创新支撑产业发展，只是所处于的发展时期不同决定了当时的引领技术是不一样的。但是它们在技术创新能力的培育上有三个方面明显差异：一是产业生命周期不同决定了要求技术领先速度不同。高附加值的技术会带来超额利润，使战略性新兴产业在生命周期的前期重要性会比传统产业表现得更为明显，而在产业前期很大程度决定了该项目要么成功、要么失败，甚至会有较大风险性，因此对前期创新能力的要求也会比传统产业高很多；二是对资金的需求及使用效率重视程度比传统产业更为明显。由于战略性新兴产业在产业幼稚期需要大量资金支持技术研发，在走向商业化进程中也需要大量资金支持商业运作，这种高技术密集性与资金密集性的结合使产业在每一个生命周期对资金需求与使用效率更为重视，这就会导致在战略性新兴产业的运作环节中如果前一期的开发、融资等取得成功的同时，后一期成功概率会非常高，相反不成功就会导致投资失败与资金回收无望；三是对知识产权的要求会比传统产业高。传统产业往往不具备技术的排它性与独占性，而战略性新兴产业则相反，先进的技术不仅会获得绝对的市场份额，甚至会出现技术垄断、技术标准定市场等现象。因而，战略性新兴产业在每取得一点技术突破的同时，都会更加重视知识产权保护，相关企业也在技术创新能力培育的同时也会争取知识产权的突破，力争用最快的速度寻求自我创新的技术决定市场标准

的垄断权。

3. 基于价值创造的差异表现。无论是何种产业都是价值创造的过程，都希望通过财富积累取得持续稳定的增长。战略性新兴产业与传统产业对价值创新的目标是一致的，但在这个价值创新过程中战略性新兴产业在几个方面表现得更为突出。一是重视成长潜力培育，战略性新兴产业更重视持续发展，在发展前期对研发投入、知识集聚、人才汇集、技术需求上表现得迫切与强烈；二是重视无形资产价值创造，知识、人才与技术属于企业无形资产，由于无法精确核定其价值，往往会在财务报表中被遗漏甚至被忽视，相反这些都是战略性新兴产业发展的核心，即使不能通过财务账目直观反映，也会通过其他渠道在战略新兴产业倍受重视；三是重视突破创新投入，传统产业由于发展较成熟稳定，对突破创新不仅需求较少，而且会持保守稳健态度，担心突破创新会影响现有产业发展。最为典型的案例是柯达公司的数码相机技术，当柯达的胶卷相机与冲洗技术领先同行技术市场时，柯达发明了数码相机，因为担心这种突破性创新会起到颠覆性作用而不愿公布于众、相反束之高阁，最后因没有把握突破创新的先机而失去整个市场走向末路。相反战略性新兴产业多处于起步发展阶段，不会受这些传统束缚，持更加积极态度，因此在突破性创新上多能积极面对，注重创新与成长性能力培育；四是更加着眼于长远利益的收获，传统产业在投入初期会较快形成有型的产品，也较容易进入市场，如果有资金予以支持商业化运作会较快取得收益。而战略性新兴产业不同，在进入市场初期投入较多，在还没有产业化、商业化之前一段时间内都不会看到明显经济收益，只有在进入市场后得到消费者认可才能有投资回报，而这个回报率往往会很高，因而战略性新兴产业在研发成长初期不会对即期利益表现迫切，会更加着眼于长期市场动态、消费需求、技术程度等长远利益的收获。

三、战略性新兴产业持续创新能力特征

要准确理解战略性新兴产业持续创新能力的概念，必须从其特征入手，主要表现在以下四个方面：

1. 创新元素的系统性。战略性新兴产业要释放出持续创新能力需要诸多元素的协同创新。宏观上不仅需要国家战略、发展规划、扶持政策等予以引导与支持，微观上需要科研单位、生产企业、生产服务型企业、中介组织等多企业的共同参与，中间层面更需要地方政府间根据自身的资源禀赋制定差异性的产业合理规划。因此，既要布好局，更要下好棋，这就需要国家创新系统、区域创新系统、

产业创新系统、企业创新系统中诸多创新元素协调发展。

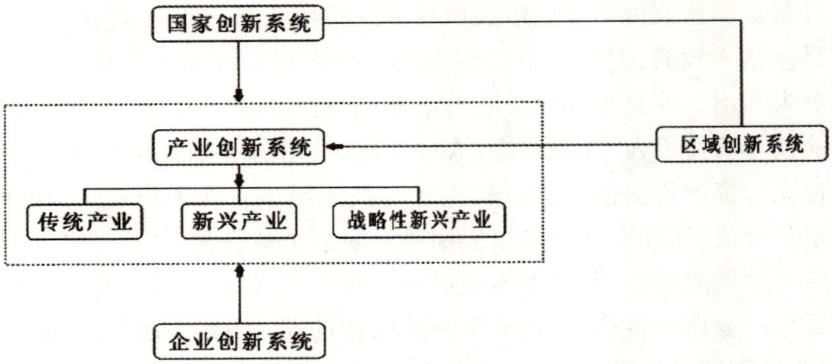

图 4-1　战略性新兴产业创新元素系统性

2. 创新时间的持续性。战略性新兴产业在技术上具有集聚性、溢出性、带动性、引领性、辐射性等特征,这是区别与其他高新技术产业的重要特征,具有较强的创新效益扩散性和影响力。而这种创新效益是随着创新技术不断出现而产生,它不与时间推移保持均衡增长关系,但与创新技术不断涌现紧密相联。因而,随着技术创新曲线不断延伸,创新能力曲线以螺旋式发展、波浪式前进的格局与之保持正相关发展。

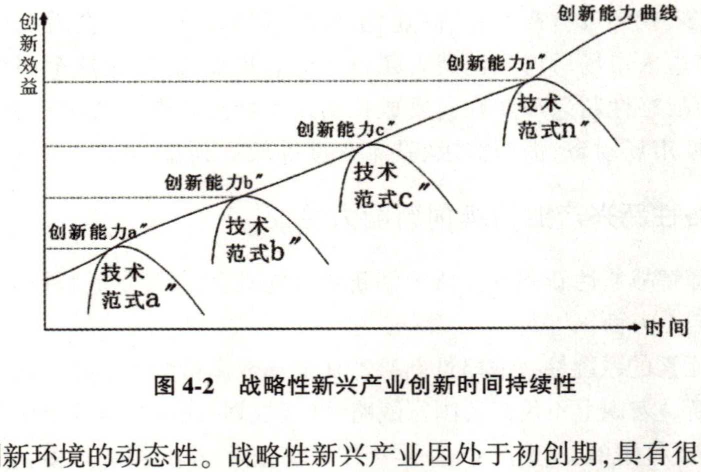

图 4-2　战略性新兴产业创新时间持续性

3. 创新环境的动态性。战略性新兴产业因处于初创期,具有很多不稳定性因素,如技术创新的风险性、消费市场的欠缺性、竞争对手的动态性等都使该产业创新环境呈现较大的动态性特征。特别是生物医药产业,投入大、风险高、周期长，抢占市场占有率是行业内将研发创新转为产品供应的重要环节，一旦同行竞争对手抢先注册了研发的新药证书，自己的前期投入就全盘落空，这个时候就要及时调整下阶段的发展思路。因而，战略性新兴产业持续创新能力的构建除了关注自身发展外，还要密切关注外部环境的变化，及时调整产业发展动态，这也是创新能力的一种适时表现。

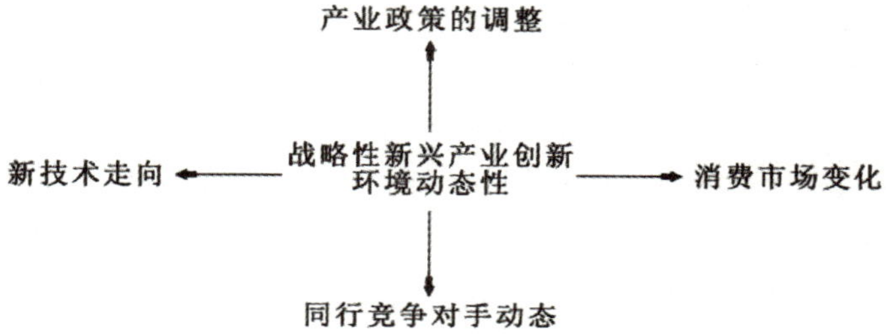

图 4-3　战略性新兴产业创新环境动态性

4. 创新方式的多样性。战略性新兴产业的持续创新能力不是偶然发生的，它需要一定基础作积累，如原有产业基础、生产要素的资源禀赋、新一轮创新集成等共同构建创新发展的基础，如果这些最后凝结成技术的创新，顺利进入生产创新环节、销售创新环节，实现经济收益，以良性的运转模式进入下一轮创新，形成创新能力的培育、发展与提升的路径依赖。但是，无论哪个环节出现失败，都将以重新来过的方式再依次培育。因而，这种创新方式具有积累性、变化性与循环性的多种表现形式。

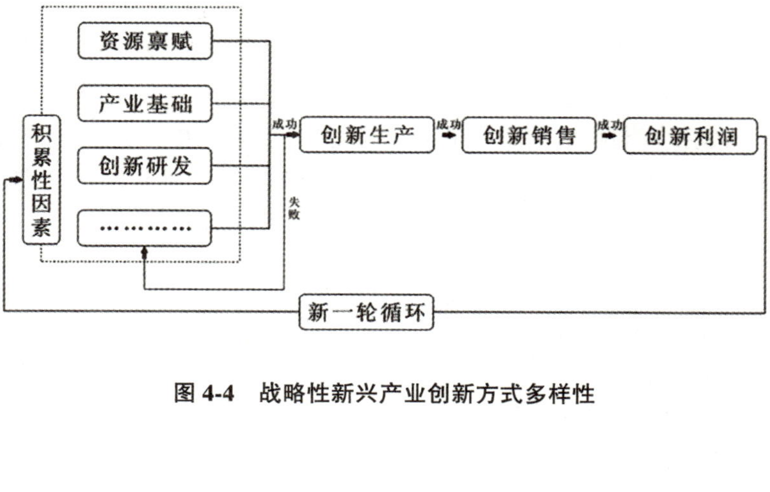

图 4-4　战略性新兴产业创新方式多样性

第二节　战略性新兴产业基于技术周期创新能力分析

战略性新兴产业的产生除了源于国家战略方针的确定外，主要源于“技术实现经济质转化”的“连续产业革命”（熊彼特，1939①），而后者是产生的决定性因素。受熊彼特“创造性破坏”模型的启发，1966 年 Vernon 最先提出的产品生命周期理论，20 世纪 70 年代美国哈佛大学的 Abernathy 和麻省理工学院 Utterback 提出了技术创新动态的产品生命周期理论“A—U 模型”，80 年代 Gort 和 Klepper 提出了的“G-K 产业生命周期理论”，到现在 Perez 提出的爆发、狂热、协同和成熟四个阶段的技术变革周期，陈昌曙提出的技术孕育、快速发展、成熟完善、稳定并趋于退化的产业技术演化周期等理论，无疑都表明技术具有生命周期的特征，而这个特征直接引起产业的兴衰演进。战略性新兴产业是未来产业的发展方向，虽然当前尚处于发展的初期阶段，但它将经过以新兴技术为核心的产业生命周期演进过程，即新技术研究期、新技术突破期、新技术生产期、新技术商业期。在新技术得到标准化确定后，就会进行规模化量产，并且在不断涌现的各种商业模式推动作用下，会迅速占领行业市场份额，获取行业利润。归根结底，战略性新兴产业的发展就是持续创新能力不断释放的过程，是新兴技术产业化不断演进的过程②。因此，从新兴技术产业化演进角度，分析战略性新兴产业持续创新能力的影响因素是符合产业发展逻辑的。

一、技术研发期持续创新能力

1. 基础研究能力。基础研究是产业技术创新的关键因素和首要任务。Bush 早在 1945 年就提出基础研究是技术创新的根本驱动力，是应用研究的先导者和催化剂。研发投入与技术创新应是正比例关系，但是我国却存在一个悖论，即快速增长的研发投入并没有带来产业核心技术创新能力的同步增长③。这无疑是

---

① Schumperter J.A., Business Cycles: A Theoretical, Historical and Statistical Analysis of the Capitalist Proces, *New York: McGraw-Hill*, 1939.

② 陈继勇，周琪.新兴技术产业化演进及其对中国战略性新兴产业发展的启示［J］.湖北社会科学，2012（11）：66～69.

③ 柳卸林，何郁冰.基础研究是中国产业核心技术创新的源泉［J］.中国软科学，2011（4）：104～117.

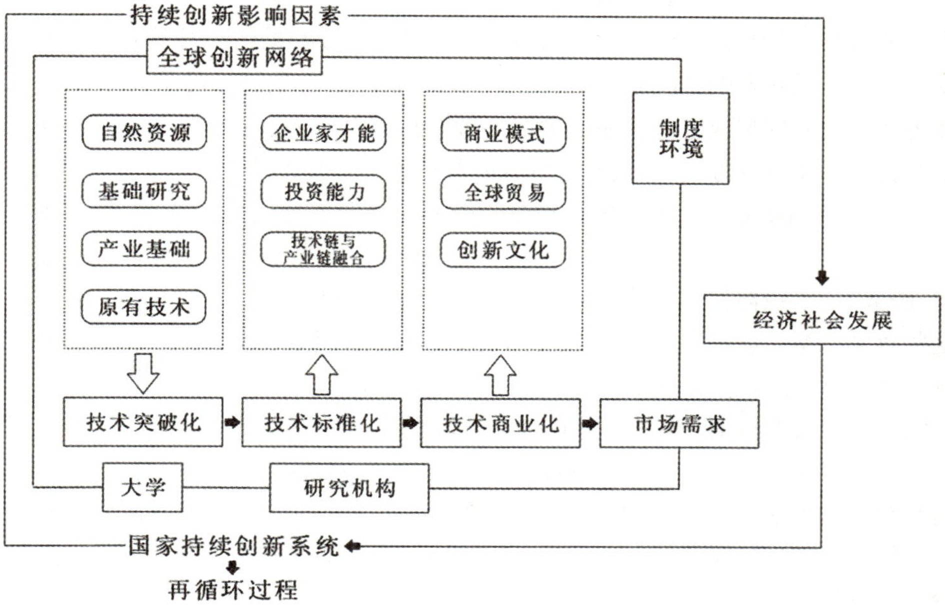

图 4-5　战略性新兴产业创新元素逻辑框架

两者不协调、不匹配的矛盾表现结果。建立我国以提高产业驱动为根本的基础研究能力，需要具备三个方面重要因素，即以企业为研究主体、以市场为驱动主体、以国家为资助主体。而确立以企业为研究主体是大力提高研究能力的最重要因素，目前我国是以高校、科研院所为基础研究主体，虽然国家投入逐年增加，但由于这些研究单位不会以市场需求为研究目的，因而存在研究成果与市场需求脱离、研究投入无法有效服务于产业技术的现象。要改变这一悖论，就是要形成以市场需求作为基础研究目标的指引，以企业为主体带动高校与科研院所共同参与的研究主体，以国家资助服务于重要基础研究领域的运行机制。

2. 产业基础能力。战略性新兴产业不是"空穴来风"，更不是"信手拈来"，它必须建立在原有坚实的产业基础之上。例如我国新一代信息技术中的集成电路产业诞生于 60 年代，经过了四个阶段的发展。第一阶段在 1965—1978 年期间，以计算机和军工配套为目标的开发电路，初步建立集成电路工业基础及相关设备、仪器、材料的配套条件；第二阶段在 1978—1990 年期间，主要引进美国二手设备改善集成电路装备水平，当时解决了彩电集成电路的国产化问题；第三阶段在 1990—2000 年期间，以 908、909 工程为重点，重点是进行科技攻关和开发基地建设;第四阶段在2000年后,我国IC产业增速始终保持高于全球集成电路产业增速约10个百分点,这段时期是我国集成电路最好最快的发展时期。虽然受全球金融风暴影响,2008年开始产值有所下降,目前我国已经形成以中芯国际为代表的一批集成电路企业。因而,战略性新兴产业在进行技术研发的初期需要找准产业发展方向,寻找有良好基础的产业进行技术攻坚。

3. 政策创新能力。战略性新兴产业尚处于产业发展的幼稚期,即使未来有广阔发展空间,在现阶段尚需相关政策大力扶持。资本市场、财政政策、人才培育、服务平台、风险防范等产业政策创新将贯穿于整个产业发展演化周期,但是这些政策不是一成不变,应随着产业周期变化不断调整。费钟琳、魏巍(2013)从战略性新兴产业生命周期入手,认为在引入期政府应直接给予资金支持,在成长期应通过税收优惠、补贴等财政政策协助企业降低成本、提高收益,在成熟期应通过法律法规制定保证产业良性发展,在调整期应放松产业直接监管、转向市场平台渗透与融合。吕铁、贺俊(2013)指出我国战略性新兴产业政策与技术范式之间存在错配的现象,而未来产业政策应由产业结构政策向提升产业能力转变,产业科技政策应从向形成系统转变,产业组织政策应向培育生态转变,区域政策向完善环境转变,开放政策向整合资源转变。因此,对战略性新兴产业而言,政策扶持能力不是推动产业发展的有力因素,取而代之的应该是政策创新能力。

二、技术突破期持续创新能力

1. 技术创新能力。产业技术战略一般分为追赶型与创新型。改革开放的前三十年我国一直采取的是引进、吸收、校仿、再创新的追赶型战略,弥补了我国产业基础薄弱的突出问题,基本满足了人民生活需要,也缩短了与发达国家的差距,这是基于我国国情一段不可跨越的产业发展历史。当前我国产业技术发展现状发生了改变,一是原有技术追赶型战略弊端凸显,如政府主导地位的错配、企业应担任主导地位的不足、追赶型战略不再适宜前沿技术发展等问题都表现出来。二是一些技术产业接近或处于全球创新前沿,如信息通信技术产业、生物燃料、基因技术、新能源、电动汽车、高铁技术、关键材料与电子商务等①。虽然这些新技术的出现还远远没有形成一种规模化局面,但也不是零零星星个案,而是一种正在从萌芽向成长加速发展的新态势,这意味着我国技术产业发展正进

① 张永伟.从追赶到前沿[M].北京:中信出版社,2011.

入创新型发展阶段。因而,随着我国 2020 年要建成创新型国家目标逼进及我国现有产业技术发展基础,战略性新兴产业实施创新型产业技术发展路径显得尤为重要。

2. 技术标准化能力。技术标准是产业发展的风向标,是企业进行生产的技术依据。“得标准者得天下”的观念早已深入人心,战略性新兴产业在取得技术突破后就需要有为技术运用、保护、管理的法律法规做支撑。2012 年国家工信部下达了 2515 项标准制定与修订,其中 260 项属于重点突破性目标,新一代信息技术中的智慧城市标准、物联网标准与云计算标准已经相继出台,其中电动汽车、节能环保、安全生产等相关行业技术创新成果达国际先进产业标准制定,未来战略性新兴产业中的如新材料、新能源等薄弱环节将是突破重点。产业标准化政策也应随着技术演化周期相应突出重点,在技术创造阶段应对战略性新兴产业核心技术、重点领域或空白环节试行加快审批制度;在技术运用阶段应采取强制许可制度;在技术标准化阶段应增加反垄断制度及拓展国际审查共享制度等。

3. 企业家创新能力。在产业演化的不同阶段,企业家会随着战略要素的不同其成长性表现出各自不同差异①,但总的来说企业家是生产组织与资源调配的行动主体,是产业技术成长与地理集聚的推动力量。无论是回归式产业转移、产业结构升级,还是引领未来的战略性新兴产业发展,都离不开具有创新能力的企业家精神。美国特斯拉(Tesla)的技术创始人 Martin Eberhar 与担任 CEO 的 Musk、苹果的乔布斯,以及我国阿里巴巴的马云、深圳光启团队刘若鹏等都是创新型企业的代表,他们的创新能力通过推动生产前沿边界的外移成为提升我国产业技术效率的主导力量, 且该效应在市场竞争较充分的行业会得到强化②。因而,企业家创新行为不仅引发示范与竞争的外部效应,激励产业持续创新,而且通过创建产业链与产业网络体系,重新配置要素资源,推动产业技术逐一向后阶段层层推进。

三、技术生产期持续创新能力

1. 组织整合能力。产业组织形式经过了钱德勒(1987)所说的以“单体企

---

① 蔡宁,刘志勇.企业家成长:产业演化与组织创新[J].经济管理,2003(7):16~22.

② 王然,邓伟根.企业家精神对我国产业技术效率的影响——基于随机前沿生产函数的实证研究[J].产经评论,2011(2):30~37.

业"为主体、以纵向一体化大型层级制的"现代企业"组织形式。自90年代中期,随着以硅谷为代表的新兴产业崛起,模块化作为一种新产业结构的本质开始形成与发展(青木昌彦,2003①)。战略性新兴产业作为复杂产品创新系统的代表,从技术研发、产品生产到商品消费的持续关系中是一个大的集合,而在生产阶段需要更多专业劳动分工的参与者实行社会化管理模式来共同实现目标。战略性新兴产业尚处于成长期,一方面应立足于当前发展特征,选择科学组织形式,实现更高层次、更完善产业链条的"组织整合";另一方面要融入全球模块化网络生产体系,尽可能利用全球各产业尚未形成稳固领先势力的时间窗口期形成组织整合创新能力,从而避免低端锁定而失去未来发展空间。

2. 集聚扩散能力。赫希曼(1958)提出"发展道路是一条'不均衡的链条'",战略性新兴产业同样如此。在企业生产形成基础载体后,会带动技术、资金、劳动力等生产要素的集聚,通过城市、园区、孵化器、产学研联盟、公共技术平台与行业协会等创新载体向区域聚集,从而产生集聚效应;当产业集聚发展到一定程度后,生产成本又会逐渐上升,外部经济性明显缩小,包括技术在内的主要生产要素又会向战略性新兴产业欠缺的地方流动,使区域之间发展差距不断缩小。因而,战略性新兴产业作为有主导性、引领性的产业,首先应发挥集聚的规模效应,再通过扩散能力增加对更广泛区域的带动作用。当然,这对我们的城市发展、园区运营、创新平台、企业模式等都提出了全新与更高的要求。

3. 动态创新能力。蒂斯(1994)行业调查证明,许多企业虽然能够积累大量有价值的技术资产,但依然没有多少有用的能力,而这种能力就是"动态能力"②。战略性新兴产业的产生就是在一个环境不断变化特征、未来竞争与市场属性难以确定的动态环境下,实现一个关于竞争优势如何获取与维持的扩散范式。因而具备技术资产后,调配资源能力、内外部组织技能、产品开发能力与适应环境变化功能等能力都要进行合理整合与再次配置。战略性新兴产业的动态创新能力一般是渐进实现的,由于能力无法轻易购买与模仿,必须通过创建进行获取。例如我国光伏产业经过十年快速发展,却伴随着遭遇欧美双反调查、最大企业无锡尚德破产与进入最艰难"寒冬"的调整期等事例,充分说明企业需要具

---

① [日]青木昌彦,安藤晴彦编著.模块时代:新产业结构的本质[M].上海:远东出版社,2003.

② David J. Teece, Gary Pisano: Dynamic capabilities and strategic management. Strategic Management Journal, 1997, 18(7): 509~533.

备两方面动态调整能力,对外不能单靠政府扶持而应建立适应外部环境的调整能力,对内不仅仅需要技术,因为技术在本质上是很容易复制的,还需要具备内部流程、资产运用、市场位置等动态能力。

四、技术商业期持续创新能力

1. 商业模式创新能力。商业模式是技术和市场的连接者,是技术可能性转变为经济价值的逻辑实施。不同产业需要不同商业模式,同一产业中不同企业商业模式也不尽相同。战略性新兴产业中节能环保、新一代信息技术、电动汽车等行业商业模式表现最为明显。例如节能环保领域的合同能源管理商业模式,美国Tesla纯电动汽车的高端订制与直营店管理模式,浙江康迪车业与杭州政府共同实施电动汽车“只租不售”的租赁模式,淘宝、京东、当当与凡客等我国电子商务领军企业不同侧重地采用C2C(消费者对消费者)、B2C(商家对消费者)等商业模式都是成功典范。因此,战略性新兴产业会催生商业模式的创新,尽管这些行业与企业的价值主张、商业网络、关键资源、运营管理、盈利模式等商业模式要素体系不同(原磊,2007①),但最终实现扩大市场份额、获取持续获利能力的商业目的是一致的。

2. 产业持续创新文化。在加速创新动态环境下,创新周期逐渐缩短,持久性竞争已不再是一件产品或服务的优势,而取决于长期实施产品、服务与过程创新的能力。持续创新过程是一个相当长的周期,一般在十年以上,但是据《中国中小企业人力资源管理白皮书》调查显示,我国中小企业平均寿命仅2.5年。我国中小企业很难做大做长,加之以国企为主导的经济组织创新动力不足,导致我国较多产业难以在国际市场占据权威的技术地位。我国战略性新兴产业的持续创新文化应打破旧有思维定势,借鉴先进经验,打造符合中国特色的创新文化。如硅谷在多年来保持持续的活力得益于它的创新文化,能者就上与广纳人才的公司理念、宽容失败与容忍“跳槽”的用人制度、不断学习与鼓励冒险的精神提倡、精诚合作与分享成功的团队理念、技术资金与企业构架的灵活开放等都构建了硅谷持续创新的文化氛围,使之成为世界创新型经济、技术、资金的聚集地与创新创业的吸引地。

3. 全球贸易创新能力。当今全球贸易日益渗透,发达国家一方面始终牢牢掌握贸易控制权,另一方面竭力维护对自己有利的贸易保护主义,而发展中国家

---

① 原磊.商业模式体系重构[J].中国工业经济,2007(6):70~79.

的许多传统产业都是从发达国家转移而来,在积极参与全球化的进程中处于价值链低端,导致即使多方博弈也难以占据全球贸易的制高点。但是,战略性新兴产业从时间起跑线上让我们与发达国家差距不至于天壤之别,为我们在全球贸易体系中获取主动权提供了有利的时间窗口。因此在技术开拓国内市场的同时,政府应着力于对外交涉与维护公平能力建设,相关产业组织应着力于技术领先与产业预警能力建设,企业着力于提高研发能力与品牌树立能力建设,共同提高全球贸易能力,增加贸易抗风险能力,推动战略性新兴产业占据全球价值链高端。

第三节　战略性新兴产业持续创新能力模式分析

我国产业发展路径与发达国家有明显差异。发达国家普遍采取梯级递进,如美国产业先以农业为基础,其后发展以汽车、钢铁、建筑为支柱的工业,80年代以后把部分生产性环节转移到国外,专注于信息产业发展。日本产业也是从劳动密集型、资本密集型、技术密集型再到知识密集型,实现梯度层层递进的产业发展模式。而我国因固有国情与发展特殊性,当前不仅进入传统产业调整升级重要时期,同时也是战略性新兴产业培育重要时期,这就决定了战略性新兴产业不仅要有效与传统产业嫁接,改造与提升传统产业,又要实现产业的技术引领、价值链衔接与互动促进。因而,战略性新兴产业成长路径来源于传统产业又区别于传统产业,其产业创新模式在创新进程、创新内容、创新主体上都有较大改变,使其持续创新能力的构筑也有深刻影响。

一、进程创新:创新价值链嵌入型路径

1. 生命周期演化路径。产业一般沿着导入期、成长期、成熟期与调整期的生命周期渐进发展,战略性新兴产业也不例外,只是它有别于传统产业在发展阶段的一些特征。在导入期,科技新进展、市场新需求、国家安全需要、国际经济发展等战略要求形成了战略性新兴产业推动力量,引发国家从种类繁多的一般产业中遴选出这七大产业作为未来重点发展的目标产业,不确定性与风险性成为这一阶段主要特征,而这一阶段国家从宏观上增加技术可预见性与防范风险控制能力是首当其冲应考虑的问题;在成长期,以科技与人才为根本的一系列生产要素以集聚化方式向战略性新兴产业集中,虽然在这一阶段产业发展规模较小,新技术伴随着曾经夭折的技术不断涌现,产业新兴性占据重要位置,产业发展潜力

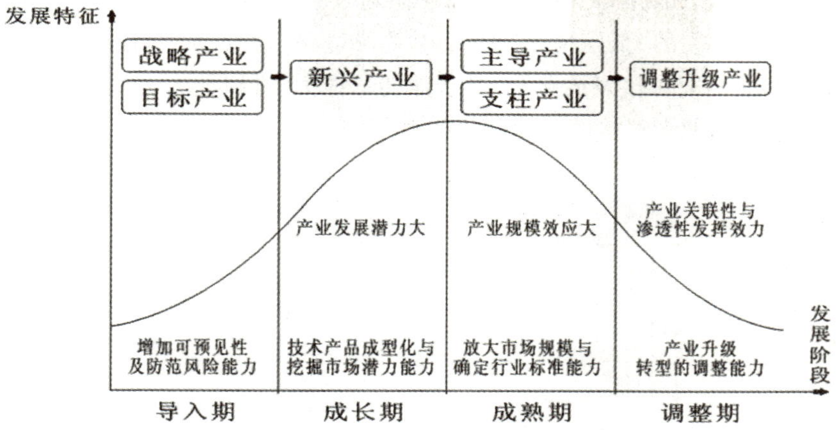

图 4-6 战略性新兴产业生命周期演化路径

的内在因子日益活跃，使技术产品成型化与挖掘市场潜力能力显得十分重要；在成熟期，产业规模效应取代发展潜力的地位，其数量达到较高水平且趋于稳定，产业中资金、技术领先的企业以专利控制权地位将取得绝对优势，该产业成为国民经济的主导产业与支柱产业。确定行业标准、放大市场规模、获取市场份额、树立品牌形象等成为该阶段应体现的重点；在调整期，战略性新兴产业因其带动性与引领性的本质属性不会较快步入衰退阶段，而是进入较长的产业结构调整与优化阶段，产业的升级转型与发挥关联效应、渗透效应的能力将进一步体现于传统产业与下一轮新兴产业。

2. 与传统产业对接型路径。发达国家的产业发展一般都经历传统产业与新兴产业之间前后承接的顺序，而我国产业发展路径却不同，目前正面临着传统产业调整改造高峰与战略性新兴产业培育高峰相当接近的“双峰逼近效应”。国内学者在论述两者关系时，通常从“融合演化”①“创新链接”②“升级互动”③等角度去研究，虽然剖析了两者关系，但始终不能一语道破两者的本质联系与未来趋势，只有“匹配对接”才有可能获得新的增长元素并实现可持续发展。熊勇清

① 陆立军，于斌斌. 传统产业与战略性新兴产业的融合演化及政府行为：理论与实证[J]. 中国软科学，2012(5)：28~39.

② 于斌斌. 传统产业与战略性新兴产业的创新链接机理——基于产业链上下游企业进化博弈模型的分析[J]. 研究与发展管理，2012(3)：100~109.

③ 孙军，高彦彦. 产业结构演变的逻辑及其比较优势——基于传统产业升级与战略性新兴产业互动的视角[J]. 经济学动态，2012(7)：70~76.

(2013)在借鉴 Kolinsky 和 Readman(2002)对发展中国家传统企业转型升级并对接全球经济存在的“低端道路”模式和“高端道路”模式,提出了传统产业与战略性新兴产业匹配对接发展路径,其产业转移能力、升级能力、关联能力与辐射能力将共同构筑两者对接的持续创新能力。

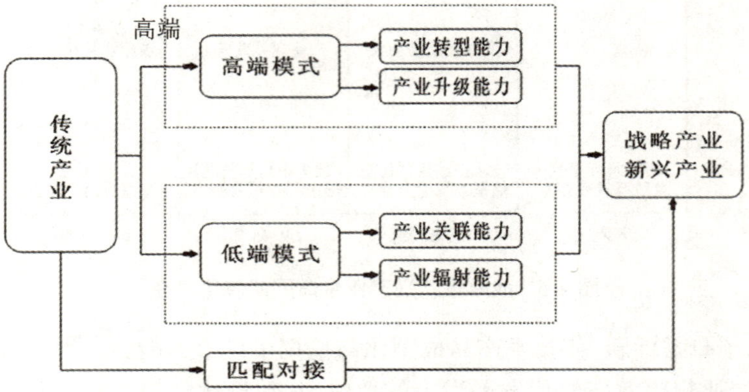

图 4-7　战略性新兴产业与传统产业对接路径

注:参考熊勇清,余意:《传统企业与战略性新兴产业对接路径与模型》,《科学学与科学技术管理》,2013 年第 9 期。

3. 创新价值链嵌入型路径。1985 年哈佛大学商学院迈克尔·波特(Michael Porter)在《竞争优势》中提出的“价值链”是针对单个企业的“在设计、生产、销售、发送和辅助其产品的过程中进行种种活动的集合体”。而产业链是产业链条上各个环节的前后向联系,产业创新价值链是体现在每个环节上的创新元素。战略性新兴产业价值链是创新能力在各衔接阶段前后联系的综合体现。战略性新兴产业是由“实验室技术—技术产业化—技术商业化”等持续创新环节构成,不仅需要多个创新价值链传承延续,而且诸多创新价值链也不是简单的层层递进,而是通过相互关系嵌入与结构嵌入的有效途径,实现创新价值链的“接力创新”,共同构建持续创新体系。

二、方式创新:创新系统网络型路径

1. 技术推动型路径。普瑞斯和巴斯(Price and Bass,1969)提出了技术推动模型,它将创新视作“一个发现的过程,其中新知识通过一系列的程序或阶段最

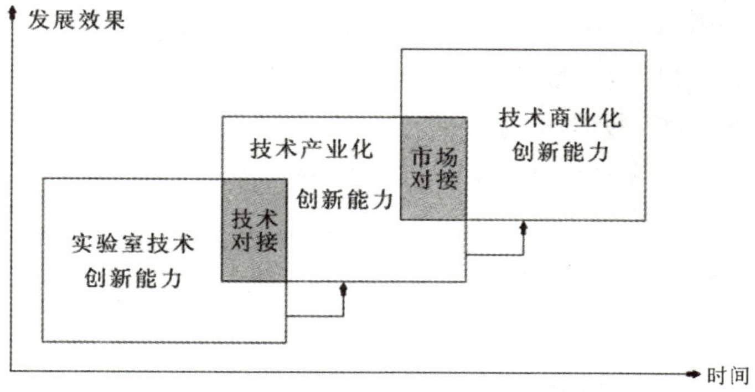

图 4-8　战略性新兴产业创新价值链嵌入型路径

终呈现为新产品"①。战略性新兴产业同样产生于技术推动,它充分显示了"思想能力—技术能力—生产能力—营销能力"的发展路径。但是由于技术创新环节与市场销售环节是完全脱节的,研发人员无法了解顾客的需求,也导致了很多失败案例,如日本政府于 60 年代末启动的高清晰度电视系统技术开发(HDTV)、1982 年推出的第五代计算机研究与开发计划(FGCS)等均以失败而告终。因而,单向的技术推动力只能是战略性新兴产业持续创新能力的内容之一。

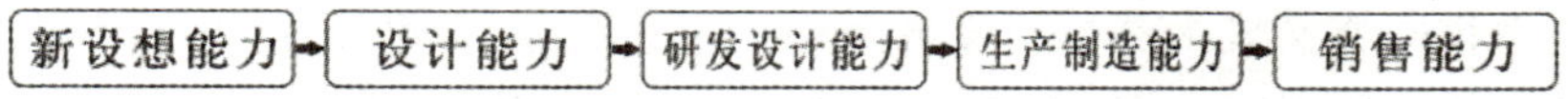

图 4-9　战略性新兴产业技术推动型路径

2. 需求拉动型路径。施穆克勒(Schmookler,1966)提出"专利活动作为一种追求利润的经济活动,其受到市场需求的引导和制约"②。战略性新兴产业不是空洞的实验室技术,它以满足市场需求为根本,以需求导向型发展路径也是技术进程的重要体现。例如近年来极端气候、自然灾害频频发生,加之我国传统产业"三高一低"现象带来的污染日益严重,环保产业也就显得尤为重要。这是一个典型的朝阳产业,它在发展之初需要通过政府制定并有效实施相关法律法规和

① Price, W.J., Bass, L.W., Scientific Research and the Innovation Process, *Science*, 1969, 164(16).

② Schmookler, J., Innovation and Economic Growth, *Cambridge*: *Harvard University Press*, 1966.

方针政策来引导推动该产业的发展，是具有较强政策引导性的产业列为重点发展的战略性新兴产业之中。但是随着污染程度与范围加剧，人们环保意识增强，该产业不再仅靠政府政策推动，人们对它的需求迅速增加。最为明显的是随着PM2.5雾霾超标的天数增加，呼吸机、空气净化器、被动式新风过滤窗户等产品销量迅速增加，成为老百姓日常生活的需要用品。

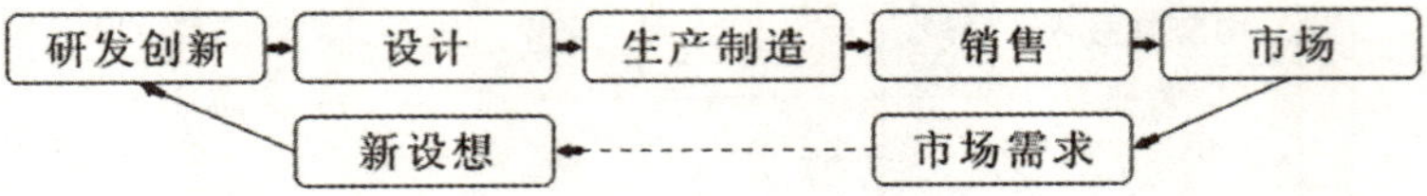

图 4-10　战略性新兴产业需求拉动型路径

3. 供需关系互动型路径。在技术推动与需求拉动型相互关系的作用下，延伸出战略性新兴产业反馈互动型路径。罗斯维尔（Rothwell）与罗伯逊（Robertson）于1973年提出“相互作用模型”，两者在创新方式中都具有重要作用，相互结合，不可或缺。克莱因（Kline）和罗森伯格（Rosenberg）于1986年提出“链状创新模型”，他认为科学、技术与经济在整个创新系统中是相互作用的。这些模型反映了战略性新兴产业创新的路径方式，技术创新不再单向依靠研发或需求，创新方式变得具有多样性与复杂性。例如生物医药产业，从技术推动角度上，以基因工程、细胞工程、酶工程为代表的现代生物技术迅速发展，在传统化学药品基础上生物药物又成为药物研发的重中之重；从需求拉动角度上，随着病毒性、带传染性的病源不断出现，如流感、肿瘤、非典型性肺炎、禽流感、猪链球菌病毒等疑难性传染病，传统医药很难在短时间内控制病情，这类生物医药产业有着广阔市场发展空间，形成了供需互动型成长路径。

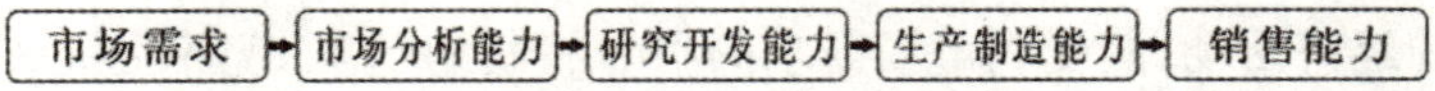

图 4-11　战略性新兴产业相互作用型创新路径

4. 创新系统网络型路径。技术创新是一项系统的复杂工程，除了技术推动、需求拉动与供需互动路径外，由技术体系内的基础创新研究、产品试验研究与生产销售创新等形成产业创新价值链，而涉及的部门不仅存在于主导企业内部，更存在于企业与其他机构、组织的互动网络中形成“网络范式”，而主导企业与这些网络成员共同参与技术创造的过程，通过良性互动形成创新整合。在这个整合系统中，涉及较多的是创新网络子系统。如 Estades 和 Ramani 于1998年就提出了五个子

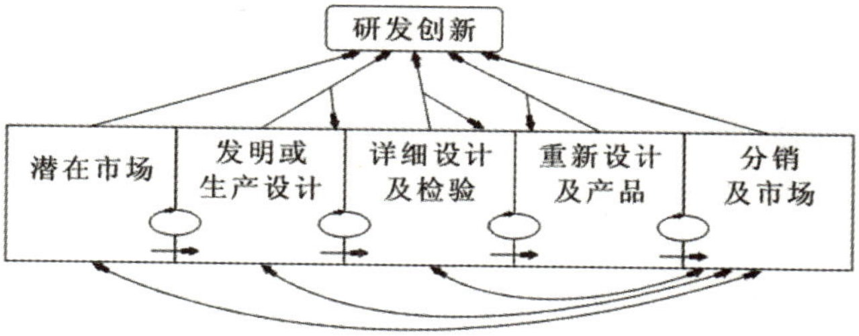

图 4-12 战略性新兴产业链状创新路径

系统:科学网络系统,即与大学和政府实验室的联系系统;政治网络系统,即与政府部门的关系系统;专业网络系统,即与专业协会的关系;金融网络系统,即与融资者的关系;企业间网络系统,即战略联盟等。战略性新兴产业创新系统网络的本质也是将流动的知识、信息、人才、资本等生产要素作为创新资源,通过关联企业、科研院所、政府部门、中介组织及金融机构等网络节点,形成良性互动、合作互利的制度安排,提高技术创新的能力和效率,使企业拥有持久的竞争优势。

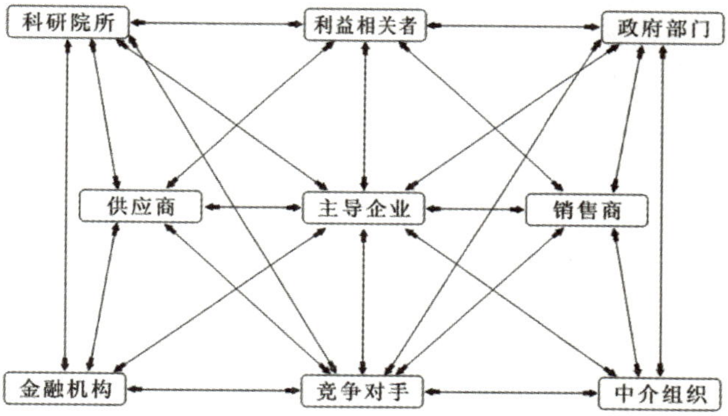

图 4-13 战略性新兴产业创新系统网络型路径

三、主体创新:能力协作提升型路径

1. 单一独立创新。战略性新兴产业是源于技术创新的产业,而它技术的来源地主要集中在两个方面,一是以大学、科研机构为代表的研究部门,另一个是以企业为主体的生产部门。这两种创新主体都有一个共性特征,即纵向一体化的企业与科层式金字塔管理结构,构成了创新主体纵向一体化过程。这种模式源于技术创新的初期,局限于单一机构内部完成,最大的优势是可以从内部集中获取资源、集中实现技术突破,但也容易造成两个弊端,一是实验室技术与产品技术的脱钩;二是内部获取资源能力不强导致技术创新夭折,这就取决于技术创新部门的研发实力。在新材料产业领域,深圳光启研究院是单一独立创新的典范。五个年轻人组成的研究团队利用超声波技术研发的"隐形衣"既可以军用于避免船舰和坦克被雷达的微波探测系统,也可以民用于无线通信、医学成像、无损检测等。这一技术被国际公认为突破性技术,也引起了各国科研机构及著名公司的高度关注。

图 4-14　战略性新兴产业单一创新型路径(P 表示创新环节)

2. 模块分工创新。随着战略性新兴产业全球制造体系的形成、现代专业化分工的深入及网络经济发展的延伸,模块化组织的生产方式也就应运而生。企业组织或研发机构不再局限于自有资源,而将资源整合的范围扩展到产业的各个环节,使得若干个模块同时进行创新活动。同时,最具创新能力的模块成为其他创新环节的共同选择。这样,即有单个创新环节的创新活动,满足自主决策的灵活性,实现"专""精""特"的弹性生产,又有若干创新环节的共同创新,满足规模经济的绩效性,实现大规模、广领域的生产活动。

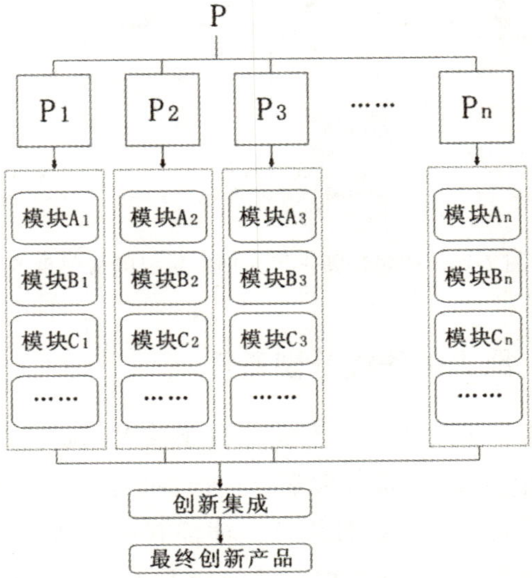

图 4-15　战略性新兴产业模块分工型路径

3. 合作协同创新。在模块化分工的基础上，最具创新能力的模块会获得创新系统的优先选择权，但是创新流程与技术标准不会一成不变，会随着环境变化而变化，因此不同模块之间的合作与协调也就应运而生。饶扬德等（2012）提出技术、管理与市场的三维协同创新，也就是将创新系统细分为三个模块，经过诊断问题、沟通交流、整合协调、反馈评价四个阶段的运行，达到单维创新无法实现的"1+1>2"的协同效应。例如战略性新兴产业建立的"技术标准化组织""技术创新合作联盟"等在技术发展阶段会成为创新系统的首选模块，"信息共享平台""电子营销网络"等在拓展市场阶段又会成为创新系统新的首选。

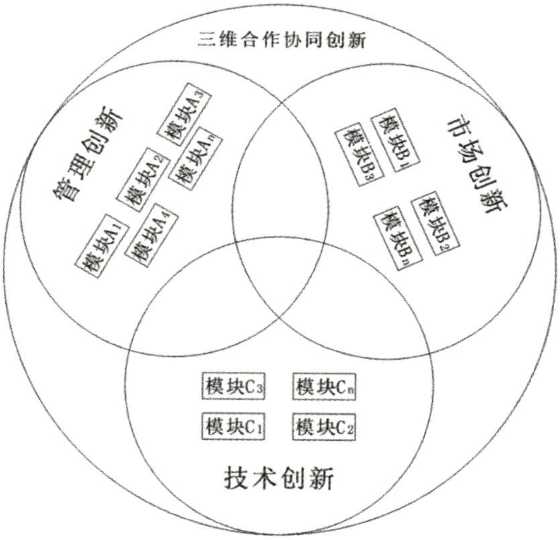

图 4-16　战略性新兴产业合作协同型路径

4. 能力协作提升。战略性新兴产业区分与一般高新技术产业的重要特征是引领性，具有关联度高、产业与就业带动性强、技术连带功能明显、辐射水平高等具体表现。它既能改造和提升传统产业，又能与内部技术互动和创新价值链衔接，因此也具备自身能力的整体提升性。作为幼稚产业，它不仅需要借助外力的政策扶持，又对每个发展阶段的政策要求也不一样，而且它更加需要具备自身的创新能力，形成各种创新模块相互联系、相互耦合，具备强大功能的综合创新体系，更有待于时间的持续性贯穿于整个产业生命周期。当然，这个过程可能是持续向上的过程,也有可能是螺旋上升的过程。

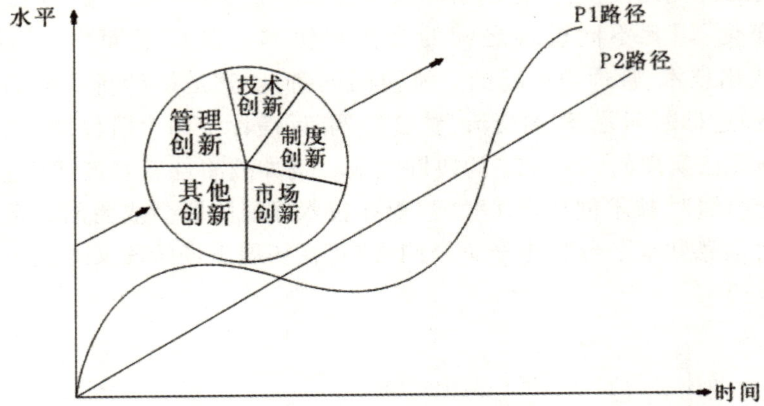

图 4-17　战略性新兴产业能力提升型路径

第五章
战略性新兴产业持续创新能力理论模型

第一节 战略性新兴产业持续创新能力模型构建原理

一、战略性新兴产业持续创新能力模型内涵界定

20世纪80年代后期兴起的创新系统(Innovation System)研究,掀起了创新理论发展体系是"系统范式"的序幕。这一核心思想是继1912年熊彼特的"创新"概念、1944年布什"线性创新模式"提出的延伸与发展。而产业创新体系就是这种系统范式中最典型的代表之一,它是继国家创新系统(National Innovation System,NIS)、区域创新系统(Regional Innovation Systems,RIS)之后的新兴研究领域。Freeman(1997)提出国家对推动技术创新的重要性,并形成了"国家创新系统理论",并指出国家创新系统的核心是产业创新。Boter(2002)也在创新模型(钻石模型)中,把产业基础纳入创新系统,贯穿了深刻的产业创新系统思想。这些研究反映了以下特征:一是产业创新系统是创新元素在产业层面演进的重要体现,它以促进产业创新为根本目的,适应不断变化的技术和市场是其本质需求;二是产业创新系统有多元素的参与者,宏观上不仅有国家创新系统的支持,微观上也需要企业与非企业之间的良性互动;三是知识基础和网络体系是支撑产业创新体系运行的有力结点;四是产业创新体系有序运行需要协同推进机制。

本书提出的战略性新兴产业是基于这种产业系统理论基础之上,而所涵盖的内容不可能建立一个庞大的产业创新"系统",仅立足于产业创新"体系"而言。虽然产业创新系统理论提出时间较早,但多集中在传统的制造业、服务业与高新技术产业,而战略性新兴产业因其活跃的创新因素也开始受到不少学者对创新体系的研究。欧雅捷、林迎星(2010)认为战略性新兴产业创新系统构建的

基础是构建知识基础和建设技术体系两个方面。汪秀婷、杜海波(2012)从系统学理论角度,认为战略性新兴产业创新系统包括战略子系统、核心网络子系统、知识技术子系统以及环境子系统共同构建成为复杂适应系统。李华军等(2012)从战略生态位管理角度,认为战略性新兴产业创新系统包括以“技术生态位—市场生态位”的一条发展主线,以内生驱动与外在需求的两个发展动力同,以新技术为点、技术群为线、生态位为面的三条创新路径,以研发空间、孵化空间、园区空间与社会空间的四个成长空间共同构建。周绍东(2012)从产业创新系统的概念内涵与框架结构、技术经济范式、主体共生模式、系统治理模式、技术轨道选择及政策配套体系五个方面对战略性新兴产业创新系统进行了论述。吴绍波(2013)认为创新生态系统是战略性新兴产业实行协同创新的重要途径,其治理机制包括协商、声誉、信息披露和平台开放及信任机制等综合运用才能达到治理目标。吴绍波、顾新(2014)认为战略性新兴产业创新生态系统需要选择多主体共同治理模式,建立健全治理体系。在外部治理模式中通过建立宏观文化机制、集体制裁机制、声誉机制等提供合作环境和氛围,规范创新生态系统内企业的行为;在内部治理模式中要围绕以专利为主要形式的知识产权建立谈判协商机制、利益分享机制、信息披露与平台开放机制等优化合作租金的配置。

学者们从不同角度对战略性新兴产业的创新体系进行了研究,取得了丰富的成果,但有两个方面的研究视角几乎很少涉及,一是缺乏对该产业的创新能力研究,二是对创新体系的持续运行欠缺研究。而本书认为持续创新能力是战略性新兴产业创新发展的根本性、本质性与长远性的竞争能力,也是当前与今后一段时期该产业最迫切需求的核心竞争能力。实践中,发达国家将培育产业创新能力作为提升产品国际竞争力的重要手段,我国也已经充分意识到培育产业创新能力将会成为战略性新兴产业发展的有效途径。本书认为战略性新兴产业持续创新能力的理论模型,是指战略性新兴及相关产业运用各种创新的生产要素,持续实现产业创新环节传递与价值增值,不断获取产业能力的提升,最终形成一种能实现创新优势产业新型运行体系的构建。

二、战略性新兴产业持续创新能力模型具备要素

1. 核心思想:重大的技术创新推动经济增长的长波,也是战略性新兴产业能不断取代传统产业的根本。马歇尔认为“知识是经济进步的发动机”。索罗的老增长理论到新增长模型都剖析了技术创新是经济增长更直接的动力。纵观世

界经济发展史，也只有不断技术创新的国家才能迎来多次经济增长的长波，凡是技术演进遵循一般发展规律且不能再次进行重大自主创新的国家最终也会从增长的波峰滑落。因此，该产业创新理论模型也需要以重大技术创新为根本的推动力量。

2. 运行机制：技术创新与制度创新的不可分离性，是战略性新兴产业不可或缺的两个方面。自创新理论提出后，研究者们从线性创新角度或重视技术创新，或重视制度创新。但是，随着系统创新范式的演进，它是对线性创新的绝对超越与彻底颠覆。技术创新的内在动力机制需要制度驱动，成长机制也需要制度培育，技术的市场需求更需要制度体系的外部拉动。

3. 结构功能：全方位、多元素参与的结构体系，使战略性新兴产业更是具有多元组合的产物。从宏观、中观和微观不同层面构建产业创新系统的结构体系，并且会形成不同的子系统体系，支撑不同角度的创新路径，达到系统内部有序运行、系统外部协同推进的良性运转机制。知识、技术、网络、制度等是该产业创新体系中必不可少的因素。

第二节　战略性新兴产业持续创新能力模型总体构建

一、战略性新兴产业持续创新能力模型本质属性

产业创新与产业本质、技术含量、社会环境都有密切关系，不同知识密集度的产业对创新的过程和内在机理也不相同，不同的产业应该区别对待。但是，现有研究对产业创新本身的分析多集中在对其内涵界定，对具体产业或具体区域的实证分析，以及用定量研究的方法考察产业创新效率。对产业创新的运行机理研究较少，也没有对产业进行细分研究，较多的是笼统概述，对产业创新体系的能力构筑更是少有涉及，那么对战略性新兴产业的持续创新能力体系构筑更是难寻踪迹。要准确理解战略性新兴产业持续创新能力模型的构建，必须从其本质属性入手，主要表现在以下四个方面：

1. 以全球化为视角。产业战略是国家战略的重要组成，产业创新系统也是在国家创新系统之下。当今，经济全球化迅猛发展趋势使各国都致力于发展本国优势产业和打造潜力产业，世界范围内的产业竞争愈演愈烈，从表象上看是以国家为边界的同一类产业之间技术与市场份额的较量，从实质上分析就是产业

的竞争能力与持续创新的问题。同时，各国为了促进本国产业发展也纷纷制定出各种政策和措施，以促进产业的创新发展，增强本国的产业竞争力，这就使各国产业的竞争呈现国家竞争的特点。因此，以全球化为视角、以国家为边界，在国家创新系统的基础上建立新型的产业创新系统是发展的必然要求。

2. 以能力创新为核心。一直以来，我国主流经济学崇尚比较优势理论，采用“以市场换技术”的公正政策推动我国技术创新与工业增长，在几乎空白的产业“家底”上奠定了现在坚实的工业基础。一方面是国力的增强、产业的进步、科技的崛起与人才的涌现，另一方面是品牌与市场被发达国家较多占据，技术增长范式也被依赖性锁定在发达国家的技术轨道上，自身实力的提升与现实发展的束缚都迫切要求我们走自主创新之路。然而，自主创新不仅仅是技术创新、产品创新、标准创新或是销售创新，它更应该是一种发展战略的创新、产业能力的创新、商业模式的创新与国际化竞争策略的创新。战略性新兴产业就是要以这些创新能力作为自身发展的目标与核心以适应时代赋予它的使命。

3. 以持续创新为根本。战略性新兴产业因其产业价值链的紧密联系性使持续创新显得尤为重要。该产业持续创新的本质要考虑三个方面，一是持续创新以创新能力的培养和积累为基础，以产业持续解决创新活动中的障碍问题为根本，并不是指以管理为目标的持续创新优化；二是不断挖掘创新潜力和促进创新目标实现为目的，为后续的创新活动提供能力的支持和保持，并不是指创新过程的反复进行；三是以创新行为的联系性和传递性为引领，并不是指在时间上、过程上的持续进行。因此，战略性新兴产业的持续创新是以提升创新能力为保障，以创新环节的不间断与递进性为根本。

4. 以系统协作为动力。战略性新兴产业需要大学、科研院所与企业研发中心等为技术研究平台，新型园区、孵化器、科学城与区域集群等为培育载体，以关键技术与前沿技术创新为基础，以物联网、互联网等为重要平台，以重大科技成果产业化的创新系统为支撑，以国内需求市场和国际产业动态为导向，以资金、政策、人才、中介组织与公共服务平台等要素为保证的复杂系统中，各种创新能量与创新元素以最快的速度、最有效的途径在创新系统中实现自由流动与配置组合，从而实现战略性新兴产业创新系统的良性运行化与效益最大化。

二、战略性新兴产业持续创新能力模型构建原则

1. 符合国情与产业发展现状原则。构建战略性新兴产业持续创新能力系统的根本目的是为了提高国家产业竞争力，在构建的过程中我们就不可能脱离中

国的基本国情与产业发展现状，要综合我国科技发展的水平、制度体系的架构、市场机制的程度、战略性新兴产业发展的障碍原因与目标要求等，综合多方面的因素来构建该产业持续创新能力的系统。

2. 符合市场起决定性作用原则。创新体系应在市场起基础性作用基础上建立，虽然战略性新兴产业的发展需要相关政策大力扶持，也会在发展进程中受到技术的风险性、市场的不确定性、生产组织的多样性与配套措施的失效性等诸多因素影响，因此在创新体系中应注重发挥市场起决定性的作用与政府克服失灵的手段相结合，通过不断完善市场经济体制机制的建设来构建该产业持续能力创新体系。

3. 符合当前与持续相结合原则。战略性新兴产业发展壮大既要注重远期能力塑造，也不能忽视近期利益获取。远期的能力培育需要近期收益作支撑，通过一个阶段的发展不能带来利润就不能为产业持续发展提供物质支持，同时产业没有持续创新能力的根基也不能使阶段性的利润获取长久。因此，该产业持续创新能力的体系既要注重当前利益与近期能力的培育，也要注重近期能力与持续创新能力的塑造。

三、战略性新兴产业持续创新能力模型构建目标

战略性新兴产业持续创新能力模型构建应立足于市场经济本质，结合我国战略性新兴产业创新发展实际，建立一个以市场为导向、企业为主体、技术创新为核心、产业市场化为方向、制度创新为保障、持续创新能力为目的的中国特色战略性新兴产业创新体系。

这个创新模型要通过产业创新、能力创新与持续创新等理论视角实现产业资源最优配置，本书认为战略性新兴产业持续创新模型应持续培育十种能力，即应解决好产业持续创新过程中所面临现实问题的解决能力，持续发挥产业所必须要素的整合能力，持续提高产业持续创新活动的实际能力，持续挖掘创新潜力的形成能力，持续扩大消费市场的需求能力，持续培育产业创新行为的传递能力，持续获取产业创新的收益能力，持续调整适应动态环境的应对能力，持续提高面对创新壁垒的抗风险能力，持续提高参与世界竞争与全球合作的国际化能力，等等。因此，这个理论模型应具备以下特征：

1. 为创新活动提供能力支持的良性、流转机制。创新活动需要当前既得要素发挥作用，也需要挖掘潜力创新要素、隐性创新要素与衍生创新要素的共同作用，为创新体系提供能力上的支持。而良性流转是创新体系的本质需求，通过所

有创新要素的整合,共同朝提高创新能力的最终目标而持续进行,如果只单方面强调某一创新元素,只会造成后续创新能力的支持不足。

2. 能将创新环节渐进传导的持续发展机制。持续创新能力的重要体现是创新行为的渐进传导。战略性新兴产业其创新环节沿技术生命周期发展的重要本质属性,就已经证实发展过程的环环紧扣,如果在一个阶段创新因素没有最大化发挥效力就会使这种渐进的传导无法进行下去,最终无法朝既定目标迈进。

3. 能适应产业创新变化的动态运行机制。战略性新兴产业不仅受产业基础、传统产业、资源禀赋等固有因素的影响,也受到技术创新、融资渠道、人才集聚等现实因素的影响,更会受到消费市场、同行竞争、国际环境等不确定因素的影响,因此产业持续创新能力是适应各种动态变化的运行机制。

第三节　战略性新兴产业持续创新能力理论模型:基于持续创新的容器模型

一、战略性新兴产业持续创新能力模型整体框架

1. 持续创新能力系统框架。根据战略性新兴产业本质特征、能力缺失的现象及原因分析,分析了该产业与传统产业在创新能力的差异性,提出了该产业在技术周期的创新能力及创新元素,并对其新型的创新能力模式进行了剖析。在能力创新、持续创新与产业创新等理论的基础上,本书提出以国家战略创新的基础能力、战略性新兴产业的内在创新能力与外在支持能力三个维度共同构建的该产业持续创新能力系统框架。如下图所示。

2. 持续创新能力总体构建。战略性新兴产业持续创新能力模型的构建应在国家创新体系之下,结合产业发展实际与未来目标进程,构建以市场为导向,以技术创新为重心,以科研机构、服务机构、政府机构等为一体良性运行的产业创新能力系统,以实现该产业沿生命周期实现创新传递、实现持续创新能力汇集为目的,最终以产业获利、蓄利并实现收益最大化。在这个创新体系中联系和约束各个创新主体和要素的首要前提是市场经济制度体系,其次是由国家战略、制度、政策系统形成的非市场机制,其功能和目的都是为了使新的知识和技术得到创新使用、扩散延伸、传递上升。那么,在战略性新兴产业持续创新能力体系的构建和运作中,应注意以下几个方面的关系处理:

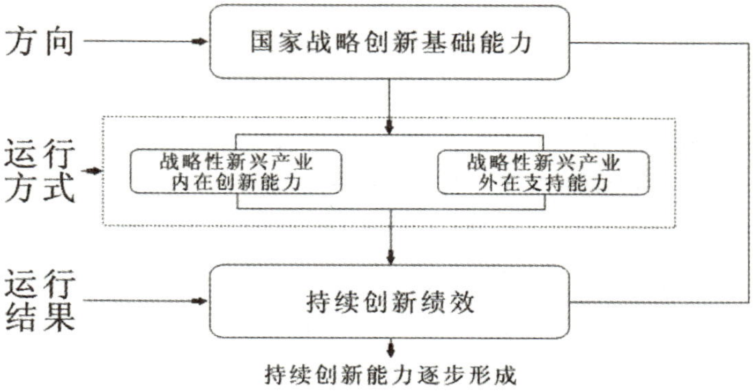

图 5-1　战略性新兴产业持续创新能力三维度体系框架

一是正确处理该产业由国家战略制订与市场体系共同决定的关系。战略性新兴产业这一概念是由国家宏观政策提出，发展规划由国家战略制定，为此学术界颇有争议，较多学者认为国家战略制订产业发展路线导致地方政府"一哄而上"，出现了虽然产业发展速度快，但产业层级低、国际竞争力不强，以及区域间产业同构与重复建设现象较严重等现象，不利于产业良性发展。而本书认为战略性新兴产业的提出应该由国家战略与市场体系共同决定，国家战略提出能有效引导、明确引导产业发展，而且该产业提出的背景也是国家基于国际形势变化、世界产业走势与我国改革历程、产业基础、科技水平等诸多因素，经科学论证并在种类繁多的诸多产业中挑选出来的，它代表了未来产业发展的方向、消费需求与科技引领。但是国家战略起引领作用的基础上，更应该充分发挥市场体系的作用，任何产业的发展都需要在活跃的市场经济体系下释放能量。对于区域间产业同构、重复建设等问题，国家战略也可以通过明确统计方式、制定产业标准、明晰区域分工、确立产权保护等市场手段，实现放宽企业进入、明确行业标准、扶持优势区域与完善市场制度的诸多目标。

二是正确处理技术创新由科研机构与生产企业共同实现的关系。技术创新是战略性新兴产业发展的核心，是新产品、新工艺、新设想等实现产业化、标准化与商业化的技术扩散与技术集成的过程。一直以来，我国形成了以高校、科研院所为主导的科技创新机构，虽然高校研发对企业专利和新产品创新均产生了显著的地理溢出效应①，但也有学者提出快速增长的科研投入并没有带来产业核

① 廖述梅.高校研发对企业技术创新的溢出效应分析[J].科研管理，2011(6)：11～17.

心技术创新能力的同步增长(柳卸林、何郁冰,2011),有的学者通过产业整体和分产业层面的回归分析,验证了战略性新兴产业"轻技术创新,重规模扩张"的产业低端化发展趋势(任保全、王亮亮,2014)。因此,虽然我国战略性新兴产业科技资源配置效率整体水平不断提高,但是并没有实现最优,且不同产业间以及同一产业内部存在较大差异(黄海霞、张治河,2015)。本书认为两者之间断裂的根本原因在于技术创新的绩效不仅与研发投入资金有关,与企业自身的技术能力水平也密切相关①。国家公共研发、高校等科研机构能满足基础研究的根本需要,以解决"市场失灵""技术失灵"的问题,而民办科研机构、科技中介机构以弥补企业有科研意愿并熟知核心技术方向,但缺乏研发基础设施、科研能力不足等障碍。因此,需要突破性的核心技术创新实现产品价值不断增值的战略性新兴产业就需要多样化的创新主体来满足基础研发、核心技术研发、一般创新开发等多种需求。

三是正确处理生产销售由传统方式与新兴形式共同配合的关系。战略性新兴产业的新产品在得到市场认可的过程中,需要商业化销售环节,然而传统的销售方式已经不能满足消费需求,现代营销模式成为重要补充手段。亚马逊、淘宝、苹果等企业通过独具特色商业模式的运作给人们开启了现代营销方式,在企业电子商务、移动支付、物联网等"基于网络的一种模式",新能源产业的合同商业模式,电动汽车可拓变换商业模式等更加证明了通过商业系统创造价值的逻辑。战略性新兴产业的商业化过程需要实现传统商业模式与新兴商业模式的嫁接,在企业价值主张与市场定位确定的基础上,通过产业价值链构造、成本控制与潜力挖掘,形成最合适的竞争策略,以获取价值定位并适应市场环境的深刻变革。

四是正确处理在初创期由政策扶持与创新能力共同作用的关系。处于初创期的新兴产业需要国家层面的政策扶持,不仅通过发展战略、专项规划、具体方案起到积极的引导作用,也为新产业顺利度过初创期而进入成长、成熟期提供必要的支持。但是由国家政策供给式的支持也容易造成产业自身创新能力不足,以劣充次、"旧瓶装新酒"等现象,甚至还会出现忽视创新质量的"大干快上",形成高端产业的低端化过剩。我国光伏产业因大量产能在国外市场遭受"双反"、难以开拓国内市场需求的现实就充分证明了过度依靠外界"输血"、而缺乏自身

① 张晓黎,覃正.知识基础能力、研发投入与技术创新绩效关系研究——基于全球 R&D 领先通信与技术设备制造类企业的实证分析[J].科技进步与对策,2013(4):140~143.

“造血”功能的培育，也会使创新进程无法延续。因此，以正确的产业战略指引为主导、适当的扶持政策作补充、培育创新能力为根本是战略性新兴产业必需具备的前提条件。

3. 持续创新能力理论模型。由战略性新兴产业持续创新能力体系制定原则、具备特征与构建维度得出，该系统的创新能力实质是以国家战略管理能力、产业内部创新能力、社会外部支持能力共同实现产业价值增值传递、产业获利能力汇集、创新资源开发的最大化及持续创新能力增强为目的。因此，战略性新兴产业由这几个方面子系统共同构建成两大创新板块，任何一个方面的缺失，都不能形成创新能力集聚与效应释放，如同下图的“容器模型”。

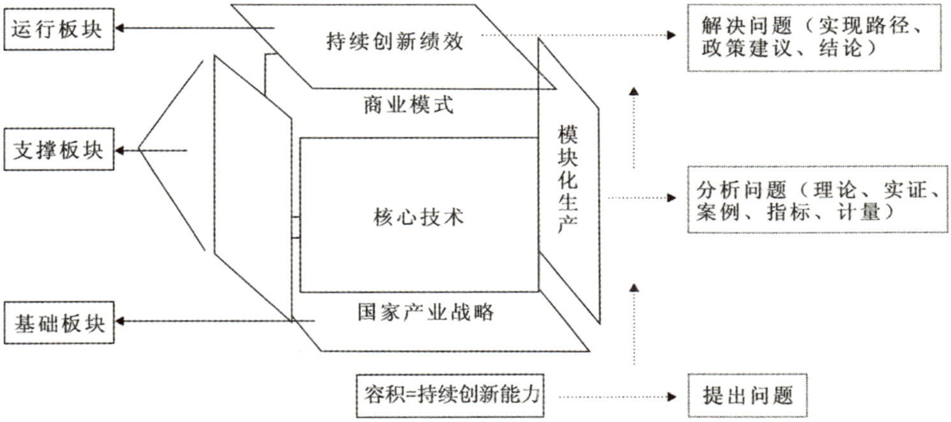

图 5-2　战略性新兴产业持续创新能力容器模型

战略性新兴产业持续创新能力容器模型包括三个重要板块，即基础板块、支撑板块与运行板块，三个板块共同构建成“战略性新兴产业持续创新能力容器模型”。

①基础板块，即国家战略引导能力。虽然随着产业升级和人民生活水平的提高，新兴产业必将逐渐取代旧有产业发展，但是国家战略的有效引导能够使战略产业形成合力，不仅能克服成长初期的各种障碍性因素，也能在国际市场形成强大的竞争力。

②支持板块，由产业内部创新能力与外部支持能力组成。内部创新能力按照产业生命周期理论可以由前沿技术、生产组织、商业模式三个方面共同组成，分别代表该产业由实验室环节、生产环节到商业环节的运行系统。外部支持能力是使内部创新运行系统达到效率最大化的政策改善体系，确保该产业在各个

运行阶段协调运转。

③运行板块，由支持板块的四个子运行系统共同构建。重在调配各供给要素间相互关系，强效推进战略性新兴产业内部创新、外部支持两方面有序运行、协同发展。

这三个板块就共同构建成“战略性新兴产业持续创新能力容器模型”。持续创新功能函数即 $TF=F[F,S(u_1,u_2,u_3,u_4),\mathrm{P}]$，其中 F-Foundation 为基础支撑系统，S-support 为支持系统，P-Performance 为运行绩效系统，支持板块中的 $u_1\sim u_4$分别为板块构件，即核心技术、生产组织、商业模式、政策改善。

二、战略性新兴产业持续创新能力模型基础板块

战略性新兴产业持续创新能力的基础板块是国家战略，而这不能简单等同于各种扶持政策。国家战略是各种扶持政策的充要条件，而各种扶持政策是国家战略的必要条件。没有国家战略制定与规划引导不能使战略性新兴产业在众多产业中脱颖而出、备受关注，它是国家产业升级的重要引擎，也是未来产业竞争力的核心武器。因此，战略性新兴产业的国家战略包括各种扶持政策，但扶持政策不能等同于国家战略。虽然，前期有学者就是否应该给予战略性新兴产业各种扶持措施，也有的指出在产业不同生命周期应给予不同扶持等各种论述，但是没有学者完全论证认为国家不应该制定战略性新兴产业发展的国家规划。

1. 战略性新兴产业国家战略创新能力的内涵

国家战略是一个动态的历史范畴，它是在一个时期一国在经济社会发展等方面制定的全局性、方向性与长期性的行动规划与纲领指南。正确的国家战略不仅是决定该国生死存亡的关键因素，也是满足人民社会发展阶段的根本要求，绝大多数国家都日益重视国家战略的制定。

国家之间的竞争首先是战略创新的竞争。一般而言，完整的国家战略包括生存战略与发展战略，其中生存战略是基础，发展战略是主体①。那么，在和平与稳定为基础的国际环境下，以促进经济社会发展与满足人们物质文化需求为目的的国家战略体系就成为核心内容。目前，我国已经制定一些宏观发展战略与区域发展战略。如可持续发展、科教兴国、人才强国等宏观发展战略，西部开发、振兴东北等区域发展战略，而区域发展战略是宏观发展战略的重要补充。

---

① 信息产业部信息强国课题组.信息强国战略与国家战略体系构建[J].经济前沿，2004(7):8~10.

自2008年次贷危机的爆发，各国都在自审经济结构与发展模式是否具备可持续性，都在寻找新的经济增长点与突破口，同时以美国、日本、欧盟为代表的发达国家和组织，都把目光聚焦到既能促进科技创新又能引领未来发展的战略性新兴产业上。近年来，这些发达国家从国家战略层面提出该产业发展规划，制定专项发展规划，出台扶持政策，集中对新能源、新材料、下一代信息技术、节能环保等产业加大投入，这些新兴产业成为了众多国家产业战略中抢夺经济发展制高点、谋取国家竞争新优势的共同选择。那么，该产业国家战略创新能力成为持续创新能力体系的重要基础组织部分。

本书认为，战略性新兴产业国家战略创新能力是指以当前经济形势为背景，国家宏观层面适时调整产业方向，在原有产业基础、自然资源、技术水平等基础上，确定新一轮产业重点的战略选择与战略创新，以实现该产业在技术创新供给与市场消费需求两者结合最大化效益的综合能力。我国在次贷危机后，在种类繁多的产业中明确了以“节能环保、新兴信息产业、生物产业、新能源、新能源汽车、高端装备制造业和新材料”七大领域为重点的产业发展领域，“十三五”又在此基础上，进一步明确了五大重点发展领域，这是我国产业战略创新能力的重要体现。

2. 战略性新兴产业国家战略创新能力的内容

一是适应动态环境的应变能力。国家产业战略积极制定的前提是适应动态环境的变化，在外部的经济趋势、科技动态、市场环境等因素发生巨大变化时，结合内部的科技水平、产业基础、发展阶段，主动调整原有的产业战略是该战略创新能力的重要体现。例如我国在20世纪五六十年代，在当时国家经济、技术基础十分薄弱的条件下，及时制定了“两弹一星”的产业战略。在我国经济实力不强、科研基础薄弱的同时，1965年我国研制成功人工合成胰岛素，1971年研制成功复方蒿甲醚，1975年研制成功杂交水稻，1978年研制成功激光照排。这些国家产业战略的制定，从外部看是为了顺应抵制帝国主义的武力威胁、核讹诈与保卫国家安全；从内部看，提高科技实力为开启改革开放新篇章提供了科技保障与物质基础。正因为有这样前瞻性、决策性的国家产业战略，使当时一个百废待新的新中国从地道农业国建成世界第六工业大国、第三军事强国。因此，适应动态环境变化而制定产业战略是该能力的首要因素。

二是国家宏观战略的调控能力。产业战略要与国家宏观战略保持高度一致，它是国家意志的重要体现。以美、日为例，日本战后至20世纪70年代开始实现经济繁荣，一度以科技领先的产品占领国际市场，而同期的美国处于被动甚至节节后退状态。自90年代后，美国为了改变这种被动的局面而大力发展电子信息及网络技术，并一举成功反而使日本陷入长期困境而难以自拔。国家宏观战略以产业战略作为重要手段，充分展示了国家战略的调控能力。

三是产业发展方向的制定能力。中华人民共和国成立之初我国在一穷二白的基础上开始以基础设施、基础产业为奠基的建设；改革开放以后开启了“以市场换技术”的技术引进与模仿创新，高新技术产业成为了国家重点产业；次贷危机后为抢占战略竞争制高点，各国都在积极布局战略性新兴产业，而该产业战略也与我国实现由技术追赶到技术引领、建设创新型国家战略不谋而合。

四是以技术创新为根本的产业供给能力。战略性新兴产业的核心是对以技术为核心的“多个生产要素重新组合”。在这一过程中，经济发展水平、技术创新能力、人员技术素质、技术设备水平、市场拓展运行、产业政策效力等因素共同为产业供给提供支撑。

五是以消费需求为根本的市场培育能力。产业技术研究隶属于基础研究的范畴，但又不同于基础研究。它与基础研究最大的区别在于创新目的，产业技术研究根本目的是满足消费市场需求，基础研究为其他研究提供知识积累与基础。没有消费市场承认的产业技术只能停留在试验室，不能产业化生产。

因此，对于许多还未市场化的战略性新兴产业，就需要国家宏观战略予以市场开拓的辅助，最为典型例子是新能源汽车的使用，国家产业战略可以从硬件上配套充电桩、电池管理系统等，从软件上不一定非要采取直接补贴的方式，而是可以通过制定相关环保和低碳排放政策、购置税收减免、生产厂商排放配额优惠、峰谷电价等方式予以政策支持。

3. 战略性新兴产业国家战略发展的概况

次贷危机后，以美、日、欧盟为主的发达国家和地区以及以俄罗斯、印度、韩国为主的新兴市场经济国家和地区，都寄希望于像历史上每次爆发过的危机一样，通过科技重大创新激起科技革命兴起，带来经济社会发展新的重大机遇。这些国家在这一共同点的基础上，对该产业的国家战略制定上又各有侧重。

美国：以头号经济强国著称，一直以来以主动创新并引领世界潮流为根本目的，强调战略引领发展。在此轮新兴产业布局上更是如此，基本采取了三者相结合的国家战略。一是通过“再工业化”战略夯实产业发展基础。美国的“再工业化”并不是简单的通过劳动密集型、资源密集型的再次工业的低端增长，而是通过高新技术改造传统制造业，大力发展先进制造业，通过准时生产、清洁生产、计算机集成生产等多种先进生产模式，加速科技进步与传统产业升级，并推动可持续增长和高质量就业。二是通过确定产业主攻方向与加大研发投入相结合的方式发展新兴产业。美国在众多良好产业基础上选择了以新能源为主的“绿色产业”作为主攻方向,一方面是结合了当前技术发展水平和人类社会未来发展的方向,另一方面是掀起了奥巴马政府继里根时代的“星球大战计划”、克林顿时代的“信息高速公路”之后的又一新产业的建设里程。从2009年至今,美国先后推出三版《美国国家创新战略》。为此,政府更加高程度的重视科学技术发展,加大研究、开发与创新的投入支持,并鼓励私营企业参与科研投入。三是通过技术标准、知识产权、贸易政策等手段打压别国战略性新兴产业的发展,确定自己的霸权地位。次贷危机后国际贸易争端层出不穷,美国对华的清洁能源调查、光伏产业“双反”等都是通过这些手段压制别国在新兴产业的快速发展,以确立自己占据产业绝对制高点的地位。

日本:在20世纪90年代以来的“失去的十年”使经济长期停滞,安倍经济的积极财政、宽松货币与促进民间投资的产业政策似乎也积重难返。日本也致力于通过战略性新兴产业发展振兴经济,在国家产业战略上主要表现在三个方面。一是确定产业主攻方向,2010年日本颁发了《产业结构展望方案》,提出了未来重点培育的五大产业领域,分别是基础设施、环保能源、文化创意、尖端技术、社会公共产业等。同时在这五个领域又通过制定相关政策法规推动技术发展,如在环保能源方面,先后出台了《关于促进新能源利用特别措施法》《可再生能源配额制法》《数字日本创新计划》等。二是强化以技术创新为推动的战略方针制定,在工程技术、信息技术、医药发展等产业领域日本都制定了长期的“技术创新”战略方针,正在普及的新一代汽车的总体战略中也制定了包括技术开发战略、制度整备战略、促进普及战略三个方面①。三是刺激市场需求战略。作为资源短缺型经济的日本不仅重视国内市场需求,而且高度重视国外市场的开辟。在国内通过促进就业、增加就业岗位的方式创造就业机会,通过修改入境管理条例、增设国际合作奖励资金等方式吸引国外高科技人才加入,在国外积极参与APEC、TPP等贸易区的组建加入,提升自己在亚洲地区、亚太地区甚至全球的经济地位。

欧盟:2010年发布的“欧盟2020战略”正式文本揭开了欧盟各国未来十年的发展战略目标,即通过绿色产业与自主创新,增加知识投入,发展新兴产业,实

---

① 于新东,牛少凤.全球战略性新兴产业发展的主要异同点与未来趋势[J].国际经贸探索,2011(10):4~11.

现经济健康发展。欧盟主要确定了三个方面的产业领域，一是为应对能源安全及气候变化的低碳经济与绿色经济，欧盟筹资 1050 亿欧元作为“环保型经济”中期规划的资金需求，计划在五年时间内打造具有国际水平和全球竞争力的“绿色产业”。二是推进信息网络建设，为战略性新兴产业提供共享平台。欧盟加大信息产业与物联网建设，推进全民高速网络与覆盖率，致力于 IT 工业统一标准制定，力求加速各产业间的整合与对战略性新兴产业的渗透。三是重视文化创意产业发展。德国、英国等国有良好的文化创意的基础，在次贷危机后更加重视该产业发展，使其成为目前发展最快的产业。英国的文化创意产业公司所提供的就业岗位数量是各产业之首，出口值也是高于其他产业几倍的增长。

新兴国家：战略性新兴产业的发展在国家宏观层面有两个显著特征，一是将发展新产业战略与国家战略紧密联系，例如俄罗斯致力于重塑在全球竞争中的重要地位，重点发展纳米技术、空间技术与生物技术。目前已经建成国际上先进的信息共享、分工协作的纳米技术网络，拥有与纳米产业相关的 15 个专业化数据库，通过培养了 30 多种大型特种科研仪器的远程访问系统来培训高端纳米技术人才。二是各国通过选择自身基础良好、资源禀赋充裕的新兴产业作为发展重点，例如俄罗斯的空间技术，一直在世界具有显著领先的优势，而现在也重点发展该产业，希望在 2020 前超过自己的竞争国——美国。印度是仅次于美国的全球第二软件大国，通过大力发展具有国际影响力的信息技术产业，并使之成为了国家支柱产业。巴西是拉美地区空间技术发展最快的国家，意图将这一产业作为战略性新兴产业，目前已经拥有了独立发射卫星的技术。南非是非洲最大经济体，拥有独特自然和人文景观，旅游资源丰富，也将旅游和高端服务、新能源汽车等产业作为战略性新兴产业。三是各国发展战略性新兴产业前瞻性更强，超越或并列于发达国家的意识更强。当新兴国家尚处于后发技术追赶时，既奠定了自身发展的产业基础，也体会到技术受制于他国的各种约束，因此在新一轮产业布局大潮到来之时，各国都纷纷希望抢占商机，更前瞻性把握未来产业的制高点。近期中国的国家产业战略分两步进行，一是在传统产业升级改造的同时大力发展战略性新兴产业。2012 年制定了战略性新兴产业“十二五”发展规划纲要，2014 年确定国家重大科技项目 16 项，如高端通用芯片、集成电路装备、宽带移动通信、高档数控机床、核电站、新药创新等关键核心技术。二是近期规划与中期规划相结合。2016 年制定战略性新兴产业“十三五”发展规划，并在“十三五”的整体规划中明确要将战略性新兴产业增加值占 GDP 比重达到 15%。2015 年十八届五中全会明确提出“2030 年前大力发展航空发动机、量子通信、智能制造和机器人、深空和深海探测、重点新材料、脑科学、健康保障等产业”。2016 年 5 月，中共中央、国务院又印发《国家创新驱动发展战略纲要》，纲要指出创新驱动就是创新成为引领发展的第一动力，科技创新与制度创新、管理创新、商业模式创新、业态创新和文化创新相结合，推动发展方式向依靠持续的知识积累、技术进步和劳动力素质提升转变，促进经济向形态更高级、分工更精细、结构更合理的阶段演进。纲要提出“三步走”的战略目标，即到 2020 年进入创新型国家行列、2030 年跻身创新型国家前列、到 2050 年建成世界科技创新强国。

4. 战略性新兴产业国家战略本质特征

虽然各国在次贷危机后都提出大力发展新一轮的新兴产业，各国的制定目的不同，经济社会发展阶段不同，产业发展的侧重点与发展模式都不尽相同，但是这些国家在制定该产业的国家战略上却彰显着共同的特点。

一是在动态环境下产业战略创新能力表现迅速。随着国际经济形势的瞬息万变，各国在产业战略创新能力方面行动迅速，唯恐迟缓的战略方针会使本国的产业发展滞后，会受制于人而影响本国的国际地位。美国早在次贷危机爆发以前就开始重视对新能源产业的战略制定。2006 年 2 月，时任美国总统布什签署了《先进能源计划》，旨在促进清洁能源的发展；9 月颁布了《环保署战略计划（2006—2011）》；2007 年 12 月，又签署了《能源自主与安全法案》，继续加大对新能源产业的支持力度；2008 年颁布了《高科技车辆制造激励计划》，旨在推动新能源汽车发展。2008 年金融危机爆发后，美国政府就将发展新能源产业上升到国家战略的高度，2009 年奥巴马在世界地球日公布了《奥巴马—拜登新能源计划》，首次启用开发外大陆架水域的可再生能源项目，包括利用风能、潮汐和洋流发电；2 月《美国复兴与再投资法案》公布，以新能源为重点发展产业；3 月开始节能和环保专项拨款计划开启；6 月《美国清洁能源安全法案》公布，自此进入美国新能源产业发展的高潮时期。

二是产业战略与国家战略紧密联系。制定该产业的战略是国家战略的重要组成部分，是国家宏观意志的重要体现。美国通过制定产业战略希望通过技术引领成为技术标准的“决定者”，继续稳固其在世界的霸主地位。日本制定新的产业战略是希望通过新产业改变当前积重难返的经济格局，改变两个“失去的十年”所带来的经济停滞。俄罗斯制定新的产业战略主要想通过技术创新与持续改革大力发展创新经济，以此进入世界经济的前几位并再次塑造“强大俄罗斯”的大国战略。中国制定该产业战略希望通过新一轮产业引领，改变一直以来的技术追赶状况，逐步实行技术领先，通过建立创新型国家实现中华民族的伟大复兴梦。因此,各国都寄希望于通过战略性新兴产业的发展,实现国家经济强盛与宏伟的国家战略目标。

三是结合自身禀赋制定的产业主攻方向具体明确。各国虽然依据自身的基础与优势的不同,在制定的战略性新兴产业上选择的侧重点并不相同,但产业主攻方向都具体明确。海岛之国的日本将海洋产业作为重要培育领域,通过了"海洋基本计划"开发海洋资源。作为高度依赖石油进口的日本,十分重视新能源汽车的研发,以此减少对石油的依赖。制定的"新国家能源战略"提出到2030年将石油依赖度从目前50%降低到40%,并且致力于开发新能源汽车的关键零部件——锂电池,全球汽车锂电池生产厂商中有一半以上是日企。美国销售火爆的Tesla新能源汽车所有的技术都是自主研发,唯独汽车锂电池是从日本进口。新加坡的生物制药产业一直领先于亚洲,也将该产业作为重点发展领域,意图将其打造成本国的第一支柱产业并成为世界级的生物医药基地。可见各国在制定产业主攻方向时都结合自身产业基础、技术水平、资源禀赋等因素,思路清晰,目标具体,方向明确。

四是注重以传统制造业升级为基础、新能源产业为重点、信息技术产业为枢纽的产业供给。新一轮的战略新兴产业不是无源之水、无本之本,它首先要有强大先进的制造业提供研发设计、生产加工、标准检测、营销服务等,这就要求以先进制造业为基础的传统产业作坚实后盾,特别是以美国为代表的"再工业化"战略就是夯实战略性新兴产业的发展基础。新能源产业是众多国家的普选。中、英、美、日、欧盟等都将新能源产业作为新一轮产业发展重点,还有像芬兰这样的能源小国,在无煤、无油、无天然气的现状下,大力发挥国内丰富的森林资源优势,利用木材造纸加工业的副产品与残余物等,开创生物能源利用的发展新路。以新一代宽带、智慧地球、云计算、物联网等新技术、新应用不仅是其他战略性新兴产业的重要枢纽,也是新的商业模式的创造者。各国在大力发展信息技术产业的同时也是积极探寻国际社会可普遍接受的产业标准。

五是培育以市场需求为引导的发展方向。以往各国在制定产业发展战略上注重通过技术创新驱动产业内生增长,而此轮战略性新兴产业的发展中,主要国家与地区就非常重视从市场需求为引导的产业发展思路。中国、日本特别强调将经济增长模式定义为"需求引导型增长",致力于对外开放与启动内需两个方面相结合的增长路径。2013年6月,我国康迪与吉利公司联合研发的第一辆纯电动轿车JL7001BEV获工信部批准,成为工信部第45批节能与新能源汽车推广应用工程推荐车型之一。双方于2013年底就为"新能源汽车示范推广试点"

及“私人购买新能源汽车试点”的“双试点”城市杭州提供了2万辆纯电动汽车，杭州市政府采取只租不售的商业模式，让潜在的购车群体以较为低廉的价格体验电动汽车的便捷与环保。这种模式被国务院发展研究中心企业研究所列为国内电动汽车商业模式的探索路径之一。因此，在推行众多科技引领的新产品与新技术时，并不急于立竿见影获取收益，而在于潜在消费市场的培育。

三、战略性新兴产业持续创新能力模型支持板块

从系统论的角度来看，任何系统存在的目的都是为了使系统环节以最小化的运行成本、最便捷的运行方式实现系统运行特定的目的。战略性新兴产业除了国家战略创新能力作基础板块以外，还需要支持板块，支持板块分为内、外部支持，而内部支持板块包括核心技术、生产组织和商业模式三个方面，外部支持板块包括人力资源支持能力、投融资支持能力、政府服务支持能力三个方面。

1. 内部创新能力板块

战略性新兴产业发展主要动力源于技术、生产与市场三个方面，其核心是技术创新，但技术创新的关键又是持续创新。在技术创新成功的前提下，如果没有持续创新就会出现“创新停滞”或“创新惰性”，失去其创新的优势。因此，战略性新兴产业需要良性的技术创新循环、生产创新循环与市场创新循环，三者交互传递，通过共同作用推动该产业成长进程。本书认为，战略性新兴产业内部创新能力系统是制约该产业内部创新因素为主导，以该产业的技术生命周期为轨迹，从技术研发突破、技术生产、技术商业化三个子系统的创新作用，通过产业内部价值传递机制，各创新板块循环相互作用，实现产品由设想到销售的产业增值的运行体系。

根据战略性新兴产业技术生命周期的创新进程，该产业的内部创新能力板块包括三个方面的内容，即技术创新子板块、生产组织子板块与商业模式子板块。一般的技术创新理论突破了传统线性创新理论，重视技术推动与市场拉动的相互作用，认为有时技术推动力量大，有时市场拉动作用大，但两者相辅相成、共同发生作用。然而，在实践中战略性新兴产业的持续创新出现的问题往往不是在技术层面，而是在后两个阶段，即技术创新的许多成果由于尚未被消费市场接受，还停留在“实验室经济”阶段，尚未被大规模生产化与商业化。因此，战略性新兴产业的内部创新能力不仅包括技术创新与市场创新，还包括生产组织创新阶段。

(1)战略性新兴产业持续技术创新能力子板块。本板块从内涵入手，剖析

战略性新兴产业持续技术创新与传统产业的差异特征，探寻战略性新兴产业持续技术创新路径的构成。

①战略性新兴产业持续技术创新内涵。自熊彼特1912年提出创新概念后，1973年弗里曼提出了技术创新的概念，他认为“技术创新是技术、工艺商业化的过程，其导致新产品的市场实现和新技术工艺与装备的商业性应用”①，1982年他又在《工业创新经济学》修订版中，将这一概念明确为“新产品、新过程、新系统和新服务的首次商业性转化”；1976年美国国家科学基金会(NSF)提出“技术创新是将新的或改进的产品、过程或服务引入市场”②，并明确将模仿和不需要引入新技术知识的改进作为最低层次上的两类创新也划入技术创新定义的范畴；2001年Bessant认为“技术创新是技术变革过程中发明之后的阶段”③。20世纪90年代以来技术创新概念也引起了我国学者们的高度重视。1990年浙江大学许庆瑞教授提出“技术创新泛指一种新思想的形成、得到市场利用并生产出满足市场需要的产品的完整过程”④；1995年清华大学傅家骥教授指出“技术创新是企业家抓住市场潜在赢利机会，以获取商业利益为目标，重新组织生产条件和要素，建立起效能更强、效率更高和费用更低的生产经营系统，从而推出新的产品与新的生产方法、开辟新的市场、获取新的原材料或半成品供给来源或建立企业的新的组织，它是包括科技、组织、商业和金融等一系列活动的综合过程”⑤；1998年中共中央、国务院在《关于加强技术创新、发展高前科技、实现产业化的决定》中明确指出“技术创新是指企业应用创新的知识和新技术、新工艺，采用新的生产方式和经营管理模式，提高产品质量，开发生产新的产品，提供新的服务，占据市场并实现市场价值”。20世纪80年代，第三世界作为技术引进方开始自主创新技术，也开启了由“企业创新能力”向“技术创新能力”倾斜理论的研究。Barton认为“企业技术创新能力的核心是掌握专业知识的人、技术系

---

① Freeman C, The Economics of Industrial Innovation, *London*: *Francis Printer*, 1982:2~9.

② Jay Shankar M. Swami Nathan, Stephen F. Smith, and Norman M. Sadeh. A Multi Agent Framework for Modeling Supply Chain Dynamics, *Technical Report*, *the Rovotics Institute*, *Carnegie Mellon University*, 1996.

③ Bessant. J. R, Developing continuous improvement capability, *International Journal of Innovation Management* 2001, 2(4):17~31.

④ 许庆瑞.技术创新管理[M].杭州:浙江大学出版社,1990.

⑤ 傅家骥.企业继续前进的动力——技术创新[J].中国软科学,1995(8):94~96.

统、管理系统的能力及企业的价值观"①，另外 Frenchman、Dore、Desai、Katz 等学者以及世界银行等组织都对企业创新能力也进行了深入研究。我国学者如许庆瑞认为技术创新能力由产品创新能力和工艺创新能力组成，魏江认为以资金能力支撑，为支持创新战略的实现，由产品创新能力和工艺创新能力为主体并由此决定的系统整合功能是技术创新能力。技术创新能力是产业发展的不竭动力。处于技术不断进步与经济形势不停变化的激烈市场竞争中，产业拥有持续技术创新能力才能长期生存与发展。同时，战略性新兴产业的持续技术创新能力就显得更为重要。本书认为战略性新兴产业持续技术创新是在一个特定的阶段，通过科研成果不断地支持与投入，对后续技术创新行为起到正向的促进作用，并且随着这种促进作用的层层推进，依次不间断出现更多后续创新行为，并且这种技术持续创新的程度将通过多个可能出现的后续技术创新叠加来进行衡量。

②战略性新兴产业持续技术创新与传统产业的差异特征。技术创新是战略性新兴产业产生与存在的必要条件。它与传统产业有着本质上的差异，在持续技术创新上也有重要体现。

一是技术范式不同。受益于库恩科学范式思想的启迪，多西认为"技术范式可定义为解决所选择的技术经济问题的一种模式，这些解决问题的办法立足于自然科学的原理"②。剧烈的创新活动与创新系统的突变一般会带来技术范式的变化，战略性新兴产业就是在这种全球"技术—经济"更迭范式下孕育与孵化，其典型的特点是技术标准尚未形成，关键核心技术尚未形成，也就是在该产业中没有一种技术占据绝对领导地位的"非技术标准产业"。从总体来讲，我国战略性新兴产业的共性技术和核心技术还很缺乏，较为落后。以节能环保产业为例，自主技术创新并顺利投入市场的相关企业还仅占 20%，生产的 3000 多种环保产品中，约五分之一的产品由于产品设计与适用性、可靠性缺陷面临淘汰的危险，约五分之二的产品需要改进，而国内所需的成套化、自动化程度较高的产品也基本依靠进口。

二是技术轨道不同。技术轨道指既定技术范式下的具体技术路线，是在大致相同的技术发展方向中的研发路径。广义的技术轨道是指技术创新的一般性

① 魏江，郭斌，许庆瑞.企业技术能力与技术创新能力的评价指标体系[J].中国高新技术企业杂志，1995(5)：30～38.

② G·多西等编.技术进步与经济理论[M].北京：经济出版社，1992：276.

过程，而狭义的技术轨道是指开发某种新产品或新工艺的具体过程①。传统产业的技术轨道已经形成并完善，我国在大多数传统产业上基本都失去了技术标准的控制权，而依赖于国外成熟的技术轨道并受制于此。但是，战略性新兴产业基于科技创新为基础，目前尚未形成统一的技术轨道。在成长初期众多企业都在寻找不同的技术轨道，产业内的生产者数量不断增加并达到高峰，当技术轨道日渐清晰时，尚未形成或已经偏离技术轨道的生产者又会纷纷退出，最后会形成技术轨道明确的几个大生产者共同拥有绝对的市场份额的局面。在实践中，我国战略性新兴产业除了科技创新形成技术轨道外，还有与传统产业耦合发展的技术轨道、与军用技术结合的民用技术轨道等。

三是技术创新模式不同。从产品价值链和产业集群技术创新治理模式角度看，产业技术路线图是战略性新兴产业内部企业技术创新的行动指南，它按照时间序列系统描述着"技术—产品—产业"的发展过程，是对产业整体技术发展趋势的预测，在此基础上形成了集成型和模块型两种技术建构特征采取不同的产品价值链治理模式②；从区域创新系统和国家创新系统治理模式视角看，国家创新体系以打造战略性新兴产业的技术服务平台为主体，大力投入基础研究与前沿研究，为战略性新兴产业的核心技术突破提供保障，同时以区域创新系统为根本的培育模式在战略性新兴产业发展初期与成长期大力提供孵化器与加速器，为其成长壮大提供技术源与资本源，通过打造产业集群、开发区与科学城为重点的组织形式，发挥规模经济效益，产生强大的产业溢出效应。

③战略性新兴产业持续技术创新实现路径。持续技术创新需要把握科技发展动态，正确预测技术创新的潜力，并通过先期的技术创新成果为后续创新活动提供坚实基础，才能实现保持技术领先优势、满足市场的需求、降低生产与组织成本、持续提高经济效益并提供持续创新的能力。战略性新兴产业持续创新实现路径来源于四个方面：

一是基础技术与前沿技术是战略性新兴产业持续技术创新的保障。基础技术是指那些在技术体系中处于基础地位，为各类科技与经济社会活动提供支持的技术，而前沿技术是高技术领域中具有前瞻性、先导性和探索性的重大技术，

---

① DOSI, Statistical regulation in the evlution of industries: a guide through some evidence and challenges for the theory, *Cambridge Univeristy Press*, 2007: 31~34.

② 周勤，周绍东.产品内分工与产品建构陷阱——中国本土企业的困境与对策[J].中国工业经济，2009(8)：58~67.

是未来高技术更新换代和新兴产业发展的重要基础。《国家重大科技基础设施建设中长期规划(2012—2030年)》提出到2030年,中国将基本建成布局完整、技术先进、运行高效、支撑有力的重大科技基础设施体系。这不仅是国民经济、社会发展和国防安全的重要支柱,也是配合战略性新兴产业发展的基础与前提。

二是核心技术是战略性新兴产业持续技术创新的核心与关键。战略性新兴产业最大的特点是对核心技术依赖性很强。核心技术不同于基础技术与前沿技术,它是在产业中同类产品在市场竞争中起关键作用的一种或多种技术,对科技发展有决定性影响,是生产者抢占发展制高点的重要因素。因此,在前期的基础技术与前沿技术研究基础上,要集中突破一批支撑战略性新兴产业发展的关键共性核心技术。

三是技术标准是战略性新兴产业持续技术创新的根本。技术创新的成果只有形成了知识资本才能发挥其更加重要的地位,而科技迅猛发展使研发周期变得越来越短,过去由研发到技术标准形成的两个阶段现在逐渐融合于一体,技术标准的制定开始嵌入到科技创新全过程中,成为技术成果化、市场化的重要保障。战略性新兴产业的技术标准不仅要推动传统产业的升级改造,还要推动我国技术标准由国内化向国际化竞争的步伐。

四是服务平台是战略性新兴产业持续技术创新的基础。科技创新需要基础平台提供服务,才能促进全社会科技资源高效配置和综合集成。从硬件上,要推进大型科学仪器的设施与设备的共建共享,逐步形成全国性的共享资源;从软件上,要建立国家科学数据共享服务网络、数字化的科技文献资源库等,利用现代信息技术和公共网络基础设施,提供无障碍的创新环境;从载体上,打造技术创新联盟、知识产权联盟,发挥大学、科研院所、企业创新部门为主体的协同研发机构和产权保护组织,使科技创新成果走向市场化交易成本降到最低。

④战略性新兴产业持续技术创新能力构成。战略新兴产业持续技术创新是实现科技成果投入产出的过程,它包括三个方面的能力,即持续技术创新资源投入能力、研究开发能力、持续创新转化能力。投入能力是指该产业投入创新资源的数量与质量,它包括技术创新经费与技术创新人力资本等多方面投入能力;研究开发能力主要指基础研究、前沿研究与应用研究,战略性新兴产业以基础研究与前沿研究作前提,以技术的应用研究与开发研究作根本,以核心技术作研究对象,故专利申请数、研究新技术的成果数量、技术创新能力等作为研究开发能力的重要衡量标准;持续技术创新转化能力是将持续创新的成果转化为产业直接生产力的综合体现,可以通过新技术对总产值贡献度、产品生命周期缩短率来进

行综合评价。因此,这三个方面的能力共同构成了战略性新兴产业持续技术创新能力系统。

(2)战略性新兴产业生产组织持续创新子板块。本板块从战略性新兴产业生产组织持续创新与传统产业的差异特征切入,提出生产模块化创新是战略性新兴产业生产创新的重要体现,探索该产业生产组织持续创新能力的构成。

①战略性新兴产业生产组织持续创新与传统产业的差异特征。一是从生产组织角度,在信息与网络化飞速发展的今天,生产组织不再局限于传统产业的闭门造车,基于全球价值链的国际视野显得尤其重要;二是从企业治理模式角度,传统的产业组织由于不能适应技术范式快速更迭而出现种种弊端,战略性新兴产业以技术创新为根本的生产组织能顺应技术创新的变化,大企业以事业部制、矩阵制技术创新治理结构出现,小企业以柔性治理结构顺应市场变化,而高科技型的企业则以模块化创新方式存在;三是从组织形态角度,工业化时代的传统生产形式已经不能适应发展的需要,战略性新兴产业以内在技术为关联的客观,要求重构人类组织形式适应其发展。

②战略性新兴产业生产模块化创新功能与创新价值。战略性新兴产业生产过程是一个复杂系统,需要进行模块分解与集中,不仅对技术、产品进行模块分解,对生产组织更为重要。信息技术就是战略性新兴产业中最为典型的模块化产品。现代生产意义的"模块"概念最早由 IBM 公司提出,它通过对复杂系统分解成相对独立的具有特定功能价值的小模块,从根本改变生产组织者之间的关系,不仅是产业分工专门化的过程,也是生产组织者内部分工的外部化过程。战略性新兴产业生产模块化创新功能主要体现在能够提供更多的创新机会,有助于提高知识创新速度,降低技术创新内生性风险,对模块间的生产起激励竞争作用并有助于产业跨越式的发展。美国"硅谷模式"的成功就是将组织结构、运行方式、生产设计进行模块化而取得的成功案例。

③战略性新兴产业生产组织持续创新能力构成。模块化组织创新能力是通过激发员工创新潜能并将其汇聚成合力,并将其与各种零散的资源(包括人力资源、物质资源、无形资源和信息资源)有机结合过程的内在能力。它包括生产组织战略创新能力、组织创新能力和制度机制创新能力。生产组织的战略一般分为发展战略、竞争战略、经营功能性战略三个层次,战略性新兴产业的生产组织者首先要从发展方向入手,发挥创新各要素之间的协同发展问题,激发持续创新的动力源;组织创新是在战略创新的基础上,全面系统协调地解决生产组织结构、运行及生产者之间联系方式所存在的问题,使在生产组织过程中协同性最

高、交易成本最小,而模块化生产模式能够推动整个系统的创新与演进;制度机制创新能力是运用正式与非正式制度规则连续不断促进与支持创新因素最大化发挥效力的表现,使生产者的战略、组织与制度能够实现耦合运行,其中正式制度规则包括产权、奖励、风险投资制度等,非正式规则包括企业家持续创新精神、企业家持续创新意识以及企业文化等。因此,战略性新兴产业生产组织持续创新能力系统实质是通过激发企业家持续创新精神与员工持续创新动力,在持续创新战略能力形成的基础上,对生产组织层面进行创新,形成全要素协同主体性的持续创新能力。

(3)战略性新兴产业商业模式持续创新子板块。本系统先从战略性新兴产业商业模式与传统产业的差异表现入手,分析该产业商业模式的基本要素及重要元素,提出该产业商业模式持续创新能力系统构成。

①战略性新兴产业商业模式持续创新与传统产业的差异表现。通俗地说,商业模式是生产企业将产品以最有效的方式进入市场并能赚到钱。战略性新兴产业作为许多产品尚未被市场完全接受的新兴产业,更需要商业模式引导。目前,对战略性新兴产业商业模式的研究并不多,也没有形成统一的理论共识。但是在商业模式方面,它与传统产业也有明显的差异。一是终端需求系统是战略性新兴产业商业模式的首要任务。商业模式创新更加注重终端市场的客户需求,从根本上思考企业供给战略并规划企业生产行为,视角不仅立足于当前也考虑长远,不仅更为外向也更加开放,不仅思考单一要素的变化也常常思考多个要素同时较大变化的需求。二是技术产业化是战略性新兴产业商业模式的重要支撑。战略性新兴产业需要商业模式,一方面可以推进技术产业化进程,另一方面可以弥补技术尚存的劣势表现。移动互联网技术就是具体的表现,早在 1998 年我国就向国际电信联盟组织提交了该技术的产业标准,首次提出的 3G 标准也得到了国际认可,但一直以来忽视商业模式开发,直到近几年来才形成规模化效应,同期的日本在推出 2G 标准时就开始商业化运作,在获取利润的同时技术不断创新,现在 4G 技术也即将进入商业化阶段。三是价值网络是战略性新兴产业商业模式的依赖元素。战略性新兴产业中有很多属于复杂性自适应产品,它拥有一个复杂的网络体系,最为典型的是新一代信息技术、新能源等产业,如移动互联网需要系统设备制造商、运营商、内容和服务提供商、终端设备制造商的协作。这些复杂的技术系统需要价值网络元素协同与衔接,才能实现技术扩散效应。四是异质特性是战略性新兴产业的实现途径。战略性新兴产业中不同的产业所处的产业特性、生产周期、竞争对手、市场环境与消费群众相差甚远,因而

不能用一成不变的商业模式去应对各种不确定性的万变，拥有异质性、差异性的商业模式才能使其具有持续的创新优势。

②战略性新兴产业商业模式基本构成要素。在商业模式结构理论较有影响的有 Mark W.Johnsonet al.在 2008 年提出的“四模块说”，即商业模式由顾客价值主张、盈利模式、关键资源以及关键流程①共同组成。虽然战略性新兴产业作为一种尚处于初创期的新兴产业，组织模式还很简单，市场体系并不完整，商业模式也尚不成熟，且与传统产业有较大差异，但从一般意义上说，该产业商业模式构建也脱离不了商业模式构建的一般理论和逻辑思路，因而也从这四个方面来构建战略性新兴产业的商业模式。战略性新兴产业的商业模式首先要对市场需求有效开发与挖掘过程，以满足客户、潜在客户的当前及隐性、潜在的价值需求为根本导向，拟定各参与主体的盈利方式与预期指标，确定各自分工与合作关系。其次是通过价值网络实现价值传递的过程，从大的产业体系讲，不同的战略性新兴产业存在交叉、互融、互促的作用，如各大产业都需要信息技术产业作基础，装备制造业与新材料产业相互交织等现象，从小的产业分工讲，产业相关的利益者、价值网络中的成员方都需要实现价值传递，很明显这个传递方式既可以采取竞争也可以采取合作联盟，因而战略性新兴产业需要在价值网络体系中实现竞合式的传递过程。最后就是营利模式的实现过程，通过降低成本、减少交易费用、寻找适宜的赢利模式，提供全新的产品服务与营销理念，为生产组织者创造一个全新的可持久的赢利能力与竞争优势，最终实现获取商业利润目的。

③战略性新兴产业商业模式持续创新能力的构成。基于“四模块”的战略性新兴产业商业模式的构成要素是持续创新能力分析的基础。其构成应包括四个方面的能力。一是价值创造的能力，以技术为突破的价值创造是满足市场的首要前提；二是市场创新的能力，在分析既定、潜在消费群体当前与预期的需求基础上，通过产品与服务的创新，提出明确的价值主张；三是价值网络创新能力，通过建立产业链，分析网络相关者，确定利益主张，并将价值网络形成规模效应，实现价值传递过程；四是赢利模式创新能力，围绕降低成本流与扩大收入流两条渠道，采取适宜产业发展的异质性赢利渠道，实现利润获得，以此也是衡量战略性新兴产业能否持续发展的重要标志。

---

① Mark W. Johnson, Clayton M. Christensen, and Henning Kagermann, Reinventing Your Business Model, *Harvard Business Review*, 2008(12).

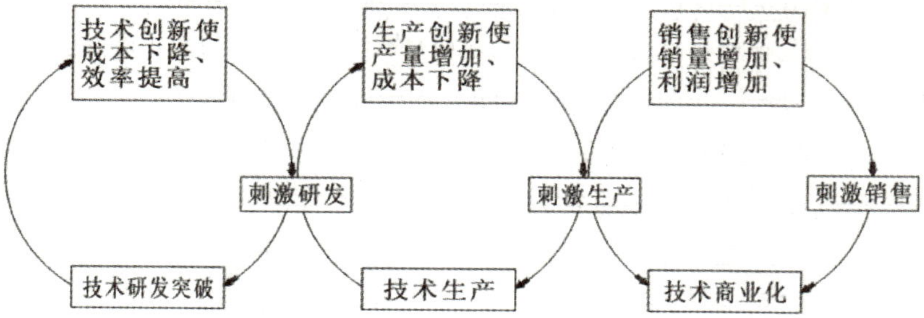

图 5-3　三维度空间循环图

2. 外部支持能力板块

持续创新能力不仅受内部创新因素影响，同时也受外部创新环境制约。现有的研究表明，外部支持能力对持续创新能力存在明显的正相关性。实践中，持续创新能力强的区域有具备良好的创新支持环境，而创新支持环境弱的区域其持续创新能力也较弱。因此，外部支持能力也是持续创新能力的重要因素。

战略性新兴产业与其他产业一样，受外部环境的影响，而组成生产要素的资本、劳动力、信息与服务等是制约其发展的重要组成部分，因而战略性新兴产业的外部支持能力板块主要包括人力资源支持能力、投融资支持能力、政府服务支持能力三个方面。

(1)人力资源支持能力。人才保障与智力支撑是战略性新兴产业健康、持续发展的根本。没有科技人才就没有科技成果，也就没有该产业的灵魂与根本。一直以来，我国传统产业人才聚集，近几年随着新兴产业的崛起，产业发展所需要的专业也呈现空前的增长态势。从人力资源供、需两个方面的特征都表现得十分清晰具体。

从人才需求特征而言，一是需求数量不断增加，以云计算产业为例，未来三年每年将出现数十万的产业人才缺口；二是人才集中在产业链中低端，云计算产业链的中端如软件开发、设计、分析与产业链低端的应用型信息技术人才分布较多；三是人才需求的知识体系更新步伐显著加快，云计算产业的发展不仅给传统的 IT 人才知识结束带来严重挑战，随着行业分工日趋细化，云计算产业的人才、供应商、网络应用技术、移动应用技术等都成为未来十年该行为人员重点掌握的知识与技术。从人才供应特征而言，也表现在人才供给数量严重不能满足需求，人才供应结构不合理及开发培训体系还有待健全。最显著的是数量不足，目前我国仅北航大学、厦门大学两所高校开设了云计算工程硕士研究生的专业，虽然诸如清华、北大的一流高校每年都培养了大量专业人才，但仍不能满意产业快速发展的需求。

战略性新兴产业的发展亟须高层次、实用性、复合型及国际化的专业人才，不仅需要具有良好的教育背景，更需要有产业实践经验。现在，产业快速发展的主要城市和地方都制定了产业规划及配套的人才规划，对产业急需人才发展制定了一系列鼓励政策，如北京制订了“祥云工程”加强高端人才和引进、天津制订了“云集滨海”行动计划引进产业研发与产业化的领军人才、深圳制订了“鲲云计划”加强专业人才培养、珠三角制订了“联云计划”人才支撑计划、武汉依托本地教育资源发展“云计算产业联盟”等，在未来的人才资源发展上还有两个持续创新能力需要培育。

一是人才数量增加能力。从政府层面而言，要通过产业规划的应用示范效应，制定人才发展规划，加强国内外产业领先企业的技术交流与产业合作，引导产业链内部的资源整合，进一步集聚人才资源，另一方面要消除人才流动的体制性障碍，推动人才区域间的流动，并吸引高层次人才在本区域的落户。从企业与高校层面而言，数量的增加并不是简单指高校正常培养的相关人员增加，更应该体现在相关企业应该与高校、科研院所进行资源对接，使高校专业技术人才培养更有方向性。一方面，高校以人才需求市场为导向，全面革新人才培育观念，注重专业人才的创新能力与应用技术的培养；另一方面，学校在建立新型学科体系的基础上，要不断调整优化专业结构，注重培育质量，为产业人才的后续培养和人才输出提供坚实的基础。

二是人才质量挖掘能力。战略性新兴产业需要高端人才、关键人才起到领航行业发展的重要作用，需要建立政府引导、企业为主、产学研联合的人才发展创新机制，积极推进人才政策创新和人才实施工程努力培养和造就高层次的创新型科技人才。一方面，通过加强研发投入、加强人员培训、加强海外高层次人才引进力度，推动重大产业技术攻关和创新成果转化，达到聚集人才创新资源的作用，在推动产业发展的同时，也为人才提供良好的培养与开发平台。另一方面通过完善人才创新的激励机制，健全以政府、用人单位与社会力量共同参与的多元化人才奖励体系，最大限度调动人才的创新积极性。

(2)投融资支持能力。现代经济活动中，投资与融资存在着非常紧密的关系，产业发展过程中的投资行为与融资行为往往是交互进行，而作为有着高成长性、高收益性与高风险性的“三高”的战略性新兴产业，不仅具备一般新兴产业的这些特征，它还具备处于成长初创期、技术创新周期快速频繁、创新过程环环相扣等鲜明特征,更需要投融资的大力支持。

近几年,我国战略性新兴产业投融资发展速度明显提高,呈现出几个方面的特点:一是市场规模持续扩大,产品类型日益丰富,但以信贷为主的投融资市场结构并没有得以改变。我国企业的投融资方式中约80%是银行信贷,这就制约了战略性新兴产业中的创业型企业、高科技企业及中小企业的投融资渠道,要改变这种融资难、融资少、依赖政府投入的现状还有待于风投、私募、融资租赁、并购等新型资本方式的快速发展。二是投融资的创新方式开始出现,但尚未形成整体性的市场气候。近年来推出的中小板、创业板、信贷融资创新、企业担保等都是战略性新兴产业投融资市场的创新苗头,但有限的金融创新渠道与快速发展的产业现状相比仍显得差距较大,既不利于资金筹集也不利于企业规避风险。三是该产业的投融资比重在增加,但形成资本的“洼地”尚待时日。从具体的产业投向上看,新能源、新一代信息技术、生物医药等产业成为近年来投资的重点,清洁能源与医疗保健行业也开始吸引国际风投资本的参与,这些都预示着战略性新兴产业投融资将迎来快速发展的时期。

当然,不可否认的是我国战略性新兴产业投融资的发展还存在一些现实问题,例如法律法规不健全、国家扶持力度不够、融资方式单一滞后、融资规模能力有限及国际资本利用率不高等。要提高战略性新兴产业投融资支持能力需要从制度、资金、人才三个层面实现,通过立法与政策加强制度建设,通过平台与市场加强资金来源,通过体系与制度加强市场监管。

一是制度平台建设能力。加强战略性新兴产业的投融资制度需要从制度的数量与深度两个层面进行。从数量上,要强化该产业的投融资专门立法,将投融资专门立法的法律法规单列出来,形成相对独立的法律体系促进产业发展;从深度上,应将战略性新兴产业的子行业投融资进行法律规范,把各种融资渠道分门别类,并详细制定融资优惠范围、幅度及期限,使投融资法规更具操作性与指导性。同时,要根据国家的产业政策调整政府财政支持举措,地方政府应根据发展现状、区域定位、产业优势圈定几个重点发展的战略性新兴产业及子行业,加大财政资金对产业基础设施、科研设施、人才引进等的资金投入比例,并定期审核与评估,及时调整财政支出。

二是资金平台构建能力。战略性新兴产业多采用新型的投融资模式,主要有股权融资、风险投资、私募股权、并购和融资租赁等。在构建资本平台的基础上,主要做三个方面的引导,首先是中小板、创业板的引导,吸引国内更多的高科技融资,扩大资本市场规模,其次是期权交易市场的引导,金融期货交易、碳期权交易等市场的建立不仅为战略性新兴产业内的企业提供融资渠道,而且规避了金融风险,第三是国际资本的引导,推动上海国际板市场的建立,通过风投、私募、并购等市场鼓励外资进入,既缓解我国战略性新兴产业发展资金的不足,也学习国际融资技术与运作模式。

三是资本市场监管能力。资本监管靠制度。监管部门在尽快完善投融资制度体系的同时,既要降低对高科技企业、中小企业、初创企业的市场进入门槛,也是加大对非法投融资行为的严厉打击,切实保护战略性新兴产业内的企业享受正常的投融资收益。

(3)政府服务支持能力。战略性新兴产业发展的特性要求与市场机制可能会出现的“失灵”现象,决定了该产业需要在国家创新体系之下建立自身的创新能力系统,决定了该产业需要政府提供政策及公共服务平台弥补市场缺陷、激励产业创新。政府的服务支持能力分为两个方面:

一是硬件直接支持能力。政府的硬件投入建设应主要围绕三个方面、打造三大平台:首先是基础设施平台。我国要建设高起点、高标准、高水平的战略性新兴产业,就必须有重大科技基础设施作支撑,如国家级重点实验室、国家级工程技术研究中心、国家级企业技术中心与行业关键共性技术、前沿技术创新中心等,并且要本着资源共享、充分利用、最大化发挥科技基础设施公共效益的原则,建立基础设施平台的建设、使用与管理机制。其次是信息共享平台。通过建立国家的数据中心、标准资源库、材料资源库、重大科技网络实验室等科技资源系统,形成全社会科技资源的高效配置与集成效益,打破创新过程中的信息壁垒。第三是重大产业支持平台。重大产业创新发展是现有产业发展的基础,它在国家战略制定的基础上不仅可以高度汇集科技、人才与资本的力量实现技术攻尖,为其他产业发展提供技术引领与支撑作用,也能极大鼓舞产业发展的信心,是产业发展水平的标志。而这些重大产业往往不是依靠企业力量就能实现,因此政府应集中优势与资源,重点发展具有引航作用的重大产业。

二是软件间接扶持能力。政府除硬件投入外,还有软件间接扶持能力,主要表现在三个方面。首先是提供政策的扶持能力。近年来,政府相继对战略性新兴产业出台了不少扶持政策,这些政策主要分为引导型政策、资金动力型政策与保护型政策,极大推动了产业发展,除了政策体系深入细化外,还应该做好区域政策与国家政策的对接、区域间政策的统筹协调、政策吸收、释放、评估及调整能力要进一步加强。其次是科技业态的服务能力。信息服务、创业服务、技术交易、知识产权、成果转化、商务物流等都是战略性新兴产业需要的服务行业,政府可以通过搭建科技中介服务机构、技术与知识联盟、商务服务组织等为该产业提供优势的科技服务业态环境。第三是科技成果产业化的协调能力。在调动所有积极资源为战略性新兴产业提供科技成果产业化的进程中,既要加大优势产业的示范力度,促进技术转移与扩散,又要建设风险防范机制,通过对项目风险辩别、分摊、降低、消化等措施,减少科技投入风险带来的损失。

四、战略性新兴产业持续创新能力模型运行板块

战略性新兴产业持续创新能力是国家战略作基础,关键技术、模块化生产组织、网络化商业模式三者共同组建成内部创新因素,人力资源、投融资支持、政府服务共同组建成外部支持因素,共同构建成该产业持续创新能力系统。当然,这些复杂的能力构筑也不能简单的用数理关系就表述清楚,它们之间存在这样的内在关系:

一是基础板块与支持板块相互交织,但不可匮缺与替代。战略性新兴产业发展背景不同于其他产业,它不是产业呈现梯次升级后的产物,而是我国为应对新常态下经济发展,在传统产业升级改造的高峰同时主动要求进入培育战略性新兴产业的重要时期,因此国家产业战略在该产业的创新发展中起到了重要作用,对产业战略的确定、产业方向的调整、产业技术的供给、消费市场的引导等无不考验着国家产业战略的制定。为了支撑产业发展的内部创新能力与外部支持能力共同构建为支撑板块,虽然它们在很多方面都与基础板块渗透交融、协调促进,但都不可忽视基础板块的创新作用,没有国家战略创新就没有产业的后续发展,没有产业持续创新发展就不能推动国家战略创新的成效。因此,尽管各大板块相互交织,共同促进发展,也不能相互替代或简单相等。

二是支持板块中的各个子板块相互协调,促进系统良性运行。如果把这个创新体系看成是一个具有特定功能的有机体,那么各种创新板块就是这个有机体的机体细胞。各个子支持板块之间是呈现开放性、非线性的关系,一方面产业内各企业规模不同,涉及范围不同,有的可能是"大而全"的大企业,有的可能是"小而专"的小企业,它们布局在战略性新兴产业链的不同处,因而它们之间存在明显相关性,并不是孤立存在的,其协调创新的作用也不是简单进行数量的累积,它需要支持板块内部非线性相互作用才能使体系表现出良性规律的运行。从演化经济学的角度来看,也只有各子板块创新能力不断提升,一个子板块能力带动另一个板块能力的提升,才能使整个体系更加耦合协调,使最初的无序运行逐渐向良性运行推进。

三是各个支持板块的组成部分相互交织，涵盖内容广泛。战略性新兴产业支持板块需要多方面参与，科技研发、金融机构、人才供应与各类企业都包括在内，而各类企业载体包括战略性新兴产业的生产者、生产服务者等，共同实现产业的新组织、新模式与新动态，从而承载支持板块各个组织系统有机运行。在这个运行平台中，需要同时具备“运行承载体”与“运行释放体”。“运行承载体”是包括宏观中央层面与地方政府协同制定的产业政策和法律法规。“运行释放体”是产业需要延展的国内与国际两个市场。只有将各支持板块的各有机体协调系统运行，在产业政策改善的保证下，可以迅速拓展国内与国际两个市场。

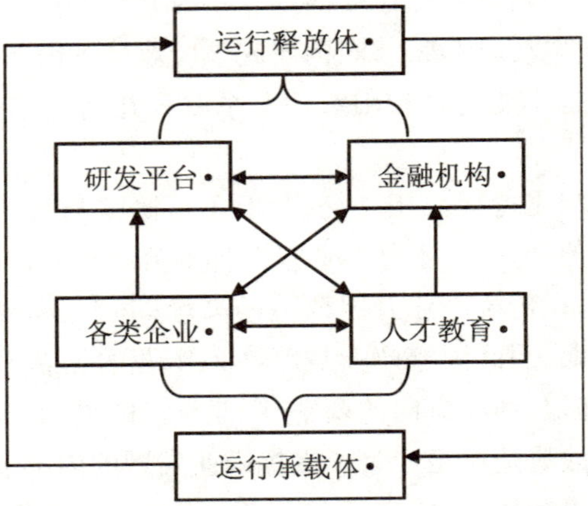

图 5-4　战略性新兴产业持续创新能力模型运行板块

注：①“运行承载体”包括中央政府与地方政府制定的法律、制度、政策；“运行释放体”包括国内与国际两个市场；

②各类企业载体包括战略性新兴产业的生产者、生产服务者等共同实现的新组织、新模式与新动态

四是容器模型共同决定持续创新能力创造的价值交集。各大板块共同组建的战略性新兴产业持续创新能力的容器模型，其“容积”最大化体现了该产业持续创新能力的价值创造与价值空间，其大小意味着产业内利益相关者持续创新的规模、作用与效力，其容器容积越大，意味着产业持续创新能力较强、创新效果明显，反之如果是哪个板块“面积”不大，出现“短板”现象，就能有效查找问题所在，有针对性进行改进。因此，通过提高各子板块的创新能力，就能直接起到提升产业持续创新能力的效力。

第六章

基于 DEA 的战略性新兴产业持续创新能力实证研究:以武汉市为例

第一节　战略性新兴产业持续创新能力的测评指标体系

一、战略性新兴产业持续创新能力指标体系建立原则

要全面测度战略性新兴产业技术创新能力,必须对培育整个技术创新能力的过程及相关作用要素有一个较为全面的把握。因此,指标体系的建立应该与技术创新的整体过程结合起来,以企业技术创新能力获取过程为研究核心,综合考虑相应的影响因素。评价指标体系的构建是一个对评价对象总体数量特征的认识逐步深化、逐步求精和完善的过程,评价体系的构建首先必须解决评价指标的选择问题。

为使战略性新兴产业创新评价指标体系能从不同层面完整、全面、系统地反映创新型企业的特征,同时必须保证评价的客观、公正及准确,新兴产业技术创新能力指标体系的构建应遵循以下原则。

1. 客观性。客观性原则是保证企业创新评价指标准确的基本要求,它要求我们在构建创新型企业评价指标体系时,应保证所选指标可以正确、合理、客观地反映出企业在创新方面的具体表现。

2. 科学性。科学性是确保评价结果准确合理的基础,评价结果是否科学很大程度依赖其指标构成、标准、程序等方面是否合理科学。它要求产业创新评价指标体系的设计要尽可能以现代统计理论为基础,科学合理、简单易行地反映企业的创新能力,做到各指标之间协调统一。

3. 系统性。产业创新能力本身具有一定的层次结构,是具有特定层次结构

的系统,体现其产业的创新活动都是由若干相互依存的部分构成。评价指标体系的层次和结构应合理,通过技术创新系统的整体功能来反映产业技术创新效果,产业技术创新效果是企业技术创新系统整体功能的体现。

4. 可操作性。评价指标体系的可操作和指标的可度量性是建立评价指标体系的一个基本原则,否则评价指标体系的建立缺乏实际意义。可操作指标设计应尽可能选取规范化的定量指标,对于确实无法量化而又非常重要的方面可以选取定性指标,但应确立统一的标准。指标体系的设置应尽量避免形成庞大的指标群或层次复杂的指标数,有些指标很难量化或没有可靠的数据来源原则上不予考虑。同时要做到指标选择相对简单,能够有效地测度和统计,利于掌握与推广。

5. 可比性。由于不同产业的研发投入、生产方式、商业模式不完全一样。特别是产业规模大小不一样,创新能力水平参差不齐时,单纯从评价指标的绝对数上看,有时往往是不可比的。但从相对数角度方面来观察,就消除了这些影响。考虑到各类产业间统计指标的差异,在具体指标选择上,必须赋予各类企业共同的指标,内涵、统计口径和范围尽可能保持一致,以保证指标的可比性。

6. 定性与定量相结合。在确立评价指标时不难发现,影响企业创新的因素多种多样,有些可以量化,有些却难以量化。如资金投入、产出方面我们可以很容易量化,但宏观政策、行业差别、地区差别等因素很难将其作定量分析。因此,在确立评价指标时,应坚持定性分析和定量分析相结合的原则,这样才能保证评价指标更加全面和准确。

二、战略性新兴产业持续创新能力指标体系设计和筛选

1. 战略性新兴产业持续创新能力指标体系的设计

技术创新是战略性新兴产业持续发展的不变源泉。技术创新能力结构的研究主要包括 R&D、专利、创新目标等,其重点关注的是创新投入发生后,创新活动表现出来的特性和创新产出的指标。其代表性的观点有:①产业技术创新能力是企业组织能力、适应能力、创新能力和技术与信息获得能力的综合(Lang E. Westpkai);②产业技术创新能力是产品开发、改进生产技术、储备、生产、组织等能力的综合(Seven Mailer);③产业技术创新能力由可利用的资源、对竞争对手的理解、对环境的了解能力、企业组织结构和文化、开拓性战略等组成(Bargelman)。影响产业技术创新绩效的因素很多、结构复杂。只有从多个角度和层面来构建产业技术创新绩效评价系统,才能准确反映产业的技术创新绩效。

一些学者认为,技术创新绩效虽然受多种因素的影响,但直接决定因素是创新的投入、产出和技术创新管理。因此,所有这些影响因素都可归结于影响创新投入的因素、影响创新产出的因素、影响技术创新管理的因素和综合影响以上三个方面的因素。

技术创新绩效评价指标,有利于创新决策合理化、有利于减少创新风险、有利于正确度量创新实施效果、有利于活跃产业的技术创新。基于对影响技术创新绩效的因素分析,国内外众多学者都提出了各自观点的技术创新绩效评价指标。有的学者将评价指标分为:资源的有效利用、效率,产品投放市场的及时性,新产品占销售额的百分比(R&D),生产成本的削减等;有些学者,则用经济效益、社会效益和科技效益来划分;有些学者按直接经济效益增长、市场销售能力提高、产品制造能力提高、研究开发能力提高、创新管理能力提高来划分;还有一些学者则按照技术创新的投入和产出来划分。

创新是一个起始于科学研究与市场需求交互作用中的创新构思,战略性新兴产业通过新产品的设计、试制、生产而止于市场销售,是一个技术的创造、转换、应用和实现的复杂过程,其技术创新的新动力在于能给产业带来超额利润。技术创新是一个将知识、技能和物质转化为顾客满意的产品的过程,是知识的产生、创造和应用的进化过程,是信息交流,加工的过程,是关键资源成长的过程,是新兴产业提高技术产品附加价值和增强竞争优势的过程,是创新要素在创新目标下的流动、实现过程。战略性新兴产业在技术创新过程中所投入的技术创新能力才是产业通过技术创新所带来的超额利润的源泉。因此,战略性新兴产业可持续创新能力评价指标的设计,应从产业技术创新的过程来探讨。

在本研究中,以武汉东湖高新区的样本数据代表新兴产业数据,评价对比对象选取新兴产业节能环保、新一代信息技术、生物制药、高端装备制造、新能源。研究结合新兴产业创新能力指标体系建立的原则和技术创新过程的分析,并参考国内外学者对各类型产业创新能力评价的相关文献,本书从四个层次来构建战略性新兴产业创新能力的评价指标体系。

产业创新能力评价系统是一个复杂的系统,要系统地把本质及规律描述清楚,控制它达到预定的目标,需要建立科学合理评价指标体系。在对企业技术创新能力构成要素系统分析的基础上,依据建立企业技术创新能力评价指标体系的原则,经过初选和专家评议,构建企业技术创新能力评价指标体系和一个两层递阶决策模型的层次结构,第一层次为创新要素,包括四个指标类,第二层次为具体的指标项,包括三十八个指标。战略性新兴产业创新能力主要由四部分构成:前沿技术能力、商业模式运行能力、模块化组织能力和支持体系能力。考虑到战略性新兴产业数据的难获得性,本书主要采用实地考察、现场调研、问卷调查和由专家打分得到各指标数据。

通过第五章对战略性新兴产业持续创新能力体系的研究,战略性新兴产业持续创新能力是一个系统性强、综合性强的体系。因此,初步建立了一个覆盖面较广的战略性新兴产业企业持续创新能力初选指标体系,这套初选评价指标体系由 2 个层次 38 项指标构成。如下表所示:

表 6-1　战略性新兴产业持续创新能力初选评价指标体系

目标层	一级指标
核心技术(A)	研发投入强度(研发经费/产值)(A_1)
	科技人员占从业人员比例(A_2)
	科技人员培训支出(A_3)
	产业专利申请数(A_4)
	产业研究新技术的成果数量(A_5)
	有研发技术活动的企业数量(A_6)
	技术创新能力(A_7)
	产品生命周期缩短率(A_8)
	新技术对总产值的贡献度(A_9)
商业模式(B)	新技术的市场规模(B_1)
	新技术的质量满意度(B_2)
	产业之间的竞争程度(B_3)
	新产品新流程的商业化(B_4)
	企业家的创新精神(B_5)
	企业家对市场环境的预见能力(B_6)
	企业家的决策判断能力(B_7)
	消费者对新产品的接受能力(B_8)
	企业的品牌宣传能力(B_9)
	营销体制适应能力(B_{10})
	分销网络能力(B_{11})

续表

目标层	一级指标
模块化组织(C)	产品通过标准化的部件组装(C_1)
	跨部门的工作程序的标准化程度(C_2)
	成本管理的计划、程序和方法(C_3)
	销售商对企业的重要程度(C_4)
	网络化商业模式的重要程度(C_5)
	企业内部的战略目标性(C_6)
	企业内部运转的流畅性(C_7)
	企业文化的重要程度(C_8)
	企业获得外部信息的重要程度(C_9)
支持体系(D)	政府创新政策的扶持能力(D_1)
	财政税收的支持程度(D_2)
	市场的融资能力(D_3)
	创新人才的激励机制(D_4)
	灵活的人才能力(D_5)
	地方政府的支持能力(D_6)
	园区集聚发展的运营能力(D_7)
	大型国有企业的带动能力(D_8)
	中小企业自主创新的能力(D_9)

2. 战略性新兴产业持续创新能力指标体系的筛选

本书以战略性新兴产业、科研院所以及高校中对战略性新兴产业企业持续创新进行相关研究的29位专家组成专家组，采用现场访谈和调查问卷的方式进行调查。为了更好的体现持续创新能力要素指标的重要程度，请专家对每个指标进行打分，每项指标的满分为10分。

由于指标过多，本书仅仅以前沿技术为例，通过调研结果的处理，专家关于前沿技术的调查结果如下表。

表 6-2　战略性新兴产业持续创新能力专家意见评分表

专家指标	A_1	A_2	A_3	A_4	A_5	A_6	A_7	A_8	A_9
1	3	3	6	0	0	0	10	0	6
2	9	3	0	0	6	0	9	0	3
3	8	7	7	7	8	6	8	6	6
4	9	9	8	9	9	9	10	9	9
5	7	7	7	8	6	6	6	6	6
6	10	8	8	7	7	10	9	7	8
7	6	7	5	4	3	5	7	7	8
8	8	7	5	5	6	7	8	9	10
9	9	8	6	6	8	6	8	5	7
10	10	10	7	5	10	8	10	10	10
11	10	10	8	8	10	8	10	10	10
12	8	10	8	6	8	10	10	6	8
13	6	8	8	8	8	7	8	10	10
14	10	10	10	8	9	9	10	8	8
15	10	9	9	9	9	10	10	10	10
16	9	5	5	5	8	8	9	7	8
17	9	8	7	9	9	6	9	8	8
18	8	2	2	6	8	5	8	6	7
19	10	9	6	6	6	6	10	6	10
20	8	8	9	8	7	6	10	8	8
21	10	10	10	8	7	8	10	10	10
22	10	8	5	5	8	7	10	7	8
23	10	9	8	10	8	20	20	9	8
24	6	5	8	8	5	4	10	4	4
25	9	3	5	9	10	10	9	8	6

续表

专家指标	A_1	A_2	A_3	A_4	A_5	A_6	A_7	A_8	A_9
26	8	8	8	9	5	9	10	8	6
27	10	10	8	6	5	5	10	6	8
28	8	7	6	9	10	10	10	8	10
29	8	10	10	7	8	6	10	7	10

本书运用群组决策最大特征根法（GEM）来筛选战略性创新能力的指标，该方法认为专家组中每个专家有不同权重，并按群组决策中专家的各自权重来加权综合，被认为是迄今为止比较科学的方法。具体计算过程如下：

（1）通过运用MATLAB软件进行计算得出矩阵值

$$F = X^T X = \begin{bmatrix} 349 & 240 & 198 & 275 & 284 & 186 & 234 & 187 & 322 \\ 239 & 529 & 614 & 283 & 127 & 355 & 426 & 89 & 104 \\ 314 & 198 & 198 & 106 & 254 & 143 & 171 & 127 & 115 \\ 179 & 308 & 217 & 397 & 186 & 145 & 153 & 311 & 167 \\ 220 & 184 & 163 & 99 & 128 & 181 & 123 & 77 & 95 \\ 289 & 186 & 177 & 173 & 184 & 126 & 110 & 93 & 137 \\ 254 & 236 & 245 & 138 & 165 & 145 & 192 & 239 & 176 \\ 203 & 178 & 181 & 165 & 143 & 88 & 119 & 128 & 135 \\ 371 & 384 & 285 & 262 & 119 & 178 & 355 & 164 & 108 \end{bmatrix}$$

（2）计算得出最大特征根为单根，为 $\rho_{max} = 358.2271$ 对应的特征向量为

$$B^T = 0.2514 \quad 0.2730 \quad 0.1026 \quad 0.1573 \quad 0.2215 \quad 0.1938 \quad 0.1392 \quad 0.1247 \quad 0.1232$$

（3）对所得特征向量进行单位化。对特征向量进行单位化得：

$$B^T = (0.0537 \quad 0.0548 \quad 0.0319 \quad 0.0451 \quad 0.0523 \quad 0.0364 \quad 0.0558 \quad 0.0298 \quad 0.0584)$$

经分析研究剔除重要性小于0.05的因素，保留、研发投入强度 A_1、科技人员占从业人员比例 A_2、产业研究新技术的成果数量 A_5、技术创新能力 A_7、新技术对总产值的贡献度 A_9。

同理对商业模式（B）、模块化组织（C）、支持体系（D）三大板块进行筛选，得出初步的筛选结果。其中，商业模式的指标有新技术的市场规模 B_1、新技术的质量满意度 B_2、企业家的创新精神 B_5、对市场环境的预见能力 B_6、企业家的决策判断能力 B_7；模块化组织（C）的指标有跨部门的工作程序的标准化程度 C_2、

网络化商业模式的重要程度 C_5；支持体系（D）的指标有政府创新政策的扶持能力 D_1、财政税收的支持程度 D_2、市场的融资能力 D_3、创新人才的激励机制 D_4、灵活的人才能力 D_5、地方政府的支持能力 D_6、中小企业自主创新的能力 D_9。

第二节　战略性新兴产业持续创新能力的 DEA 模型构建

一、数据包络分析的理论与方法概述

DEA 是数据包络分析（Data Envelopment Analysis）的简称。它是由运筹学、管理学和数学等学科相互交叉发展所形成新的研究领域，这一理论是 A.Charnes 和 W.W.Cooper 等人在 1975 年首先提出的。

DEA 是使用数学规划（包括线性规划、多目标规划、随机规划等等）模型进行评价具有多个输入、特别是多个输出的“部门”或“单位”（称为决策单元）间相对有效性（DEA 有效）。根据对各决策单元观察数据判断其是否有效，本质上是判断决策单元是否位于生产可能集的“生产前沿面”上，生产前沿面是经济学中生产函数向多产出情况的一种推广，因此可以将 DEA 看作是一种非参数的统计估计方法。由于 DEA“天然”的经济背景，因此，依据 DEA 方法、模型和理论，可以直接利用输入和输出数据建立非参数的 DEA 模型，进行经济分析。

自 1978 年第一个 DEA 模型——CCR 模型建立以来，有关的理论研究不断深入，应用领域日益广泛，可以说 DEA 现已成为管理科学与系统工程领域一种重要而有效的分析评价工具，广泛应用于效率评价之中。由于数据包络分析法的诞生和目前的应用都比较深入地涉及一些生产和经济问题，因此接下来简要介绍一些基本的概念和理论。

二、数据包络分析方法的基本概念

1. 决策单元。一个经济系统或一个生产过程可以看成是一个单位（或一个部门）在一定的可能范围内，通过投入一定数量的生产要素并产生一定数量“产品”的活动，虽然这种活动的内容不尽相同，但目的都是尽可能的使这一活动取得最大的“效益”。由于产出是决策的结果，所以这样的单元被称为决策单元。在 DEA 中，使用较多的是同类型的决策单元。所谓同类型的决策单元，是指具有以下三个特征的决策单元集合：

具有相同的目标和任务；

具有相同的外部环境；

具有相同的输入和输出指标。

生产可能集。设某个决策单元在一项经济活动中的投入向量为 $x=(x_1,\cdots,x_m)^T$，产出向量为 $y=(y_1,\cdots,y_s)$，可用 (x,y) 表示决策单元的生产活动。

定义1　称集 $T=\{(x,y)\mid$ 产出 y 能用投入 x 生产出来$\}$ 为所有可能的生产活动构成的生产可能集。

定义2　设有 n 个决策单元，DMUj 从为实际观察到的生产活动所对应的投入产出向量分别为：$x_j=(x_{1j},x_{2j},\cdots,x_{mj})$ 和 $y_j=(y_{1j},y_{2j},\cdots,y_{mj})$，因此有 $(x_j,y_j\in T)$。并称由 (x_j,y_j) 组成的集合为参考集。

并且，生产可能集必须满足以下公理：

①凸性：对任意的 $(x,y)\in T$ 和 $(x',y')\in T$ 以及 $\mu\in[0,1]$，$\mu(x,y)+(1-\mu)(x',y')\in T$ 即如果分别以 x 和 x' 的产和 $(1-\mu)$ 倍之和作为新的输入，则可能得到原产出相同比例之和的新的产出。凸性表明 T 是一个凸集；

②锥性：若 $(x,y)\in T$ 且 $k\geqslant 0$，则 $k(x,y)=(kx,ky)\in T$，这表明若以原输入的 k 倍为新的输入，则得到原产出的 k 倍是可能的；

③无效性：设 $(x,y)\in T$，若 $x\leqslant x'$，则 $(x',y)\in T$，这说明在原来生产活动基础上增加投入或减少产出进行生产总是可能的；

④最小性：生产可能集 T 是满足上述三个条件的所有集合的交集，在满足四条公理的基础上，对已有的观测值 $(x_j,y_j)(j-1,\cdots,n)$ 可得：

$$T=\left\{(x,y)\left|k\sum_{j=1}^{n}\mu_j y_j\geqslant y,\mu_j\geqslant 0,\sum\mu_j=1,k>0\right.\right\}$$

若令 $k\mu_j=\lambda_j$，则有：

$$T=\left\{(x,y)\left|\sum_{j=1}^{n}\lambda_j x_j\leqslant x,\sum\lambda_j=1\right.\right\}$$

3. 数据包络分析评价基本模型

（1）CCR 模型。CCR 模型有两种表达形式，一种是分式规划形式，另一种是线性规划形式。分式规划形式具有工程方面的背景，是将科学工程效率的定义推广到多输入、多输出系统得到的。

定义3　$h_j=\dfrac{u^TY_j}{v^TX_j}$ 为第 j 个决策单元的效率评价指数对 DMU 进行 DEA 效率评价，我们可以通过规划模型本身选择权系数 u 和 v，在各个决策单元的效率评价指数不超过 1 的条件下使 h_0 最大，于是有如下 CCR 最优化模型。

$$(CCR')\begin{cases} \max h_0 = \dfrac{u^T Y_0}{v^T X_0} \\ s.t. \quad \dfrac{u^T Y_j}{v^T X_j} \leqslant 1 \quad j = 1,2,\cdots,n \\ u \geqslant 0, \\ v \geqslant 0 \end{cases}$$

CCR 模型的线性规划形式是基于凸性、锥性、无效性、最小性四项生产公理假设而得。通过 Charners-Cooper 变换，CCR 模型的分式规划形式等价地转化成线性规划形式，因此基于输入的 CCR 模型线性规划形式为：

$$(CCR)\begin{cases} \max \mu^T Y_0 \\ s.t. \quad w^T X_j - \mu^T Y_j \geqslant 0 \quad j = 1,2,\cdots,n \\ w^T X_0 = 0 \\ w \geqslant 0, \mu \geqslant 0 \end{cases}$$

其中，$t = 1/w^T X_0, w = tv, \mu = tu$，分式规划与线性规划是等价的。引入松弛变量 $s^+ \geqslant 0$ 和 $s^- \leqslant 0$，以及非阿基米德无穷小量，其对偶规划模型为：

$$(CCR-D)\begin{cases} \min \theta - \varepsilon(e_m^T S^- + e_m^T S^+) \\ s.t. \quad \sum_{j=1}^{n} X_j \lambda_j + S^+ = \theta X_0 \\ \sum_{j=1}^{n} Y_j \lambda_j - S^- = Y_0 \\ S^+ \geqslant 0, S^- \geqslant 0, \lambda_j \geqslant 0, j = 1,2,\cdots,n \end{cases}$$

非阿基米德无穷小量 ε 是一个大于零而小于任何正数的数；S^+, S^- 分别为输入输出松弛向量；$e_s = (1,1\cdots,1)^T \in R^S, e_m = (1,1,\cdots,1)^T \in R^m$

定理 1 设规划模型(5－5) 的最优解为 $\theta^*, \lambda^*, S^{-*}, S^{+*}$，若 $\theta^* = 1$ 且 $S^{-*} = S^{+*} = 0$，则称决策单元 DMU 为 DEA 有效(CCR 有效)。那么，决策单元的 DEA 有效性(CCR)等价于多目标规划问题的有效解：

$$(VP) = \begin{cases} V - \min F(X,Y) \\ (X,Y) \in T \end{cases}$$

其中 $X = (x_1, x_2, \cdots, x_m)^T$；$Y = (y_1, y_2, \cdots, Y_s)^T$；$F(X,Y) = [X - Y]^T$ 在 CCR

模型中，决策单元DEA有效同时必为技术有效和规模有效，CCR模型被称为满足规模收益不变(CRS)的DEA模型。

DMU的输入有效性是研究基于输入的CCR模型，即输出保持不变、输入最小；DMU的输出有效性是研究当输入保持不变、输出最大，得到基于输出的CCR最优化模型：

$$(CCR-O)\begin{cases} \max\alpha \\ s.t.\quad \sum_{j=1}^{n} X_j\lambda_j \leqslant X_0 \\ \sum_{j=1}^{n} Y_j\lambda_j \geqslant \alpha Y_0 \\ \lambda_j \geqslant 0, j=1,2,\cdots,n \end{cases}$$

BCC模型。在CCR模型中，其生产可能集T满足凸性、锥性、无效性和最小性。其中通过有效规模值来外推出最有效的决策单元行为就是“锥性”的作用，同时在整体水平上也能鉴别可能反映出的规模非有效性。如果“锥性”约束去掉，就可以严格地集中在单个决策单元的生产非有效性上。这样，同时评价规模有效性和技术有效性转为单纯评价技术有效性，与它是否规模有效无关。此时，生产可能集T为一个凸性多面体：

$$T=\left\{(x,y)\,\middle|\,\sum_{j=1}^{n}\lambda_j x_j \leqslant X, \sum_{j=1}^{n}\lambda_j y_j \leqslant Y, \sum\lambda_j = 1, \lambda_j \geqslant 0, j=1,2,\cdots,n\right\}$$

据此，可以建立BCC模型在生产可能集上进行DEA效率评价，其实质是需要增加约束条件，见模型：

$$(BCC)\begin{cases} \min\theta-\varepsilon(e_m^T S^- + e_s^T S^+) \\ s.t.\quad \sum_{j=1}^{n} X_j\lambda_j + S^- \leqslant \theta X_0 \\ \sum_{j=1}^{n} Y_j\lambda_j + S^+ = Y_0 \\ \sum_{j=1}^{n} \lambda_j = 1 \\ S^- \geqslant 0, S^+ \geqslant 0, \lambda_j \geqslant 0, j=1,2,\cdots,n \end{cases}$$

其中 $e_s=(1,1,\cdots,1)^T \in R^S, e_m=(1,1,\cdots,1)^T \in R^m$

定理2 设线性规划问题(6-9)的最优解为 $\theta^*, \lambda^*, S^{-*}, S^{+*}$，则有

①若 $\theta^*=1$ 且 $S^{-*}=S^{+*}=0$，则称DMUj为纯技术DEA有效；

②若 $\theta^{*}=1$，则称 DMUj 为纯技术弱 DEA 有效。

4. 数据包络分析评价结果分析

(1)投影值：考虑带有非阿基米德无穷小的决策单元的对偶规划问题，设其最优解为 θ^{*}，λ^{*}，S^{-*}，S^{+*}，令 $\overline{X}_0=\theta^{*}X_0-S^{-*}$，$\overline{Y}_0=Y_0+S^{+*}$ 则称 $(\overline{X}_0,\overline{Y}_0)$ 为对应的 (X_0,Y_0) 在 DEA 相对有效平面上的“投影”。$(\overline{X}_0,\overline{Y}_0)$ 为一个新的决策单元，若 $(\overline{X}_0,\overline{Y}_0)$ 为 DEA 在相对有效平面上对应的 (X_0,Y_0) 的“投影”，则 $(\overline{X}_0,\overline{Y}_0)$ 这新的决策单元相对于原来的 n 个决策单元，是 DEA 有效的 DMUj 在 DEA 相对有效面上的投影，实际上为改进非有效决策单元提供一个可行的方案，同时也指出非有效的原因。

(2)规模有效性。设 CCR 模型为不变，则当 CCR 求的规模的最优解唯一时，可通过定理 3 和定理 4 对所评价的决策单元进行规模效益分析。

定理 3 针对生产可能集中的决策单元 DMUj 所建立的 CCR 模型，其最优值 $\theta=1$，当且仅当 DMUj 为最大产出规模点。

定理 4 设上述 CCR 模型有唯一的最优解 $\lambda^{*}(j=1,2,\cdots,n)$ 和 $\theta^{*}<1$，若：$k^{*}=\sum_{j=1}^{n}\lambda^{*}<1$DMUj 为规模收益递增；若 $k*>1$，DMUj 为规模收益递减。

(3)经济含义。假设规模收益不变(CRS)的 CCR 模型，忽略规模大小对效率值的影响因素，也就是将纯技术效率和规模效率合并为整体效率，即“技术效率”将技术效率分解成两部分，同样应用相同的数据，发现 BCC 模型放松了对规模收益(RTS)的约束，仅仅以纯技术效率角度评价决策单元，其两个评价结果之比就是规模效率。

第三节　数据收集与检验：以武汉为例

为更好评价战略性新兴产业持续创新能力，我们通过建立一套科学、合理的评价指标体系，对战略性新兴产业企业进行实证研究。通过实证分析，可以验证评价方法和研究评价结果，为相关部门开展类似评价打下基础。本书选取武汉市具有代表性的 123 家战略性新兴企业，它们主要是节能环保、新一代信息技术、生物制药、高端装备制造、新能源新材料、北斗卫星及地理信息等行业。通过发放调查问卷与实地考察等形式，获取相关分析数据，并对所获得的定量与定性数据进行整理与检验分析，使评价更具科学性与合理性。

一、实证对象的选择

本书选择战略性新兴产业为实证对象,选取的地点是武汉市东湖高新技术开发区(也称:中国光谷),是国家级自主创新示范区,国家列为重点建设的六大高新区之一,也是中国第一个光电信息产业基地。到 2012 年,东湖高新区的新一代信息技术、生物产业和节能环保等产业集聚效应明显,其战略性新兴产业产值占到全武汉市的 45.6%。2015 年武汉市战略性新兴产业规模以上工业产值增长 9.8%,高于全市平均增幅 3 个百分点,占全市工业比重近 15%。样本的选择非常具有代表性,是综合考虑了战略性新兴产业的创新区域性和产业集中性的特征。具体是基于以下几个方面的考虑:

1. 武汉传统产业门类齐全。武汉是典型的老工业城市,各类工业部门比较齐全,有一批钢铁、汽车、石油化工等传统支柱产业,拥有不错的产业基础,可是产业整体实力却不够强,在战略性新兴产业与传统产业之间的衔接、关联企业紧密对接、构建完整产业链方面还有所欠缺,比如缺乏具有竞争力的产业集群,重点培育的战略性新兴产业,如高端装备制造、节能环保、生物医药、新能源新材料、新一代信息技术等高科技产业,尚需进一步由龙头企业形成带动效应。

2. 武汉是承接东部产业转移重点区域,又对西部产业发展有重要指引作用。由于武汉市高新技术产业和服务业等新兴产业还有待进一步发展空间,特别是在东部沿海产业转移大浪潮中,武汉也与其他中西部城市一样,积极参与其中。承接东部沿海产业战略转移不仅能引进相关新兴产业的先进企业,壮大新兴行业规模,为实现战略支点作用准备条件,更重要的是可以提高武汉市战略性新兴产业的整体竞争力,为优化产业区域布局,推进产业集群化发展、巩固中部中心城市地位做充分准备。武汉先天的承接优势,又为广大的中西部产业发展起到重要的指引作用。

3. 武汉具有无可比拟的交通区位优势和科技优势,为战略性新兴产业奠定坚实基础。武汉市素有"九省通衢"之美誉,在交通、区位和市场等方面拥有便利的条件。在交通方面,武汉是我国中部的交通枢纽,交通网囊括了航空、铁路、水运、公路、电信等,能够较强满足新兴产业的发展需求;在市场方面,武汉是中部最大的货物流通中心和货物集散地,同时也是规模较大的商品贸易中心。除此之外,光谷的科技优势是多数开发区无法比拟的:汇集了武汉大学、华中科技大学等 42 所高等院校,56 个中央及省部属科研院所,1 个国家实验室、21 个国家重点实验室和 700 多个技术研发机构,55 位两院院士、30 多万名专业技术人才、110 多万名在校大学生，还有国内一流的武汉生物技术研究院和武汉新能源研究院。

4. 战略性新兴产业不同程度发展并初具规模。2015 年，新一代信息技术产业是武汉战略性新兴产业的主引擎，规模以上工业产值占全市战略性新兴产业比重达到 44.5%，同比增长 16.7%，对全市战略性新兴产业增长的贡献率为 71.6%，拉动全市战略性新兴产业增长 7 个百分点。其余六大产业中，新能源汽车产业延续了高速增长态势，增速达到 25.7%；高端装备制造和新能源产业 2015 年开始企稳回升，增速分别达到 12.7%和 11.1%，高于全市战略性新兴产业平均水平；节能环保和生物产业受格力、美的、启瑞等骨干企业产值下降影响，增速分别为 2.5%和 2.6%；新材料产业受武钢等企业钢铁新材料产值下降影响，发展相对缓慢，产值下降 4.6%。

5. 东湖高新区具有较强的战略性新兴产业基础。比如信息技术产业，武汉新一代信息技术产业已初步具备较强的产业基础。网络基础设施在全国处于领先地位，是国家主要通信枢纽之一；光通信产业规模较大，实力较强，尤其是光纤光缆、光电器件、光传输的研发实力处于全国先进水平，下一代交换设备研发起步也走在国内先进行列；集成电路产业取得突破性进展，建成了华中地区第一条 12 英寸集成电路生产线；武汉市是国内首批三网融合试点城市之一，目前已实现电信和广电网络融合体制机制创新。云计算行业应用平台正在积极筹建中，云计算产业基础已显现雏形。再比如东湖新技术开发区的环保行业，它的烟气脱硫技术，可独立完成 30 万千瓦及以上机组烟气脱硫工程的设计、施工、设备成套、调试；以凯迪水务等公司为基础的污水治理板块，可独立完成日处理 40 万吨污水处理工程的总承包；以华丽环保等公司为基础的绿色环保材料及包装板块，具备可塑淀粉降解材料高技术产业化和规模化生产绿色包装产品的能力。

6. 东湖高新区作为重点建设的六大高新区之一，区域内企业不但能够享受国家的优惠政策，而且可以享受地方政府扶持政策。2015 年东湖高新区完成战略性新兴产业规上产值近千亿元，占全市战略性新兴产业比重超过一半。建立了战略性新兴产业引导基金理事会，印发引导基金实施办法（试行）以及 5 个内部管理办法，筹集到位财政资金 2.8 亿元，正式启动基金运作。目前，已设立武汉东湖经纬天使投资基金（筹），该子基金总规模 8500 万元，引导基金出资 3400 万元，主要投资于先进制造、工业互联网和新材料等产业的初创期企业。新办的内资高新技术企业，经企业申请，税务机关批准，从投产年度起，两年内免征所得税；高新技术企业自认定之日起，减按 15%的税率征收所得税，出口产品产值达到当年总产值70%以上的，经税务部门核实，减按10%的税率征收所得税。

7. 对战略性新兴产业近期发展规划定位清晰。“十三五”时期，武汉将全力推动产业动力升级和结构调整。一方面，系统推进国家全面创新改革试验，坚持需求导向和产业化方向，沿着产业链部署创新链，完善人才链、资金链和政策链，加快构建以企业为主体、“五链统筹”的产业创新体系，基本建成国家创新型城市、具有全球影响力的产业创新中心；另一方面，遵循新一轮科技革命产业变革的规律趋势，着力构建“现有支柱产业——战略性新兴产业——未来产业”有机更新的“迭代产业体系”，推动产业迈向中高端水平，形成两个产值过5000亿元产业和若干过2000亿元产业，形成一批具有全国影响力的行业领军企业，推进国家创新中心、先进制造业中心和商贸物流中心建设取得显著进展。全力实施五大“倍增计划”，即“工业万亿倍增计划”“战略性新兴产业倍增计划”“现代服务业倍增计划”“产业创新能力倍增计划”与“市场主体倍增计划”。

8. 武汉战略性新兴产业与东湖高新区发展所呈现的不足正是我国该产业发展的折射与写照。武汉战略性新兴产业虽然有良好的发展基础，但不足也表现明显。一是产业核心企业发展不够，整体规模不大，企业规模普遍偏小，辐射带动作用不强，集群效应不明显。二是自主创新能力提升不够，武汉市企业在战略性新兴产业的核心技术、关键零部件和关键原材料方面，仍处于追赶阶段。三是体制机制改革创新不够，一些关键环节和重点领域改革滞后、创新不够，影响了战略性新兴产业的发展。四是市场导向作用发挥不够，还存在政府职能错位、越位、缺位现象。五是产业人才队伍建设不够，人才流失现象比较严重，高端领军人才缺乏。同时，东湖高新区发展规模大，创立了独特的孵化器机制，但是产学研战略联盟的协调不强、创新践行力度还不大、产业集群效应未充分体现、创新激励机制的不完善等，也实际上折射出我国战略性新兴产业培育持续创新能力的普遍情况，非常具有代表性和象征性。

二、问卷调查设计和问卷调查

1. 问卷调查设计

“战略性新兴产业持续创新能力评分赋权调查问卷”和“战略性新兴产业持续创新能力调查问卷”，以现代战略性新兴产业持续创新能力评价模型指标体系为设计基准，设计了一系列的调查问题。

其中，“战略性新兴产业持续创新能力调查问卷”分为两个部分：一部分是企业的持续创新能力评价的定量指标体系，共14个指标，包括企业员工总人数、科技人数、科技经费支出等评价创新能力的相关指标；另一部分是企业持续创新能力评价定性指标体系，请专家们对创新能力的诸如企业家创新精神、企业的组织文化性等定性指标打分，来判断影响战略性新兴产业创新能力的因素指标。具体内容如下表：

表 6-3　企业持续创新力评价定量指标体系

序号	测评指标	请根据贵企业的实际情况填写
1	企业员工总人数	
2	科技（或研发）活动人员数	
3	科技（或研发）经费总支出	
4	实施科研项目的数量	
5	实施科研项目的成功率	
6	科研成果的实际采用大约比率	
7	科研成果进行商业化大约比率	
8	销售收入	
9	销售利润	
10	新产品（技术）带来的销售收入	
11	新产品（技术）产生的销售利润	
12	技术转让收入	
13	发明专利申请数目	
14	专利申请的成功率	

2. 数据收集和整理

本书数据收集的渠道主要有两个：一是查阅武汉市有关的经济统计文献，二是邀请武汉市各高新区管委会的干部和专家，以及武汉东湖高新区战略性新兴企业的管理者，依据其自身的理论知识和实践经验，填写问卷，进行打分。

共对 162 家企业进行了调查，调查对象主要为生物制药行业和信息技术行业，发放问卷 162 份，剔除数据不完整以及不合格的问卷，最后有效问卷为 123 份。

在问卷收集上来后，由于搜集的原始数据既有定性的，也有定量的，类型不尽相同，因此需要对问卷的有效性进行进一步的检验，以增加数据的科学性和合理性,为得到有效的实证结果做好前期基础。

三、样本数据的统计与分析

1. 样本数据的统计

经过问卷的收集,得到战略性新兴产业的定量数据,原始数据如下表,由于篇幅有限,本书仅列出部分企业2012年原始数据。本书以构建战略性新兴产业企业持续技术创新能力体系作为模型的输入、输出指标。研究开发能力输入指标分别为科技人员投入人数和科技经费总支出,输出指标分别为实施科研项目的成功率、实施科研项目的成功率和科研成果进行商业化大约比率;持续创新转化能力输入指标与研究开发能力输入指标相同,输出指标分别为新产品(技术)带来的销售收入、新产品(技术)产生的销售利润,力求从最大程度上体现产业创新方面的产出能力。

表6-4　2012年部分战略性新兴企业持续创新能力原始数据(单位:人/万)

测评指标企业	华工＊＊	＊＊光电	武大＊＊	电信＊＊	＊＊信息	＊＊网络	＊＊工程	凯瑞＊＊	＊＊医药	光庭＊＊	康＊＊	＊＊＊医药
企业员工总人数	110	205	546	1900	1432	90	163	114	7225	619	1248	27
科技活动人员数	70	94	446	450	777	45	35	63	1927	537	324	3
科技经费总支出	680	695	1364	12000	9177	500	60	343	38086	898	520	130
实施科研项目的数量	4	14	18	40	23	10	10	13	151	14	183	
实施科研项目的成功率	75%	100%	100%	96%	85%	50%	90%	77%	85%	92%	90%	100%
科研成果的实际采用大约比率	85%	90%	100%	98%	70%	60%	89%	90%	96%	91%	100%	100%
科研成果进行商业化大约比率	73%	90%	80%	98%	70%	50%	78%	70%	90%	96%	90%	100%
销售收入	2660	6011	8031	125000	75975	5000	3369	5055	531709	7359	9000	25
销售利润	505	1004	1343	9000	4813	1000	2516	822	69584	2316	300	23

续表

测评指标企业	华工＊＊	＊＊光电	武大＊＊	电信＊＊	＊＊信息	＊＊网络	＊＊工程	凯瑞＊＊	＊＊医药	光庭＊＊	康＊＊	＊＊＊医药
新产品（技术）带来的销售收入	786	5700	8031	85000	47625	2000	2613	1650	231876	5083	200	25
新产品（技术）产生的销售利润	120	950	1343	6000	4120	500	639	281	56147	719	40	23
发明专利申请数目	3	4	7	150	13	4	10	13	16	18	5	2
专利申请的成功率	100%	0%	100%	95%	88%	75%	20%	77%	90%	33%	80%	100%

注：为有效保护企业隐私与商业秘密，对涉及相关企业的名称进行有效处理。

2. 样本数据的分析

为了保证原始数据的可靠性和稳定性，本书采用信度与效度对调查问卷进行分析，避免在调查问卷设计的过程中的一些失误。

（1）样本数据的信度分析

Spear 最早提出信度概念，信度主要是指测量结果的可靠性、一致性和稳定性，是对被测者真实特征的稳定体现。β 系数常用于定距尺度的测试量表，其公式如下：

$$\alpha = \frac{n}{n-1}\left|1 - \frac{\sum_{i=1}^{n} S_i^2}{S^2}\right|$$

其中，n 为问卷的指标数目，S_i^2 为企业在第 i 项指标上的方差；S^2 为企业的方差。α 系数越大，说明调查问卷的信度越高，α 系数越小，说明调查问卷的信度越低。

当 $\alpha > 0.9$ 时，说明信度非常好；$0.7 < \alpha < 0.8$ 说明信度比较好，还属于可以接受的范围内；如果 $\alpha < 0.7$，则说明信度不高，需要进行问卷的修订或者删减问卷的指标。

本书使用 SPSS 对原始数据进行信度分析，得出 Cronbach 的 $\alpha = 0.753$，信度尚处于可以接受的范围之内。

（2）样本数据的效度分析

效度，即测量工具对测量对象的测量能力，也就是说测量工具可以在多大程度上测量所要测量的东西。效度系数越高，表示评价的特质越接近理想状态，一般而言，效度可分为内容效度、准则效度和构念效度三种类型。因此，本书对构念效度进行检验主要采用因子分析法，因子负荷值越大（通常大于 0.5），表示收敛效度越高。对本书采用因子分析分别对东湖高新区战略性新兴企业持续创新能力的 8 个定性维度进行分析，从分析结果中各个维度均提取一个因子。由下表看出设计的调查问卷具有良好的构念效度。

表 6-5　战略性新兴产业持续创新能力定性指标的构念效度检验

指标统计量	KMO 检验值	Bartkett 检验卡方值	显著性水平	特征根	累计方差贡献率（%）
核心技术（A）	0.7754	588.1	0	2.114	75.580
商业模式（B）	0.8359	627.5	0	5.511	74.035
模块化组织（C）	0.8413	235.1	0	4.682	85.227
支持体系（D）	0.7480	414.6	0	9.105	87.113

第四节　基于 DEA-Malmquist 指数的实证评价

采用 DEA 方法评估效率，其优势在于无需人为给定各指标的权重，也无需预先给定生产前沿面的生产函数形式，同时它能处理多个输出和多个输入。因此，这种方法用于区域科技效率分析有自己独特的优势。但是，无论是 CCR 模型还是 BBC 模型都是对各个企业在同一时间点上的状况进行横向的比较分析，在挖掘历史数据的深层信息方面，尤其在通过历史数据的比较，形成对未来趋势的判断方面，DEA 方法还存在明显的不足。但是如果在 DEA 的基础上，引入 Malmquist 指数，使用 DEA-Malmquist 指数分析方法对战略性新兴产业创新的运行能力进行评价，不但可以分析不同时期决策单元的效率演化，而且可以将 Malmquist 指数分解为技术变化率和资源配置变化率。

一、基于 DEA-Malmquist 指数的实证结果与分析

要评价战略性新兴企业持续技术创新能力的生产率变动，首先，要依据武汉市战略性新兴企业持续创新能力的特点，确定包括评价指标；其次，需要对评价

指标的数据可得性问题进行充分考虑。投入指标和产出指标的选择与静态条件下持续技术创新的评价相一致,并且所需数据应将截面数据或时间序列数据扩展为面板数据。由于调查能力有限,很难获取较长时间序列的面板数据,根据DEA模型投入的规模收益不变、规模收益可变的特性以及2010—2012年样本数据,利用DEA中的EMS软件计算得出武汉市战略性新兴企业持续技术创新能力的生产率变动情况,如下表所示。

表 6-6 武汉市战略性新兴产业持续技术创新变动生产率

企业 年份指标	2010—2011 年			2011—2012 年			2010—2012 年		
	Mi	TC	AC	Mi	TC	AC	Mi	TC	AC
华工＊＊	1.140	1.140	1.000	1.056	1.066	0.991	1.098	1.103	0.995
＊＊光电	1.044	1.034	1.010	1.001	1.001	1.000	1.023	1.018	1.005
武大＊＊	1.016	1.016	1.000	1.071	1.071	1.000	1.044	1.044	1.000
电信＊＊	1.021	1.017	1.004	0.986	1.086	0.908	1.004	1.052	0.954
＊＊信息	1.004	1.012	0.992	1.019	0.986	1.033	1.012	0.999	1.013
＊＊网络	1.054	1.043	1.011	1.021	1.009	1.012	1.038	1.026	1.011
＊＊媒体	1.027	1.013	1.014	1.031	1.021	1.010	1.029	1.017	1.012
凯瑞＊＊	1.010	1.006	1.004	1.014	1.027	0.987	1.012	1.017	0.996
＊＊医药	1.029	1.015	1.014	1.103	1.048	1.052	1.066	1.032	1.033
光庭＊＊	1.042	1.107	0.941	1.108	1.072	1.034	1.075	1.090	0.987
康＊＊	1.038	1.019	1.019	1.074	1.139	0.943	1.056	1.079	0.979
＊＊＊医药	1.046	1.024	1.021	1.094	1.075	1.018	1.070	1.050	1.020
＊＊数据	1.145	1.145	1.000	1.114	1.123	0.992	1.130	1.134	0.996
企业平均	1.047	1.045	1.002	1.053	1.056	0.998	1.050	1.051	1.000

表 6-7 武汉市战略性新兴企业创新转化能力 Malmquist 指数及分解

企业 年份、指标	2010—2011 年			2011—2012 年			2010—2012 年		
	Mi	TC	AC	Mi	TC	AC	Mi	TC	AC
华工＊＊	1.012	1.027	0.985	1.076	1.018	1.057	1.044	1.023	1.021
＊＊光电	1.131	1.095	1.033	1.310	1.075	1.219	1.221	1.085	1.125

续表

企业 年份、指标	2010—2011年			2011—2012年			2010—2012年		
	Mi	TC	AC	Mi	TC	AC	Mi	TC	AC
武大**	1.035	1.081	0.957	1.018	1.017	1.001	1.027	1.049	0.979
电信**	1.073	1.057	1.015	0.995	1.008	0.987	1.034	1.033	1.001
**信息	0.986	1.045	0.944	1.118	1.032	1.083	1.052	1.039	1.013
**网络	1.158	1.053	1.100	1.015	1.021	0.994	1.087	1.037	1.048
**媒体	1.030	1.158	0.889	1.028	1.026	1.002	1.029	1.092	0.942
凯瑞**	1.131	1.054	1.073	1.160	1.052	1.103	1.146	1.053	1.088
**医药	1.041	1.012	1.029	1.097	1.083	1.013	1.069	1.048	1.021
光庭**	1.056	1.036	1.019	1.063	1.036	1.026	1.060	1.036	1.023
康**	1.123	1.023	1.098	1.078	1.074	1.004	1.101	1.049	1.050
***医药	1.035	1.033	1.002	1.019	1.192	0.855	1.027	1.113	0.923
**数据	1.049	1.067	0.983	1.127	1.121	1.005	1.088	1.094	0.995
企业平均	1.066	1.057	1.010	1.085	1.058	1.027	1.076	1.058	1.017

在上表中,Mi指Malmquist综合指数,衡量随时间变化而带来生产率变化的指数,指数大于1,说明生产率变动是呈上升趋势,否则,生产率变动下降;TC指技术变化率,是指在给定一组投入要素不变的情况下,新兴产业创新实际产出与最大产出之比;AC指技术效率变动(或者叫资源配置变化率),是指在给定技术条件下,生产给定产出的投入的最佳组合,该指数说明资源配置效率的高低。根据以上实证结果,我们进行以下分析。

1. 研究开发能力分析

(1)从综合增长变动及增长结构情况来看。由战略性新兴产业研究开发能力的Mi综合指数可以看出,新兴产业企业平均都在1以上,说明这些企业的研究开发能力的综合增长变动整体是呈上升趋势的,但是从研究开发能力增长的结构看,三年间战略性新兴产业研发能力效率的增长主要来自于技术进步(新兴产业创新产出方面的提高),而不是新兴产业资源配置效率的改善技术进步为研究开发能力效率的年增长平均贡献了5个百分点,有力地推动了新兴产业创新效率的增长,而资源配置效率贡献却为0个百分点,新兴产业创新效率对技术进步的依赖性是显而易见的。

(2)从技术变化率TC来看,近三年来整体技术进步都很快,达到了1.050,其中技术进步最快的企业均为信息技术行业,由此可见信息技术行业竞争十分激烈,企业和企业之间的差距也非常大。而生物制药行业企业之间的差距相对小一些。而且,作为更新换代速度飞快的信息行业,研究开发能力非常重要的,该行业的企业对研究开发能力也格外重视,相比生物制药行业的研究开发投入力度也会更大。

(3)从资源配置效率AC来看,2010—2012年来资源配置效率没有发生变化,整体对研究开发能力的综合增长贡献仍然停留在原地,而其中2010—2011年,资源配置效率对研究开发能力的综合增长贡献为2个百分点,比技术变化率的贡献率只低2.5个百分点,但是2011—2012年资源配置效率不仅没有起到正面的贡献作用,还在一定程度上起束缚作用,负贡献为1个百分点,这充分说明了我国对战略性新兴产业虽然重视,投入力度也大,但是在新兴产业的体制等这些软件设施方面却没有跟上,从而在某种程度上阻碍了研究开发能力的发展。

(4)从各企业之间的的差异看,资源配置效率比较低的多为国有控股有限公司;资源配置效率最高的是股份制公司。可以看出,股份制企业资源配置效率明显优于有限责任公司(包括民营和国有)。这在某种程度上说明,股份制企业的活力更强,也说明当前新兴产业发展的深层次原因并没有得到解决,推进新兴产业体制和机制改革,建立有效的中长期激励机制,让员工的研发潜能得以充分发挥,让企业的资源配置达到最大化,这些落脚点实质上还是应该要对企业进行股份制改造,只有把新兴企业建设成真正意义上的股份公司,才能让企业的资源配置效率进一步地得到提高,才能有效地激励员工。

(5)新兴产业科研能力与创新转化能力增长构成变动存在着另一个显著的特征:当技术进步促进科研能力效率上升时,总会遭受资源配置效率下降对科研能力效率的不利影响,而很少出现两者同时增长的情况。根据DEA的测度原理,技术进步主要指生产前沿面的抬升。推动新兴产业技术前沿面抬升了,武汉市涉及的企业均属于信息行业,按道理来说这些行业的资源配置效率一般都是有效的,但是事实并非如此,有可能是精英企业和落后企业之间的差距不断拉大,优秀企业使得生产前沿面的抬升速度在加快,而落后企业越来越远离生产前沿,导致资源配置效率损失严重。

2. 创新转化能力分析

对创新转化能力的分析思路与研究开发能力分析思路一致,分析结果大致相同,在此不再赘述。

二、结论及政策建议

一是从Malmquist指数及结构分解计算的研发能力与创新转化能力的变化看，我国战略性新兴产业创新效率的总体增长主要来源于技术进步的贡献，资源配置效率的下滑对新兴产业创新效率的增长造成了不利影响。每当技术进步促进科技创新效率上升时，总会遇到来自资源配置效率下降的束缚。

上述发展结果是我国技术进步与战略性新兴产业资源配置体制矛盾运动的外在表现。在技术创新与体制创新的矛盾运动中，技术创新虽然有波动，却呈螺旋式上升的态势，而战略性新兴产业资源配置体制的变化，在近年却遭遇了天花板效应，虽然各部门重视新兴产业的发展，在某个阶段或者时间点上在政策上给予一些优惠和鼓励，但是并没有从根源上创造出适合新兴产业发展的大环境，从而使得资源配置效率不稳定，并且在2011—2012年资源配置体制的束缚效应逐步显现和放大，捆绑了技术进步对新兴产业创新效率的贡献。因此，在全球新兴产业大力推进的浪潮中，如今的资源配置体制已难适应可持续创新的发展要求，我们应该从客观上要求实施力度更大的体制和机制创新。

二是从企业间产业创新效率的变动看，股份制背景的战略性新兴企业的资源配置效率明显高于民营和国有的有限责任公司的资源配置效率，却和企业的规模没有关系。

上述结果进一步说明，战略性新兴产业创新效率的持续提升是实体性资源（人力、财力和物力）投入和体制性资源（科技资源配置体制和管理体制）投入综合推动的结果。股份制企业既是具有更强的和更完善的自我约束，更灵活的自我发展的经营管理机制，能够使实体性资源得到充分的发挥。资源配置体制创新（如市场机制建立、企业体制的完善）则使实体性资源的效能得到充分发挥。因此，若想战略性新兴企业创新转化能力与效率得到提升，必须使用双轮驱动战略：一是加大实体资源的投入力度，二是积极推进战略性新兴产业的管理体制改革。

第七章

案例研究:构建基于 FCE 的生物产业持续创新能力模型

第一节　生物产业发展现状与未来趋势:以武汉为例

本章通过对典型地区、重点产业进行分析,以期有效分析战略性新兴产业持续创新能力的支持板块。选择武汉生物产业为研究样本。

生物产业是当今世界经济中正在蓬勃兴起和迅猛发展的一个战略性新兴产业。它是以生命科学和生物技术为基础的知识密集型产业,由生物医药、生物医学工程、生物制造、生物农业等产业构成的庞大产业群①。

在国际金融危机期间许多行业发展受挫、甚至濒临倒闭的情况下,全球生物产业表现出了广阔的发展前景和强大的发展势头。目前,全球生物产业销售额几乎每 5 年翻一番,销售额以年均 30%以上的速度增长,增长速度是世界经济平均增长率的近 10 倍。2014 年全球生物市场销售总额突破 2 万亿美元,预计到 2020 年,生物医药占全球药品的比重将超过三分之一,将成为全球经济发展的主导产业。预计在 2020 年后,美、欧、日三地的生物产业占据了全球生物产业的 90%以上。我国生物产业在 2014 年达到 3. 16 万亿元,占 GDP 比重由三十年前的 1. 28%上升到 2014 年的 4. 63%,即将成为中国下一个支柱产业。由此可见,生物产业已成为国际金融危机后各国高度重视发展的产业,并且该产业以积极的抗风险能力成为各国关注的焦点。

① 中国工程科技发展战略研究院 . 2015 中国战略性新兴产业发展报告[M]. 北京:科学出版社,2015.

一、生物产业特征分析

1. 生物产业总体特征

一是前景巨大。2013 年我国生物医药制造业和医疗器械分别实现产值 2.1 万亿元和 1900 余亿元，同比增长 18%左右。未来三年，我国生物产业产值年均增速有望超过 20%。生物医药产业方面，我国化学药和中药行业仍为主导，是拉动整个行业快速增长的主要力量。世界最大的医药与健康市场咨询公司（IMS Health）预计到 2015 年，全球药品消费量将达 1.1 万亿美元。

二是研发周期长。生物医药开发需要从由基础研究、靶标发现、药物设计、临床前动物实验、一期临床、二期临床、三期临床、审批和上市等阶段组成，其中基础理论研究、临床前研究均为 2 年左右，而临床研究则需要 5 年左右，而每个研究阶段完成后才能进入下一阶段研究，在此之前都要经过国家审核通过，每次审核时间为 3 个月左右，总共 5 次审核，所需时间为 1.5 年左右。因此，生物耗费时间很长，通常为 9～12 年。

三是研发投入高。在生物医药研发过程中，需要进行成千上万次的试验才可能产生研究成果。而研发的原料试剂价格很高，这就决定了其原料试剂的高投入。此外，研发生物医药需要的设备专业性强，需要购买先进的生产小试、中试设备和实验室检测仪器，进行实验动物药理学、毒理学实验，进行人体安全性实验和有效性实验，购买后期的工业化生产和检测设备等，因此生物新药的研发投入是巨大的。

四是研发风险大且成功收益高。要成功研发出一种新药，需要从 1 万多个有活性的化合物筛选出 250 个左右进行临床前的动物实验，其中只有大约 5 个能被批准进行临床试验，而在这个候选化合物中，只有 1 个有可能成为药品。也就是说，新药基础研究阶段成功的概率为 5%，临床前研究阶段成功的概率为 20%，临床研究阶段成功的概率为 1%左右。从以上数据比较可以看出，药品上市销售前研发的风险是极大的①。同时，收益与风险并存是生物产业的重要特征之一。生物医药的利润回报率很高，一种新生物药品上市 2～3 年即可收回所有投资。尤其是拥有新产品、专利产品的企业，一旦开发成功便会形成技术垄断优势，利润回报高达 10 倍以上。

五是市场进入壁垒高。医药产品与人类的健康和安全息息相关，各国都对

① Pharmaceutical Research and Manufactures of America.

医药产品的研发、生产、管理和销售等过程采取了严格的法律手段予以规范和管理。我国也逐渐加大了对药品监管的力度,制定了一系列的管理法规和标准,如临床前动物实验要执行 GLP(Good Laboratory Practice)、临床实验要执行 GCP(Good Clinical Practice)、药品生产需要执行 GMP(Good Manufacture Practice)、药品上市流通要执行 GSP(Good Supply Practice)等,使得行业外企业难以进入这一领域①。

2. 生物产业技术生命周期特征

(1)技术研发期。处于该阶段的机构需要进行产品研发的基础研究和中试研究,取得初步实验室规模产品后进行临床前动物研究。一般需要 2~5 年的时间,并以取得国家食品药品监督管理局的临床批件为标志。这一阶段的技术研发风险大,不确定性因素多,企业价值低且规模小。此研发阶段只有专利技术这一无形资产,新技术、新产品与新实验的应用领域和治疗效果还不明朗,在人体使用安全性和有效性不明确,开发成功时间与研发成本不确定,产品能否进入临床不清晰。

(2)技术突破期。处于该阶段的机构通过了临床前动物药效学和毒理学考察,对产品的安全性和有效性有了动物实验数据的支持。一般需要 3~5 年的时间,并以取得新药证书为标志。这一阶段已经开始进行产品研发的基础研究和中试研究,取得初步实验室规模产品后进行临床前动物研究,并取得了分别在健康人群和患者上进行人体安全性和有效性考察。这一阶段对比于上一时期,研发失败的风险已经大幅降低,企业因取得临床批件而无形提高了价值。

(3)技术生产期。处于该阶段的机构完成临床实验,购买生产和检测用的设备,并筹备生产厂房的建设。一般需要 2~5 年的时间,可能取得新药证书(如果是新药的话)。这一阶段主要集中在生物制药企业对生产工艺的进一步摸索,对生产线进行认证,组建产品销售营销渠道,以及进行产品上市销售的临床推广。这一阶段发展前景明朗,研发的风险基本消失了,影响企业发展的不确定因素大为减少,企业风险随之降低,企业价值提升最快,但需要投入资金也非常巨大。

(4)技术商业期。处于该阶段的机构已有多个产品在市场上销售,具有一定的市场占有率。一般在产品上市 2 年左右的时间,就开始取得投资回报。这

---

① 杨幼瑶. 基于生命周期的生物制药企业之融资策略研究[D]. 厦门大学硕士论文,2014.

一阶段一方面生产经营顺畅，企业的经营规模不断扩大；另一方面一般会增加研发投入，争取长期高速发展寻求新的产品，或者开展对行业内发展方向一致的处于初创期的小公司进行并购，或者进行产品或业务多元化发展，向产品上游或下游并购，以降低企业生产成本和经营风险。当然，此时存在的最大风险也来源于两个方面，一是产品在市场化过程中出现问题，需要召回或挽救名誉损失，如"胶囊药"问题。二是在多元化经营过程中出现投资失败等。

表 7-1　生物产业技术生命周期各阶段的表现特征

生命周期	大约所需要的时间	划分标志	投资风险
技术研发期	2~5 年	临床批文	最大
技术突破期	3~5 年	新药证书	较大
技术生产期	2~5 年	GMP 证书和药品批准文号	最小
技术商业期	—	多个产品批准文号	较小

二、武汉生物产业发展概况

为使研究更具精准性、针对性，本章在实地调研基础上，以武汉市生物产业为样本，构建生物产业持续创新能力理论模型。选择武汉生物产业作为研究样本，主要原因有以下几个方面：

一是企业发展重点突破，优势产品不断涌现。武汉市生物医药企业规模持续扩大，重点企业纷纷落户。2015 年全市规模以上生物医药企业预计总计 81 户，较"十一五"末增加 20 户，产值过亿元企业 37 户，过 5 亿元企业 8 户，过 15 亿元企业 3 户，高新技术企业 22 户。人福集团预计 2015 年产值突破 100 亿元，将成为我市首个产值过百亿元医药企业。"十二五"期间，药明康德等 16 家上市公司，国药集团、华大基因等一批国内行业领军企业纷纷来汉发展，国药集团旗下中国最大的医疗器械营销企业——中国医疗器械公司总部、全国首个自主研发的基因测序仪生产基地——深圳华因康基因测序仪生产基地、天津天士力研究院光谷分院、全国第二大的人用狂犬疫苗生产企业广州嘉合等重点项目均已布局武汉。

在创新驱动下，武汉市生物医药重点产品不断延伸拓展，创新产品持续涌现。"十二五"前四年，武汉市累计获批的新药及仿制药注册批件 2739 个，医疗器械注册证 2029 个，武汉国家生物产业基地在研重大新药 196 个，其中 17 个正在申请药品批准文号,19 个进入临床,52 个正在申报临床批件。创新药物研发取得突破性进展,武汉抗病毒药物、纳米药物的科研成果即将实现产业化突破,将开拓新的特色产业领域。人福医药"重组质粒—肝细胞生长因子注射液""注射用重组人肿瘤坏死因子相关凋亡诱导配体""重组腺病毒—肝细胞生长因子注射液"三个一类新药正在进行 II 期临床,禾元生物的植物源重组人血清白蛋白在国际上第一个完成临床前安全性评价研究。武汉华大基因的二代测序设备成为全国首个获批的临床基因测序诊断设备,安翰光电研发了全球首个可控式胶囊内窥镜。

二是创新能力不断增强,创新体系日渐完善。武汉高校和科研单位密集,高端人才和研发人员汇聚。拥有生物相关领域国家重点实验室 6 个,国家临床试验基地(GCP)16 个,药物临床前安全评价中心(GLP)2 个。生物相关领域两院院士 20 名,千人计划 16 名,"3551 人才计划"385 名。武汉 69 所高校每年可为生物医药产业输出科研人才 6 万余人。同时,优势企业的创新平台建设成效显著。武汉市目前在生物相关领域有国家认定的企业技术中心 4 个,国家工程技术研究中心 6 个,省认定企业技术中心 34 个,省工程研究中心 16 个,省工程技术研究中心 52 个,省工程实验室 12 个。企业研究与开发(R&D)投入逐年增加,人福医药、生物所、远大医药等一批龙头企业历年研发投入占公司销售收入均达到 5%以上,其中人福医药 2014 年新药开发费用超过 4 亿元。

武汉创新体系的发展突飞猛进,竞争力迅速提升。中国科学院与武汉市联合共建的生物安全四级实验室(P4 实验室)是亚洲首座、全球仅有的 10 个生物安全实验室之一。我省首家新型产业技术研究院——武汉生物技术研究院,整合武汉高校、院所、企业的优势资源,为企业自主创新和产业升级提供技术支撑,并承担了 2 项国家重大新药创制平台类专项。2014 年"光谷生物城"在科技部开展的全国生物园区综合评比中排名第二,其中基础竞争力和可持续竞争力位居第一。

三是国际合作全面展开,国际竞争力稳步提升。武汉"十二五"期间积极引进全球知名企业和项目落地。现已聚集了来自美、英、意等国家的 40 多家生物与医药领域外资企业,其中包括美国辉瑞、德国费森尤斯卡比等 7 家"世界 500 强"企业。费森尤斯卡比与武汉"老字号"李时珍药业联手,共建抗肿瘤药物生产基地及研发中心,是世界 500 强生物医药企业在华中设立的首个生产基地;喜康(武汉)公司与美国通用医疗集团携手,在光谷建立全球首个模块化生物制药工厂;全球最大的遗传基因工程研究中心美国杰克森实验室与菲沙基因共建基因组医学研究中心落户武汉生物技术研究院。

武汉本地龙头企业的国际影响力也在逐步提升。人福医药集团投资 3 亿元在非洲马里设厂并已投产，具有武汉“基因”的输液（塑瓶）、糖浆已大量供应西部非洲市场，满足整个西非地区的市场需求；人福普克零缺陷通过美国 FDA 认证，实现高端制剂出口全面突破，标志着该公司生产、质量和管理体系正式被国际主流标准接受和认可，并在美国设立了研发销售中心，形成了“研发销售在美国，生产在武汉”的经营模式；远大医药收购德国 Cardionovum GmbH 公司，引进了心血管介入药物洗脱球囊项目。

生物医药产业作为武汉市重点发展的战略性新兴产业之一，近年来持续保持快速发展的态势。“十二五”前四年，武汉市生物医药产业规模以上工业总产值由 2010 年的 83.4 亿元增加至 2014 年的 250.7 亿元，年均增长速度达 31.7%，高出全市平均水平 18.9 个百分点。2015 年来，受部分医药企业 GMP 认证、医改政策调整以及人福医药武汉地区统计口径调整等因素影响，生物医药产业增速有所放缓。1—11 月，生物医药产业完成规模以上工业总产值 231.5 亿元，同比增长 3.6%，较去年同期回落 12.2 个百分点，低于全市规模以上工业增速 2.9 个百分点。预计全年可完成产值 270 亿元。

武汉生物产业以生物健康产业为代表，集中在武汉光谷生物城。2007 年获国家发改委批复建设，2008 年底正式开工。七年来，通过建设国际化专业园区、

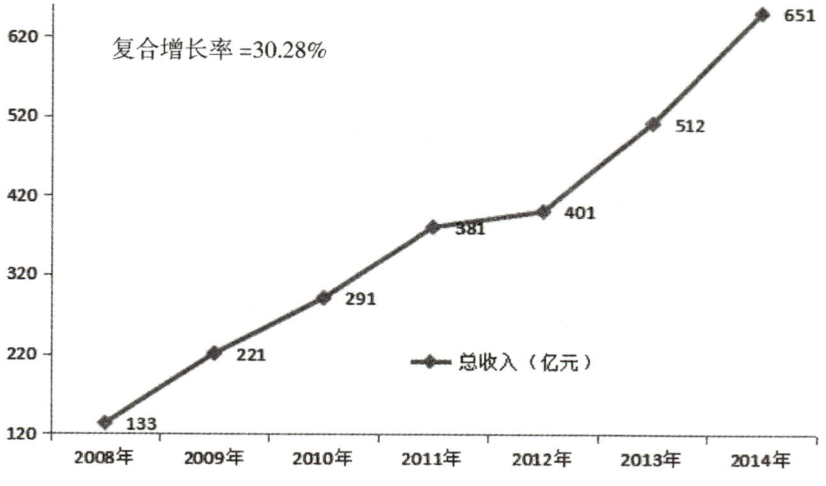

图 7-1　2008—2014 年光谷生物城产业总收入增长曲线

引进培育市场主体、坚持开展自主创新、推进资本和产业深度融合、优化综合发展环境等措施，东湖高新区实现了生物产业“从无到有，从有到优”的跨越式发展。在科技部中国生物技术发展中心 2014 年 10 月发布的中国生物医药园区发展情况调研报告中，光谷生物城产业综合实力位列全国 108 个生物产业园区第二名，其中基础竞争力和可持续发展竞争力全国第一。2008—2014 年，光谷生物城生物产业年均增长率保持在 30%以上。2015 年，光谷生物城完成生物健康产业总收入 802. 15 亿元，同比增长 23. 15%，完成规模以上工业总产值 364. 56 亿元，同比增长 18. 54%。目前，已集聚各类生物企业 900 余家，收入过亿元企业 49 家，人福集团和国药集团实现了双“百亿”企业的突破。

光谷生物城依托专业园区的建设，针对生物医药、生物医学工程、生物农业、生物服务、个体化医疗、智慧医疗等产业开展了集群化的重点培育。同时，紧跟国际产业发展前沿，加大力度培育和布局特色产业领域，在基因工程药、干细胞治疗、基因检测、数字医学影像、智慧医疗方面加强了培育力度，形成了一定比较优势。例如，在化学药制剂领域，已成为全国最大的抗病毒处方药生产基地，建设了全国首个 cGMP 标准的软胶囊出口生产基地；在生物医用材料领域，拥有全国唯一的可诱导冻干同种异体脱钙组织工程骨产品，全球首个小口径仿生人造血管和肺动脉带瓣管道已进入国产创新医疗器械特殊审批通道等。

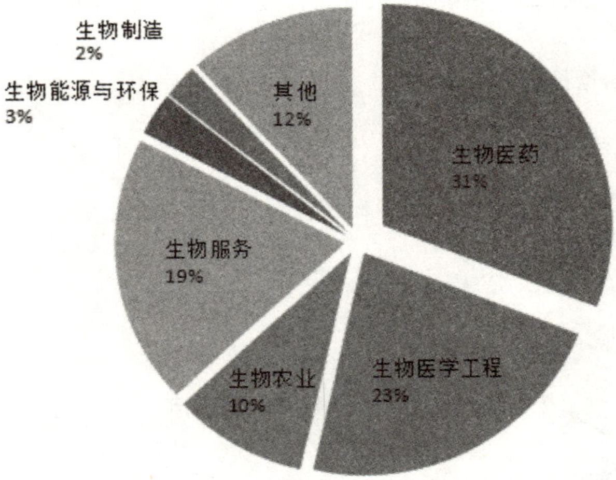

图 7-2　光谷生物城产业分布

三、武汉生物产业发展原因及制约因素

武汉生物产业迅猛发展、生物经济初现端倪，主要缘于两个方面的主要原因：

一是生物产业将成为中国经济发展的新引擎。在生物科技革命推动下，“低碳经济”与“绿色增长”成为世界经济发展主题，生物产业有望成为全球支柱性产业之一，并在技术研发、商业模式、产品形态、流通方式等领域逐步形成一批新兴超级经济业态。目前全球生物产业的销售额约每五年翻一番，增长率高达25%～30%，是世界经济增长率的十倍左右。随着中国医疗卫生体制改革持续推进，新版 GMP 改造、基本药物招标、医保全覆盖、生物发酵产能调整、农业科技示范、仿制药一致性评价、药品医疗器械审评制度创新等各类政策陆续出台，生物产业行业监管力度的加大，将改变原有产业盈利模式和竞争格局，推动国内生物产业新一轮洗牌，生物产业结构的升级调整将成为新经济增长的重要动力之一。在应对社会老龄化、保障人口健康、发展大健康产业的形势下，中国有望在十年内成为全球第二大生命科学与医疗市场，对生物技术产品、医疗健康服务的消费需求将大幅提升。

二是武汉生物产业正面临经济发展良好的宏观环境。从国家层面看，生物产业是战略性新兴产业的内容之一。从地方层面看，省市政府高度重视生物健康产业的发展。2015 年在湖北省生物健康产业领导小组会上就明确，“十三五”期间湖北省要将生物健康产业打造成全省战略性新兴产业的“三驾马车”之一，武汉市建设国家创新型城市的动员大会上明确将生物健康产业列为了下一步武汉市重点发展的三大战略性新兴产业（信息技术、生命健康、智能制造）之一。同时，光谷生物城隶属东湖高新区，是国家第二个自主创新示范区，同时也是“两型”社会综合配套改革试验区和国家改革创新试验区的核心区域。东湖高新区也明确了“十三五”经济发展的“双引擎”为光电子信息和生物健康产业，并要全面参与国际竞争。“一带一路”、长江经济带、长江中游城市群建设、全面创新改革试验区、国家自主创新示范区条例和“大光谷”战略等一系列重大战略让东湖高新区生物健康产业面临巨大的历史机遇。

尽管生物产业发展迅猛，但影响它持续创新的制约因素还有很多。主要表现在：一是国内产业竞争明显加剧。目前各省市纷纷把生物产业作为重点战略产业加快发展，对各类高端生物技术项目、人才的争夺十分激烈。光谷生物城产业整体实力还缺乏较强竞争力，区域特色优势不够明显，产业规模不大，产业布

局不够优化，园区基础设施建设配套不完善，政策措施支持力度不够，审批机制创新不足，公共服务平台较少，市场流通秩序有待规范，在生物产业招商引资、引智方面的吸引力还需进一步增强。

二是缺乏引领带动性强的龙头企业。目前光谷生物园除人福和国药集团整体规模突破百亿元之外，在生物农业、医疗器械、生物服务、生物制造、生物能源、生物环保等"十二五"重点发展领域，还没有收入超过20亿元的企业。企业分布小而散，细分领域短板明显，导致产业凝聚力和带动性偏低，无法有效整合资源，整体竞争力不足。龙头企业的自主创新实力还有待提升，中小型生物企业研发投入占销售收入比重普遍偏低，一批有优势和潜力的研发成果转化依然迟缓。同时，受近年国内外经济形势变化、原料等生产经营成本提高等因素影响，生物产业发展下行压力较大。

三是产业发展环境有待改善。生物新产品和新技术大多需要通过医院政府采购进入市场，目前政府集中采购缺乏支持本地企业产品推广的法规文件，同时医院采购需求的确定一般要经过多个环节，加之创新产品成本普遍较高，与市场上成熟的同类产品的竞争力不足，企业自身推广存在一定困难，本地产品面临着"墙里开花墙外香"的困境。

四是市场化融资渠道有待进一步拓宽。生物产业是高投入、高风险、长周期的产业，市场进入门槛较高，国内生物产业普遍缺乏从事不同阶段投资的专业性投资机构，也存在金融机构融资力度不大、担保机构融资增信服务不积极等现象。生物初创期中小企业由于信用、资产抵押条件不足，获得融资的渠道较为单一，多来自政府政策资金支持，金额较少，企业发展受到资金不足的制约，难以做大做强。

第二节　构建基于FCE的生物产业持续创新能力模型

一、持续创新能力模糊综合评价模型构建

在评价测度过程中，权重对评价结果会产生较大的影响，根据权重的确定方法将测度方法大致划分为两类：一类为主观赋权法，如层次分析法、Delphi法，多是采用综合咨询评分的定性方法；另一类方法为客观赋权法，即根据各指标间相关关系或各项指标值的变异程度来确定权数，主要特点是降低了人为因素带来

的偏差。基于数据获取的困难性以及产业持续创新能力评价本身的特殊性原因，本书利用模糊综合评价法来进行研究。

基于可持续性新兴产业持续创新能力评价模型的主要特点，是分成综合评价和动态分级两个部分对传统产业持续创新能力进行评价。

其中，综合评价模型主要有两个作用：一是首先通过模糊综合评价方法得出所有能力要素的指数，判断能力要素相互匹配情况；二是获得战略性新兴产业持续创新能力综合评价指数，进而判断样本产业持续创新能力所处的生成阶段。模糊综合评价法（Fuzzy Comprehensive Evaluation，简称 FCE）用隶属函数来描述差异的中间过渡，由于可以较好地解决综合评价中的模糊性（如事务类属间的不清晰性、评估专家认识上的模糊性等），因而更加适用于评价因素多、结构层次多的对象系统。在应用模糊综合评价法时，从最低层开始，逐级计算。

设评价指标集 $U=\{u_1,u_2,\cdots,u_n\}$，评价等级集 $V=\{v_1,v_2,\cdots,v_n\}$ 和权重集 $W=\{w_1,w_2,\cdots w_3\}$，其中 $\sum w_i=1$。

逐个对每个因素 $u_j(i=1,2,\cdots,n)$ 上进行量化得到模糊关系矩阵 R。

$$R=\begin{bmatrix} r_{11} & \cdots & r_{1m} \\ \vdots & \ddots & \vdots \\ r_{n1} & \cdots & rnm \end{bmatrix}_{n\times m}$$

其中，R_{ij}表示某个被评事物从因素 u_i 来看对 v_j 等级模糊子集的隶属度。可表示为：

$$R_{ij}=\frac{k_{ij}}{n}$$

k 为参加评价的专家总数，k_{ij} 表示为 k 个专家认为的 i 个底层指标属于第 j 个等级。

利用模糊综合评价可以有效的处理人们在评价过程中本身带有的主观性，以及客观所遇到的模糊性现象。模糊综合评价通常按以下的步骤进行：

1. 确定评价因素集合 $U=\{u_1,u_2,\cdots,u_n\}$

2. 确定评价等级标准集合 $V=\{v_1,v_2,\cdots,v_n\}$

3. 确定隶属度矩阵

（1）定性指标隶属度的确定方法

定性指标是指人们在判断一个事物时无法用定量的方法表达出来，而通常采用一些具有模糊意义的表述，如：合理、一般等。

本书采用百分比统计法,该方法是直接将被评价对象的评级结果进行百分比统计并将结果作为该指标的隶属度。隶属度的确定方法如下(以单层次综合评价方法为例):

对于评级因素论域中的元素有 m 个,评价等级论域中有 n 个等级,其评价结果为:$R_{ij}(i=1,2,3\cdots,m;\ j=1,2,3,\cdots,n)$ 。设有 H 位评价者参与评价,对于评价者 k 对评价对象 i 的评价结果 $u_{i1}^{k},u_{i2}^{k},\cdots,u_{in}^{k}(k=1,2,\cdots,H)$ 来说, u_{i1}^{k}, $u_{i2}^{k},\cdots,u_{in}^{k}$ 中有一个分量为 1,其余分量为 0,见下表,表中评语元素每行中只有一个为 1,其余全部为 0。隶属度矩阵的确定由下式计算得到。

$$R_{ij}=\sum_{k=1}^{H}u_{ij}^{k},i=1,2,\cdots,n$$

式中 u_{ij}^{k} 表示评价者 k 对评价对象 i 的评价结果; H 为邀请的评价者数目; m 为评价对象个数;n 为评价等级数。由 R_{ij} 构成判断矩阵为 R 。

表 7-2　某一专家给出的定性指标评价结果

评级对象 / 评级等级	1	2	3	……	n
1	0	0	1	0	0
2	1	0	0	0	0
3	0	0	1	0	0
……	0	0	0	0	1
m	0	1	0	0	0

(2)定量指标隶属度的确定方法

线形分析法是常用的确定定量指标隶属度的方法,该方法首先在一个连续的区间上确定一系列具有分界点作用的值,然后将实际指标通过线形内插公式进行处理,即可得该指标值对应的隶属度。

本书采用环境科学中广泛应用的半梯形分布函数作为隶属度函数,具体方法如下所述:

设评价指标因素集 $X^{T}=\{x_1,x_2,\cdots,x_m\}$,评价等级标准 $V=\{v_1,v_2,v_3,\cdots,v_n\}$,设 v_j 和 v_{j+1} 为相邻两级标准,且 $v_{j+1}>v_j$,则 v_j 级隶属度函数为:

$$r_1=\begin{cases}1-r_0 & x_i\leqslant v_1\\ \dfrac{v_2-x_i}{v_2-v_1} & v_1<x_i<v_2\\ 0 & x_i\geqslant v_2\end{cases}$$

$$r_2=\begin{cases}1-r_1 & x_i\leqslant v_2\\ \dfrac{v_3-x_i}{v_3-v_2} & v_2<x_i<v_3\\ 0 & x_i\leqslant v_1\text{ 或 }x_i\geqslant v_3\end{cases}$$

$$r_j=\begin{cases}1-r_{j-1} & x_{j-1}\leqslant x_i\leqslant v_j\\ \dfrac{v_{j+1}-x_i}{v_{j+1}-v_j} & v_j<x_i<v_{j+1}\\ 0 & x_i\leqslant v_{j-1}\text{ 或 }x_i\geqslant v_{j+1}\end{cases}$$

根据上式,计算评价指标 i 隶属于评价等级 j 的隶属度 r_{ij},生成隶属函数 R。

$$R=\begin{bmatrix}r_{11} & r_{12} & r_{13} & \cdots & r_{1n}\\ r_{21} & r_{22} & r_{23} & \cdots & r_{2n}\\ \cdots & \cdots & \cdots & \cdots & \cdots\\ r_{m1} & r_{m2} & r_{m3} & \cdots & r_{mn}\end{bmatrix}$$

4. 进行多层次综合评价

以二级综合评价为例,主要包括以下四步:

(1)将评价指标按属性归类,分层排列成具有层次结构的评价指标体系。其中,第一层为评价总目标 V;第二层为评价准则层,对评价总目标划分,记为:$U=\{U_1,U_2,\cdots,U_N\}$;第三层为评价指标层,对第二层因素 $U_i(i=1,2,\cdots,n)$ 划分,记为:$U_i=\{U_{i1},U_{i2},\cdots,U_{in}\}$ $(i=1,2,\cdots,n)$,对于不同指标层 U_i,n 的取值是不同的。相对应地确定指标的权重,设 U 层指标权重向量为 W, $W=\{w_1,w_2,\cdots,w_n\}$;

U_{in} 相对于 U_i 指标权重向量为 W_i,$W_i=\{w_{i1},w_{i2},\cdots w_{in}\}$ $(i=1,2,\cdots,n)$。W_i、W_{ij} 满足关系式:

$$0\leqslant w_i,w_{ij}\leqslant 1,\ \sum_{i=1}^{n}w_i=\sum_{i=1}^{n}w_{ij}=1$$

(2) 建立评价结果集合 V

该步骤或单层次模糊综合评价中建立评价结果集合意义相同。

$V=\{v_1,v_2,\cdots,v_m\}$

(3) 进行一级因素的综合评价

即按某一类的各个因素进行综合评价。设对第 $i(i=1,2,\cdots,N)$ 类中的第 $j(j=1,2,\cdots,n)$ 元素进行综合评价,评价对象隶属于评价结果集合中的第 $k(k=1,2,\cdots,m)$ 个元素的隶属度为 $r_{ijk}(i=1,2,\cdots,N;j=1,2,\cdots,n;k=1,2,\cdots,m)$,则该综合评价的单因素隶属度矩阵为:

$$R_i=\begin{bmatrix} r_{i11} & r_{i12} & r_{i13} & \cdots & r_{i1n} \\ r_{i21} & r_{i22} & r_{i23} & \cdots & r_{i2n} \\ \cdots & \cdots & \cdots & \cdots & \cdots \\ r_{im1} & r_{im2} & r_{im3} & \cdots & r_{imn} \end{bmatrix},i=1,2,\cdots,N$$

于是第 i 类因素的模糊综合评价集合为:

$$B_i=W_i*R_i=(w_{i1},w_{i2},\cdots,w_{in})\begin{bmatrix} r_{i11} & r_{i12} & r_{i13} & \cdots & r_{i1n} \\ r_{i21} & r_{i22} & r_{i23} & \cdots & r_{i2n} \\ \cdots & \cdots & \cdots & \cdots & \cdots \\ r_{im1} & r_{im2} & r_{im3} & \cdots & r_{imn} \end{bmatrix}$$

$$=(b_{i1},b_{i2},\cdots,b_{im})$$

式中:$i=1,2,\cdots,N$;B 为 B 层第 i 个指标所包含的各下级因素相对于它的综合模糊运算结果;bi 为 B 层第 i 个指标下级各因素相对于它的权重;R_i 为模糊评价矩阵。

(4)进行二级因素的模糊综合评价

最底层模糊综合评价仅仅是对某一类中的各个因素进行综合,为了考虑各类因素的综合影响,还必须在类之间进行综合。进行类之间因素的综合评价时,所进行的评价为单因素评价,而单因素评价矩阵应为最底层模糊综合评价矩阵:

$$B=W\cdot(B_1,B_2,\cdots,B_N)^T=(w_1,w_2,\cdots,w_N)\cdot(B_1,B_2,\cdots,B_N)^T$$

二、数据收集与检验:以武汉生物产业为例

1. 数据收集和整理

依然沿用第六章的权重,问卷设计、调查也与第六章一样,但是调查对象主要为生物制药行业,剔除数据不完整以及不合格的问卷,最后有效问卷为 56 份。

在问卷收集上来后,由于搜集的原始数据既有定性的,也有定量的,类型不尽相同,因此需要对问卷的有效性进行进一步的检验,以增加数据的科学性和合理性,为得到有效的实证结果做好前期基础。

2. 样本数据的统计与分析

表7-3 2014年部分生物企业持续创新能力原始数据

测评指标企业	＊＊医药	凯瑞＊＊	吉＊＊	中美＊＊	＊＊生物	＊＊孵化
企业员工总人数	8934	20	13	125	100	70
科技活动人员数	651	10	9	79	35	45
科技经费总支出	60789.2	0.7	20	1028.68	554	3200
实施科研项目的数量	164	15	8	20	4	35
实施科研项目的成功率	1	0.6	0.9	0.96	3	0.4
科研成果的实际采用大约比率	0.9	0.6	0.1	0.96	0.75	0.143
科研成果进行商业化大约比率	0.9	0.6	0	0.98	0.75	0.27
销售收入	1000000	0	50	1785	2300	10000
销售利润	100000	0	15	97.16	600	5600
新产品(技术)带来的销售收入	301241	0	0	1785	200	3000
新产品(技术)产生的销售利润	50000	0	0	97.16	150	1450
技术转让收入	0	0	0	1769.5	0	3300
发明专利申请数目	230	3	1	55	3	6
专利申请的成功率	100%	100%	100%	98%	100%	100%

注:本表格单位人为个数,资金为万元,项目为个,比率为%。

(1)样本数据的统计。经过问卷的收集,得到生物产业的定量数据,原始数据如下表,由于篇幅有限,本书仅列出部分企业2014年原始数据。本书以构建战略性新兴产业企业持续技术创新能力体系作为模型的输入、输出指标。研究开发能力输入指标分别为科技人员投入人数和科技经费总支出,输出指标分别为实施科研项目的成功率、实施科研项目的成功率和科研成果进行商业化大约比率;持续创新转化能力输入指标与研究开发能力输入指标相同,输出指标分别为新产品(技术)带来的销售收入、新产品(技术)产生的销售利润,力求从最大程度上体现产业创新方面的产出能力。

(2)样本数据的分析。为了保证原始数据的可靠性和稳定性,本书采用信度与效度对调查问卷进行分析,避免在调查问卷设计过程中的一些失误。

①样本数据的信度分析

本书继续使用 SPSS 对原始数据进行信度分析,得出 Cronbach 的 $\alpha = 0.781$,信度尚处于可以接受的范围之内。

②样本数据的效度分析

本书继续采用因子分析法对光谷生物产业持续创新能力的 8 个定性维度的构念效度进行统计性检验,从分析结果中各个维度均提取一个因子。由下表看出设计的调查问卷具有良好的构念效度,8 个定性维度的统计性质非常好,说明本数据比较具有代表性。

表 7-4 生物产业持续创新能力定性指标的构念效度检验

指标统计量	KMO 检验值	Bartkett 检验卡方值	显著性水平	特征根	累计方差贡献率(%)
核心技术(A)	0.8591	698.4	5%	8.659	83.756
商业模式(B)	0.8937	543.6	5%	12.443	79.663
模块化组织(C)	0.7946	359.2	5%	4.591	84.491
支持体系(D)	0.8233	433.7	5%	7.732	86.483

第三节 基于 FCE 的生物产业持续创新能力实证研究

一、确定指标权重

根据我们调查问卷中专家的实际评分,运用 AHP 软件得到各级指标权重结果。具体如下表所示(由于篇幅限制,对于二级指标不再全部列出,只列出权重排序为前 5 的指标):

表 7-5　评判矩阵和权重

一级指标	权重	排序位次	二级指标	权重	排序位次
A	0. 2158	2	A_7	0. 3945	1
			A_1	0. 2068	2
			A_9	0. 1793	3
			A_2	0. 07941	4
			A_5	0. 04977	5
B	0. 1933	3	B_6	0. 3324	1
			B_5	0. 2860	2
			B_7	0. 1966	3
			B_2	0. 0952	4
			B_1	0. 04274	5
C	0. 2132	4	C_2	0. 59371	1
			C_5	0. 3962	2
			C_8	0. 0832	3
			C_9	0. 0759	4
			C_1	0. 0622	5
D	0. 3731	1	D_4	0. 3926	1
			D_1	0. 2185	2
			D_3	0. 1748	3
			D_2	0. 07931	4
			D_5	0. 05073	5

根据以上表格,以及第六章中战略性新兴产业持续创新能力指标体系的初步筛选的分析,我们得到能力指数体系:战略性新兴产业持续创新能力指数(o)、前沿技术能力指数(A)、商业模式能力指数(B)、模块化组织能力指数(C)、支持体系能力指数(D)。

在完成以上工作之后,获得了新兴产业持续创新能力在不同阶段的基准值、在不同层次上的权重,接下来将进行样本产业的静态评估。具体思路如下:

根据样本产业的指标值和相应的权重值,通过模糊综合评价方法可以计算出样本新兴产业的前沿技术能力指数(A)、商业模式能力指数(B)、模块化组织能力指数(C)、支持体系能力指数(D)、进而得到新兴产业持续创新能力指数。实际上,这已经在一定程度上反映了样本产业的持续创新能力。这一结果是基于实际产业的调查值所获得的分数,可以直观、清晰地看出样本产业在不同指标上的得分以及得分指数和综合指数的影响。从而,我们便可初步了解被测样本产业的持续创新能力水平,这个分数是静态分析得到的结果,也为之后判定其级别奠定了基础。

二、持续创新能力综合评价

专家对能力指标的评级结果分为 5 个级别:优秀、良好、中等、较差、很差,分别记 5、4、3、2、1 分;邀请了专家对各项指标进行打分,打分结果如下表,然后得到模糊转换矩阵 R。这里以支持体系能力指数 D 的计算过程为例。

表 7-6　专家打分情况表

二级指标	三级指标	指标重要性					指标评价				
		5	4	3	2	1	5	4	3	2	1
模块化组织(C)	企业家创新精神										
	企业家对环境的预见能力										
	项目管理决策能力										
	职能结构的完整性										
	内部协调顺畅性										
	企业的组织文化性										
	企业管理激励机制										
	企业家任用机制										
	企业信息管理创新能力										
核心技术(A)	科研经费支出										
	科研人员数量										
	人员培训支出										
	科研开发成功率										
	企业自主专利率										

续表

二级指标	三级指标	指标重要性					指标评价				
		5	4	3	2	1	5	4	3	2	1
商业模式（B）	产品生产成本降低率										
	科研成果转化率										
	新产品销售利润增长率										
	对消费者的了解能力										
	产品的市场占有率										
	企业品牌能力										
支持体系（D）	财政税收扶持能力										
	政策创新扶持能力										
	市场融资能力										
	创新人才激励能力										
	灵活的人才能力										

支持体系能力指数 D 模糊转换矩阵为：

$$R_D=\begin{bmatrix}0.33 & 0.58 & 0.08 & 0 & 0\\ 0.17 & 0.75 & 0.08 & 0 & 0\\ 0.17 & 0.67 & 0.08 & 0.08 & 0\\ 0.33 & 0.5 & 0.08 & 0 & 0\\ 0.17 & 0.5 & 0.25 & 0.17 & 0\end{bmatrix}$$

进行一级模糊综合评价，得到关系能力指数 Di：

$$D=(0.2052,0.0724,0.1668,0.3689,0.0639)\times RD$$
$$=(0.2419,0.5016,0.0838,0.0246,0)$$

$Di=0.2419\times5+0.0.5016\times4+0.0838\times3+0.0246\times2=3.5162$

依此类推，根据数据整理关于战略性新兴产业持续创新能力调查问卷整理结果得到的实际分数以及利用 AHP 软件得到各级指标权重结果，我们得到能力指数体系值：前沿技术能力指数（A）= 4.0158、商业模式能力指数（B）= 3.8143、模块化组织能力指数（C）= 2.9915。战略性新兴产业持续创新能力指数体系如下图：

如图所示，生物产业持续创新能力的各项指数发展并不是十分均衡，其中模

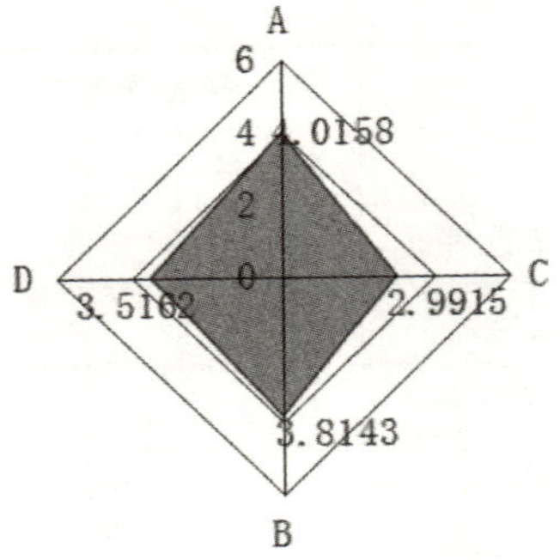

图 7-3　生物产业持续创新能力指数体系

块化组织能力指数(C)和支持体系能力指数(D)比较低。说明战略性新兴产业还需在项目管理决策能力、企业管理激励机制、内部协调顺畅性、市场融资能力、创新人才激励能力、政策创新扶持能力等方面尚需加强。

而从整体上来看,这种不平衡的发展境况也从某种程度上可以反映出战略性新兴产业可持续创新力量分散的深刻原因。

一是创新企业主体权责定位不清,政府部门行政干预角色过重。按理来说,战略性新兴产业的主要落脚地高新区不同于一般行政区,应该是一种区域经济体,有着自身独特的经营特点和运行规律。但是当前我国绝大多数高新区都采取行政区划型的管理模式,高新区管委会作为地方政府的派出机构,具有较大的管理权限,政府部门行政职能干预过多。特别是随着高新区创新结构的基本稳定,原有的依靠行政指令式的推进模式无法充分发挥市场的自调节功能,不利于高新区创新要素的合理流动和优化配置,难以形成创新产业间良好的科技竞争氛围。政府部门受科技创新收益的驱使,经常直接使用创新资源参与生产,对园区经济的支持保障作用不够明显。

二是知识激励制度尚不完善,股权激励的实现方式落后。国际新兴产业普遍采用股票期权的创新激励方法,其激励与约束并存、收益与风险同在,是稳定企业和员工关系的“金手铐”。而我国当前战略性新兴产业的主体单位,特别是很多私营企业仍然沿用比较落后的有限责任公司制度,对于高技能人才和科研人才,并没有形成前有力的激励机制,尽管有些企业采用科技股权分红的制度,但也仅仅只是根据科技贡献程度给予员工事后的经济奖励,缺乏持续期内股权收益的相关约束条件,无法将员工的预期收益与企业未来发展相结合。企业员工的离职成本较低,难以稳定员工和企业之间的经济联系。我国战略性新兴企业现有的激励政策偏重于短期生产效益,尚未完全建立知识、技术作为主要生产要素参与分配的创新激励机制,知识产权化、技术货币化、科研人员持股等激励政策仍处于探索阶段。

三是不同战略性新兴产业的创新支持政策差异小。不同的企业类型乃至产业部门具有不同的技术基础和经济特征,这种差异性也决定了政府在制定创新政策时需要充分考虑不同企业类型以及产业之间的特征和差异性,从而建立和完善差异化的创新政策体系。创新政策体系必须与一个国家的产业发展战略、与不同产业的技术经济特征相结合、与不同企业类型相适应、与产业的不同发展阶段特征相符合。中国的创新政策体系应该从致力于促进研发活动的政策向创造一个创新友好型的政策体系转变;从“千人一面”的政策措施向针对具体情况精细调节、体现差异性的政策措施转变,以为创新提供满足其政策需求的向更为精巧复杂的创新支持政策转变。如政府创新基金的投资方式如果采取单一的直接补贴方式,往往不能充分发挥基金对企业创新的引导和推动的作用。创新基金需要通过多样化的投资方式,充分调动企业研发创新的积极性,最大限度的引导和推动企业进行研发创新。

第八章

推动战略性新兴产业持续创新能力政策研究

第一节　基础板块:增强国家战略的引导创新能力

随着市场需求与技术进步,自中华人民共和国成立以来国家确定的扶持产业不断调整,扶持政策不断出台,而在 2008 年次贷危机后,各国纷纷调整产业战略,增强国家战略的引导创新能力。在这种背景下,我国应适时进一步营造良好创新的政策环境,充分发挥宏观政策引领作用和统筹区域政策协调作用,有序明确产业中长期规划,调整产业扶持机构,整合产业扶持政策,建立统一质量标准,并且要充分参与国际市场竞争。

一、营造良好创新的政策环境

1. 发挥宏观政策的引领作用

近年来我国出台了一系列鼓励创新、促进发展、推动产业的政策与措施,在一定时期促进经济与产业发展起到了积极作用。据不完全统计,我国推出的产业政策数量与范围早已超过了以产业政策著称的日本。但是,现有的制度体系起到积极推进作用的同时,也呈现出两个方面的问题:一方面旧有的制度本身就有欠缺的地方。例如 2002 年我国颁布的《中小企业促进法》,是产业政策中立法层次最高的法律,充分体现了我国对促进中小企业发展的高度重视并起到积极引导作用,但是这部法律中有一个明显缺陷,就是缺少法律责任的规定,既没有对约束控制也没有奖励条款。另一方面,旧有的制度不能适宜新常态下经济发展的日益变化。如我国过去实行的"外资三法",即中外合资经营企业法、外资企业法、中外合作经营企业法,加之各地方政府"涉外"的法律法规多达五千多项，现在的外国投资法正处于征集意见阶段，最终将取代旧有的外资三法。

反观我国战略性新兴产业的发展，从战略高度上它是“集万千宠爱于一身”的焦点，从发展速度上它是厚积薄发并迅猛成长，从产业政策上它是规划方案层出不穷，这无疑对推动产业发展都起到积极促进作用。但是，目前困扰战略性新兴产业发展的问题还有很多，首先我们要从宏观政策层面对产业发展起到科学的引领作用。一是战略性新兴产业政策与国家战略的紧密联系。大力培育战略性新兴产业是自主创新国家战略的产业体现，不仅表现在对传统产业的升级改造上，更表现在对未来产业的引领发展上。因此，该产业政策要与这些国家战略紧密联系，要纳入国家战略的制订体系中，两者相互促进，配合发展。二是战略性新兴产业政策上升到国家立法高度。战略性新兴产业不仅是国家经济发展的重要支撑，也是国家安全的有力保障，它的重要性是不言而喻的，其科学发展与顺利成长至关重要，因而对它的发展不能仅停留在产业规划的制定上，不能只有对预期的目标，要通过上升到最高立法层次确定发展的重要性，以规范的约束、合理的奖励、具体的操作鼓励发展。三是战略性新兴产业政策科学制订与合理规划。目前的产业规划拟定了发展目标、涵盖范围、技术路线等，但还有两个方面明显的不足，既没有与旧有制度衔接促进传统产业升级改造，又在推进产业发展的相关制度体系呈分散状态。例如，战略性新兴产业的统计标准、核准门槛、配套金融体系、资本政策等都没有一部完整的政策法规详细表述，都是各政府部门自行颁布，形成不成体系的“碎片式”，不利于科学指引发展。同时，相关的宏观政策体系要充分减少政府对产业的过度计划、对市场的过度干预等弊端。

2. 统筹区域政策的协调作用

国家宏观政策起到科学、积极的引领作用，还需要区域政策具体实施与统筹发展。现在，我国各地都出台了战略性新兴产业的地方发展规划，为产业发展绘制了美好的蓝图，并细化制订了专项产业规划与技术路线等。政府是制度体系的提供者，它通过提供控制性制度予以行政规范，提供产业扶持制度予以推动经济发展，提供鼓励制度予以宣传教育与引导。如果说，宏观政策要充分体现统筹性、方向性与引领性的作用基础，那么地方政策就要体现操作性与可行性。

战略性新兴产业的地方政策可以从以下几个方面改进：一是科学的制定政府组织部门，改变旧有制度体系整合性的缺陷。该缺陷表现在制度部门与配套体系两个方面，通过对武汉市战略性新兴产业的调研我们发现该市发改委、经信委、科技局等部门都设有新兴产业的办公机构，具体咨询各部门的职能时，他们认为市发改委新兴产办负责新兴产业的规划与大型项目，经信委新兴产业办负责产业规划、技术路线与具体指导,科技局新兴产业办负责新兴产业的科学技术,而且信息产业办公室、生物产业办公室、开发区管委会等又与这些部门交叉重合,造成体制分散、政出多门、欠缺协调、没有合力等弊端,因而在产业政策的提供上也就无法整合各部门的能力,造成产业发展所需要的一系列配套政策,如科技投入、基础设施、税收优惠、信贷支持也都是"碎片式"规划。因此,需要建立一个权威部门提供政策供给的统一性,整合有效的信息沟通平台。二是选择合适的产业大力支持,改变旧有制度体系现实性的缺陷。每个区域自然环境、资源禀赋、产业基础必然不尽相同,但每个地方都按照国家宏观的产业规划体系,一脉相承制定了战略性新兴产业发展规划,并具体明确了未来发展目标,这无疑与发展现实是有差距的,每个区域不可能均衡发展所有战略性新兴产业。同时,地方政府面临产业发展不尽相同与财政支持有限的两者现实障碍,不可能全力均衡扶持几个产业发展,最有效的方式是在原有产业基础与优势资源条件下,科学拟定重点扶持产业并给予大力支持。三是制定完整的支持体系,改变旧有制度体系内容性缺陷。地方产业政策制定的科学论证依据不足,使预期目标缺乏合理性,而且原则性规定较多,缺乏实际可操作的执行性。在改变政出多门的基础上,由产业权威部门提供战略性新兴产业发展所需要的整套政策体系,规范发展支持行为,培育产业持续发展创新能力,由向产业"输血"到"造血"功能的转变。四是适时进行政策动态调整,改变旧有制度体系静态性缺陷。战略性新兴产业发展到不同时期所需要的扶持政策是不同的,初期需要基础设施、科研投入、融资渠道,成长期需要组织生产、商业模式、行业标准等,成熟期需要品牌树立、消费市场、国际贸易等环节支持,因此政策提供的支持政策不可能从始至终相同,它应该随着经济形势变化、产业发展现状、生命周期阶段等进行动态调整。

二、建立科学持续的产业战略

1. 制定明确的产业中长期发展规划

现在主要依据《中国制造 2025》《国家中长期科学和技术发展规划纲要(2006—2020 年)》和《"十三五"国家战略性新兴产业规划》指导产业升级转型。《国家中长期科学和技术发展规划纲要(2006—2020 年)》筛选出若干重大战略产品、关键共性技术或重大工程作为重大专项,汇集多方优势,集中主要力量,突破重大问题,努力实现以科技层面的局部跃升带动产业技术的发展。此项规划历时 14 年,2014 年明确制定国家科技重大专项 16 个,如高端通用芯片、集成电路装备、宽带移动通信、高档数控机床、核电站、新药创新等关键核心技术。每项投资金额达到数百亿元，以期填补国家战略空白。《中国制造 2025》制定了实现制造强国的“三步走”目标，部署了九大任务，并明确提出要支持十大重点领域发展。十八届五中全会也明确在 2030 年前大力发展航空发动机、量子通信、智能制造和机器人、深空和深海探测、重点新材料、脑科学、健康保障等。《“十三五”国家战略性新兴产业规划》明确了重点发展的五大产业领域和未来超前谋划的产业布局。

2. 建立协同的产业竞争扶持机构

改革开放以来中央和地方对经济工作的重视，诸多部门关注产业发展，陆续出台了一系列扶持政策和创新措施，在一定时期对推动产业发展和创新确实起到了重要作用。但是随着时间推移、经济变革与环境变化，很多出台政策的部门在机制职能、政策效力、针对问题以及产业演变存在滞后性、空白性与矛盾性，缺乏系统性与持续性。因此，建议建立协同的产业竞争扶持机构。如以我国生物产业为例，涉及国家发改委、科技部、卫生部、农业部、食药监局、工商局等管理部门，这些机构缺乏协调统一，往往会造成多头管理与效率低下。建议整合产业管理部门，建立“国家产业竞争力委员会”，该机构主要职责分为三个方面：一是制定法律并监督执行。梳理中央及地方对产业发展的各项文件与规定，避免盲目、低效的产业投入，统一制定《国家产业法》，对投入无效的产业采取预警措施，日常公开发布全国战略性新兴产业发展态势，通过信息平台指导各地区、各企业进行有序市场竞争；二是负责提升产业质量。科学制定产业政策，合理指导各地方产业发展。从供给端免费为国内企业提供可公开的信息咨询，从需求端培育有效市场需求，减少企业与市场的交易费用；三是引导国内产业外向型发展。一方面采取“走出去”战略，通过成立产业联盟等方式组织国内企业“抱团出海”，给予全方位的支持并共同抵制不合理的“双反”条款；另一方面国家产业竞争力委员会要迅速捕捉国外产业动态，制定最有利于国内重点技术的产业引进方式，集中力量重点引进消化吸收，避免引进的无用、无效的产业技术，并通过多渠道加强与其他国家与地区的合作分析，为促进国内技术发展留下充盈的时间窗口期。

3. 建立高效的产业发展技术标准

战略性新兴产业的发展必将梯度经历产业生命周期的四个阶段而不可跨越，而经历的每个阶段所呈现的技术特征应该是明显的。那么，国家从宏观层面要制定量化的产业技术标准，以此明确该产业是否是战略新兴产业、处于行业的哪个阶段、应执行哪些扶持政策、发展的薄弱环节在哪里、是否需要从国外引进技术、是否需要新建园区等一系列现实问题，避免我国产业出现“国家政策出台、地方盲目跟进、企业低质生产、市场低端消费”的产能循环圈。因此，国家需要制定战略性新兴产业三大标准。一是产业技术标准，以产品为载体，以技术为支撑，通过市场获得价值实现，被进一步普及形成若干试行技术标准，而后由标准化机构或产业协会组织等对这些试行标准进行协调，形成技术标准的最后认定①。二是产业成熟标准，是指产业发展的完善程度，是产业处于不同发展阶段的表征，是评价和度量产业所处每一个生命周期的量化标准。三是主导技术路线标准，产业技术路径图可以被认为是一个开放的复杂巨系统，其绘制过程是一个复杂系统建模的过程②。通过制订产业技术路线图有效地将组织技术与商业战略集成在一起，以获得组织的核心竞争力。由这三大标准的制订，可以用技术制度标准引导和促进企业的持续创新行为，来分别回答该产业是否是战略新兴产业、本企业所处于产业哪个发展阶段、如何科学规划发展这三个问题，避免出现“旧瓶装新酒”、投入效率低下和盲目无序低价竞争等问题。

三、提高科学供给的政策能力

1. 重大技术的研判能力

战略性新兴产业发展需要赋予技术创新的灵魂，否则不是重走“照搬照套”的老路，就是进入“受制于人”的胡同，它需要以基础技术作支撑、前沿技术作引领、核心技术作关键的科技支撑体系，但是科技发展存在极大的不确定性，甚至还会造成极大的风险性，那么我们需要对重大技术有科学的研判能力。这种能力不是政府所具备的，政府无法准确预知还没有结论的科学技术。然而事实证明，技术先进的国家的政府无一例外起着积极激发作用，政府虽不能直接研判，但是可能通过发挥政府作用使社会、市场对科技做出最直接的判断与反映。

战略性新兴产业的概念提出后，因决策快、准备短且以政府推动为出发点一度受到了理论界争议，本书认为该产业政策更多是在国内外经济环境变化的背景下提出，适时提出是没有质疑的，关键在于提出后如何顺利推进，政府如何对这些科学技术进行研判，不确定性技术一旦造成损失或巨大风险时如何规避，这才是最关键的问题。为战略性新兴产业发展提供科学性的政府职能首先要对重

---

① 刘海英，刘斯伟．产业技术标准形成的路径依赖特征分析[J]．湖北经济学院学报，2008(5)：100～104.

② 佟瑞，李从东，汤勇力，胡欣悦．基于战略愿景与使命的产业技术路线图研究[J]..科学学与科学技术管理，2010(11)：88～93.

大科技具备研判能力。首先要建立战略性规划与咨询部门，对科技创新与产业发展提供长期追踪与信息服务，并且要充分发挥社会力量的科技机构为科技决策作有力补充。一直以来，我国科技与产业涉及部门较多，发改委、经信委、科技部、工信部、中科院等，都承担一般性日常政策法规的提供，但是缺乏对重大项目、重要技术长期性、规划性、科学性与战略性的追踪与反馈，没有专门机构对重大科学技术进行长期追踪并适时报道，导致信息不畅通，没有战略性规划与咨询部门，导致在出现如次贷危机后重大的产业与科技升级时却显得积累不够，反而依靠个别领先企业出台规划草案，其产业发展的科学性依据令人质疑。正是由于没有这样的部门，也就没有信息的平台在企业的投资发展上作技术上的具体指引，使得技术在科研机构与企业之间流动不畅，导致国家大力投入的科研成果不能产业化，也导致很多经济行为盲目性较多。在这方面，台湾的工研院与日本产业咨询部门值得学习借鉴，台湾工研院在技术战略、科研转化、产业转移等与日本产业咨询部门为企业低成本提供技术信息、鼓励海外投资等方面都起到积极作用。其次要充分发挥社会性科研机构的作用对科技发展起适时咨询引导作用。在美国，大量的社会性研究部门存在，既接受政府科研委托也接受民间技术咨询。只有充分调动社会性机构作用才能最大程度为政府对重大科研技术进行研判。通过科学论证规划产业发展，在大量调查研究基础上发挥战略规划与咨询部门的“智囊”作用，不仅要提出产业发展方向、技术创新趋势，更应该有合理性、可操作的行动指南。最后要增加对技术风险的预警能力，建立技术安全防范的理念，完善技术安全制度与风险预警制度，形成管理联动的预警机制。

2. 科技体制的匹配能力

战略性新兴产业发展需要政府科技体制匹配，它不仅需要政府对科技的大力投入，更需要“把有限的资金用在刀刃”上，投资有效、效率提高就显得尤其重要，只有这样才能改变我国政府投资不断增加但在产业发展上体现不明显的“两张皮”问题。因而要重视基础研究，提高科研投入效率，改革评价体系，提高科技体制的匹配能力。一是要重视基础研究。基础研究是一切研究的根本，是重大科技创新的基石，更是原始创新的源泉。通常基础研究由于不能立即产生经济效益而容易被忽视，自 2005 年来我国对基础研究投入开始呈下降趋势，目前占研发总经费的 5%左右，而发达国家却在大力加强投入，比例高达 15%左右。而战略性新兴产业中的生物医药、新材料等产业都需要基础研究为奠基，才能推动突破性创新成果产生。二是提高投入效率。国家在不断增加科研投入的同时，最应该高度重视的问题就是投入效率。一直以来，投入效率低下、投入结构失衡、盲目执行行政指令等现象严重，因而首先要改变科技投入政出多门的体制约束，对科研经费统筹规划、统筹安排，对立项项目做到“宁缺勿滥”，选择争议较多、有战略意义或重大价值的课题给予支持，并加强结项成果的科技利用与经济价值体现。三是改革评价体系。评价体系是科研行为的指示灯与方向标，科学合理评价体系制定才能有效引导科研具体行为。我国的评价体系要从三个方面做指引，首先是市场评价非政府评价，只有得到市场体系的广泛认同才是有价值的科研成果，可以改变科技“两张皮”与效率低的问题；其次是鼓励引领性创新非模仿创新，我国在模仿追赶上走了很长时间，在很多领域或是具体环节都具备引领性创新能力，那么考核机制也要以此为方向；第三是考核最终成果而不考核时间，突破性的创新通常需要科研人员耗费若干年时间潜心研究，一味强调每年、每个项目等短期时间只会堆积“仿创新”“伪创新”，故考核注重最终成果而不应该限制较短时间。

3. 重大项目的支持能力

重大科技项目具有行业引领、带动与辐射的重要作用，通常不是某一个企业或某一个地区能够独立完成的，它需要以国家为主体汇集多方面的优势资源，集中人、财、物等生产要素全力配合而成。例如，神舟号系列飞船的建造就是集全国之力而成，标志着我国航天航空技术具备实际应用的天地往返运输系统。为保证重大项目顺利实施，政府应具备科学的支持能力，除了资金、人员的投入外，还应该体现在三个方面：一是支持基础设施的建设。完善水、电、气、路等基础设施，以及重要港口码头等要塞项目，为重大项目提供硬件支持。二是完善基地园区的建设。产业创新园区是集人、财、基础设施、公共服务、政府政策于一体的创新资源集合体，它能为创新企业提供良好的创新环境与支持平台。国家应以重大项目的园区建设为契入点，除了对战略性新兴产业实施新型园区管理方式外，更要以建立“政产学研金”于一体的长效运营机制为示范，带动地方政府对园区建设的重视。三是重视环境保护与资源储备。国家引导大力发展新能源与节能环保产业，大力治理水污染、大气污染等影响人民生活安全的现实问题，不仅要建立良好的生态环境，而且要通过产业为环境保护服务，建立产业与环境的可持续发展。同时，在自然资源逐渐匮乏的状态下，提高资源使用效率，做好稀缺资源的战略性储备工作。

四、参与国际化市场竞争

1. 勇于超越的领先意识

Perez 曾提出在过去的 240 年里，我们经历了五次技术革命，前两次起源于英国，第三次在德、美之间，同时它们与英国争夺技术领先权，而后两次也是美国领导的。而这一次，在信息技术革命经历了一半历程时，我们即将步入新材料、新能源、生物医药等产业为主导的下一个技术革命阶段，哪个国家能够成为技术的引领者还不得而知。一直以来，我国的产业技术因起步晚、底子薄，采取的是"追赶战略"。追赶的过程中，我们通过"用市场换技术"为产业发展奠定了坚实的基础，同时也造成了明显弊端，企业自主创新意识不强与政府过度干预是障碍发展的现实表现。然而，战略性新兴产业的出现为我们带来了新的契机，它让我国与技术发达的其他国家都站在了同一起跑线上，在新产业、新技术出现时，每个国家与地区都是"初学者"，大家都希望在同一时间窗口努力把握领先的有利地形。旧有的"追赶"态势使我们一直处于受制于人的劣势，而多年来的技术积累、门类齐全的产业体系、低成本高效率的研发优势、国家对研发投入的不断增加、自主创新取得的丰硕成果等优势都表示，中国有能力参与此次技术革命的角逐，最关键的是中国所具备的一个优势是其他国家所无法比拟的，就是新技术在中国大规模的市场运用，可以降低新技术的投入成本并获取收益，只有中国有庞大的消费市场与技术运用市场。因此，在这一轮技术周期下，我们要改变旧有的产业发展战略，要树立积极参与、勇于超越、逐渐领先的发展意识，争取处于战略性新兴产业的发展高端。

2. "专利池"的国际参与能力

"专利池"又称技术联盟、技术联营等，它是知识产权与产业技术标准的结合体，它通过池内专利人之间的协议，形成技术联盟优势，降低专利使用的交易成本，提高知识产权的市场效力，并且有效避免技术"搭便车"现象，有利于专利技术的推广与运用。专利池的构建会在产业竞争的格局下，对产业发展与市场培育产生重大影响，在这一轮产业革命的背景下，我国应该通过构建专利池积累核心技术，逐渐提高自己在国际标准制订中的话语权。

首先从宏观上扫清行政壁垒，建立战略性新兴产业标准体系与市场准入制度。技术标准与知识产权是战略性新兴产业竞争的利器，谁拥有制定权与话语权，谁就能在这轮产业竞争中脱颖而出。政府一方面要全国各级政府、科研院所、相关企业与中介平台等机构，消除部门分割、地域分割的行政壁垒，建立产业标准体系与准入制度。另一方面要极力消除跨国公司在该产业形成的进入障碍，通过我国本土市场优势与原有产业基础，增强在国际标准组织中的话语权，逐渐参与国际行业标准的制定，最终实现掌握标准主导权。其次要从微观上扶持以龙头企业、引领企业为核心的战略性新兴产业成立技术联盟，形成核心层稳固的开放式战略联盟体系。在技术开发期采用合作开发联盟，在技术成熟期采取转让联盟，在产业链配套的企业间建立纵向联盟。在制定国内技术标准的基础上，逐渐参与国际技术标准的制定。最后要通过专利数据科学分析国际产业技术动态，为国内战略性新兴产业发展保驾护航。积极跟踪相关产业在技术领域的创新动向，梳理发达国家在前沿技术上的领先程度，了解国内企业在核心技术、关键技术上的薄弱环节，考虑国际合作的重点技术领域。在此基础上，确定引导企业发展的方向，确定鼓励技术引进的重点，确定禁止与限制进口技术的目录，不仅为参与国际谈判提供技术清单，也为技术发展提供智力支持。

3. 国际贸易的驾驭能力

基于发达国家在次贷危机后纷纷实行贸易保护主义的政策及对发展中国家出口贸易的打压，我国应借鉴国际经验，善于合理运用国际贸易政策，增加国际贸易的驾驭能力，以提高我国战略性新兴产业的市场竞争能力。一方面，对于现在还依赖于发达国家先进技术的产业，我们可以制定符合国情的国内技术标准，保护我国幼稚产业或处于幼稚期的战略性新兴产业。同时，加大对引进技术的“二次创新”，争取实现新的技术冲破，逐渐减少对发达国家的技术依赖。另一方面，对于出口商品要采取“组团竞争”方式，避免单个企业、单个产品遭到发达国家的封杀，在遭受发达国家反倾销、反补贴的贸易保护政策时，要勇于加强战略性新兴的积极应对，使我国产业尽可能处于有利地位并减少损失。积极运用外交方式、汇率政策等多种渠道，参与国际竞争并增加在国际贸易中的驾驭能力。

第二节　支持板块：培育要素环节的协同创新能力

一、提高战略性新兴产业核心技术创新能力

核心技术是战略性新兴产业的灵魂与根本。没有核心技术，战略性新兴产业就如无源之本、无本之木。在提升国家战略能力与支持能力的基础上，该产业首当其冲应该提高核心技术创新能力。

1. 提高创新投入效率

近年来，我国研发投入大幅提高，投入总量已经跃居世界第四位。但是，作

为我国正处于技术上升的重要时期,要想在新一轮产业技术中处于优势地位,还有两个方面的现实问题必须解决。第一是虽然研发投入不断增加,但与发达国家相比仍有差距,因此加大创新投入的步伐不能停滞。一方面我国与发达国家的研发投入相比,规模与水平都还较低。另一方面,在整个研发投入中,政府投入比例偏低,且民间研发资源没有得到充分运用。政府在加大财政投入的基础上,可以通过相关政策积极鼓励与引导企业加大投入,并且要鼓励中小企业加大创新投入,活跃创新主体结构。第二是提高创新投入的使用效率与产出效益。通过对现有的科研管理体制进行改革,建立符合科研规律的评价体系,改变旧有的"重投入、轻产出"模式的弊端,形成质与量并存的考核体系,树立企业为研发主体的地位,并且积极引导民间资金进入创新渠道,探索风险投资基金、种子基金、担保基金、成果转化基金等多种模式,降低投资风险,提高资金聚集,加大对创新活动的资金支持。

2. 加强产业核心技术研究

战略性新兴产业所需技术体系包括基础技术、共性技术、核心技术与前沿技术等,而其中核心技术是战略性新兴产业的根本,其他技术体系是它的重要补充。很明显,这几个方面的技术突破采取的措施是不相同的。例如,对于基础技术,一方面要总结过去旧有的技术成果,另一方面对已经引进的发达国家的技术成果,如先进装备技术、重要零部件技术、关键配套技术等进行"二次创新",以政府政策刺激企业为消化吸收与再创新的主体,实施基础技术国产化发展战略。在此基础上,将国产化的技术大量运用在传统产业技术升级上,加大自主设计与自主研发的比例并检测国产化技术水平。对于关键的共性技术,尤其是不同战略性新兴产业都必须共同突破的共性技术,以及需要超前部署的前沿技术,建立以政府为主导的推动主体。政府不仅通过投入基础设施也需要相关政策建立共性技术与前沿技术的研发平台,通过优惠的财政、金融、税收等优惠政策鼓励这类技术的研发设计与推广运用,以及设立技术创新基金、提供政府采购、运用补贴制度甚至无偿提供资金等方式鼓励高校、科研院所、企业的大力参与,降低他们的技术创新风险。对于战略性新兴产业最重要的核心技术,要建立以企业为核心的研发体系,改变旧有研究产学研脱节的创新体系。企业作为面向市场的主体,能够及时了解所需产品与技术,它可以调动科研院所、大学等创新源的作用,把它们作为自己的研究载体,或者借用它们的研究力量、研究设施、研究资源共同开展技术联合攻关,政府要为企业与科研机构起到搭建沟通桥梁的作用,构建以企业为主导、科研机构为载体、政府为桥梁的新型产学研用的创新体系。

3. 推进科技成果产业化

建立科技成果“产业化”机制是使战略性新兴产业走出“死亡峡谷”的重要通道，也是不再停留于“实验室技术”走向“生产线技术”的根本保障。首先要完善科技成果产业化机制。通过相关政策，为重大科技项目的成果化与产业化提供资金保障，加大重大项目的示范效应，推进新技术积极应用，建立科研机构的成果发布制度，成立技术转移平台，推进技术合作与扩散。其次建立产业化平台机构。通过新型科技园区、孵化器、加速器、科学城与产业集群建设，以提供人、财、物的优惠政策，集中为科技提供转化平台。探索设立产业实验工厂，由政府或科研机构主导，建立战略性新兴产业的专业实验工厂，通过试运行不断对新技术进行改良与更进，推动技术不断完善、逐渐成熟并走向产业化进程。建立研发机构联盟，企业可以提出研发要约，科研机构通过整理最新技术所需的信息，承接产业化研发活动，并负责向企业进行定向开发研究、技术转移、人员培训等，可以有效缩短科技产业化周期。最后是建立风险防范机制。重大科技成果在研发之初就要考虑到有可能出现的风险及损失问题，科研机构、企业与保险部门要共同设立科技保险，发展风险投资公司，化解有可能出现的损失并分担风险。并且形成科技成果资本化运营模式，以科技成果作为股份参与到企业生产环节，让科研人员高度重视科技成果的产业化发展。

4. 积极引进国外先进技术

一直以来，发达国家对我国采取技术封锁政策，我们应该在“二次创新”与自主创新的基础上，多种渠道积极引进国外先进技术，打破国际技术封锁。首先是科学接纳国际产业转移。发达国家不断将产业链低端转移到发展中国家，以跨国公司为主体的转移者通常采用“贴牌”生产或建立某些零部件的加工制造网络。这对我国来说是机遇也是挑战。因为“拿来主义”的技术容易造成技术创新的惰性，形成严重的“技术依赖症”，但是如果我们在接纳转移的同时，能勇于挑战，不断自主创新，在此基础上努力发展自有产业技术，无疑也是有利的契机。因此，要科学接纳国际产业的转移，根本杜绝污染严重、消耗资源的产业，将消化吸收创新与自主创新结合起来，逐渐实现“技术引进”向“自主创新”的转变。其次，通过人才引进国外先进技术。技术是封锁的，但人才是不可能封锁的。活跃在发达国家的许多技术领域都有我国的优秀人员，在国力不断增强、国家影响力不断提高的今天，许多人员愿意回国发展，我们要打通高端技术的绿色通道，通过相关政策引进人才与技术成果，最大化发挥人力资本的效力。第三，通过以企业为主体的研发合作，积极与国外先进科研院所或跨国企业进行合作，采取委托开发、合作开发或定向开发等多种形式的协作模式，引进与学习国外先进技术。最后，积极与未对我国实施技术封锁的友好国家开展外交活动，通过技术贸易引进先进技术。例如俄罗斯、以色列等国不仅技术先进，同时技术出口管理较松，也是与我国建交甚深的友好国家，通过外交手段、技术贸易、交换合作等方式可以大力引进先进技术。

二、提高战略性新兴产业模块生产创新能力

1. 鼓励模块化生产

模块化生产是新兴产业组织的本质要求，它改变了现有产业和产业组织，对企业发展方式与竞争模式产生了革命性影响。战略性新兴产业是典型的创新驱动型产业，它的战略引领性、技术先导性、生产复杂性、交叉融合性等特性使其更倾向于通过模块化来实现创新的专业化。研究表明，战略性新兴产业模块化生产程度较高，其中新能源产业模块化程度最高，新能源汽车与新一代信息技术产业模块化程度较高，生物医药产业与新材料产业模块化程度相对较低①。因此，可以从三个方面鼓励战略性新兴产业的模块化生产。一是从技术层面，可以采取外围模块高端渗透路径、关键模块重点突破路径、架构规则颠覆重构路径、模块——架构耦合升级路径的方式，旨在为我国战略性新兴产业突破技术瓶颈和实现对发达国家技术赶超②。二是从组织层面，可以通过产业组织模块化水平的提高促进产业创新能力提升，运用高效的产业技术标准模式、关键模块的产业链融合模式、传统产业与战略性新兴产业融合模式等方式促进产业可持续发展。三是从方式层面，可以通过运用协同方式实现产业战略模块化、产品技术模块化、企业组织模块化、文化创新模块化、政策环境模块化等，共同推进战略性新兴产业可持续创新能力的提高。

2. 放松市场管制

战略性新兴产业发展需要统一、公平、有序、竞争的市场环境，更需要政府制度有效供给，实现“无为而治”的效率最大化。首先，放宽民营资本进入战略性新兴产业的投资限制，特别是在部分急需的环节和领域，尽可能打破行业垄断，

① 曹虹剑，张建英，刘丹.模块化分工、协同与技术创新——基于战略性新兴产业的研究[J].中国软科学，2015(7)：100～110.

② 武建龙，王宏起.战略性新兴产业突破性技术创新路径研究——基于模块化视角[J].科学学研究，2014(4)：508～518.

允许民营资本参与投资。其次,放宽关键生产环节的税收水平,如光电子芯片(器件)生产企业引进光电子器件技术和成套生产设备、单项进口的光电子器件专用设备与仪器,按《外商投资产业指导目录》和《当前国家重点鼓励发展的产业、产品和技术目录》有关规定办理,考虑免征进口关税和进口环节增值税。将关键原材,如光导纤维用石英玻璃管进口关税税率由1%降至为零。试点对从事光电子信息产业企业的所得税实施优惠政策。再如允许集成电路生产企业购置实际使用的生产性专用设备可按购置额的10%享受税收抵免政策,可试点集成电路新建生产线税收优惠以项目计算基础,试点集成电路设计业务全程保税制度。最后,政府应密切跟踪产业发展,在简政放权的大背景下,对于某些滞后的可能对战略性新兴产业商业模式创新带来阻力的旧有制度体系进行适当清理,取消地方保护主义的管制条件,尽可能避免一些过度干预。

3. 提高全要素生产率

提高全要素生产率主要有两种途径,一方面通过技术进步实现生产效率的提高。有结果表明,2007—2011 年期间我国战略性新兴产业的全要素生产率增长快速,为我国经济的平稳较快发展作出了重要贡献。同时,前沿技术进步是该产业全要素生产率的主要动力,但该产业的整体技术效率水平却是不容忽视①。另一方面通过生产要素的重新组合实现配置效率的提高。研究表明生产率增长的来源更多是企业成长,其增长的空间在不断缩小,亟待依托资源配置效率改善的新的增长模式②。因此除了在生产要素投入之外,需要通过科学技术进步、组织管理改善、政策环境优化等无形要素推动全要素生产率的增长。虽然我国战略性新兴产业全要素生产率以年均 3.4% 的增长率逐年上升,但产业间全要素生产率却存在很大差异且极不均衡③,同时技术进步率和纯技术效率的降低,呈现“轻技术创新,重规模扩张”的产业低端化发展趋势④。因此,通过优化资源配置,鼓励模块化生产,扩大企业规模,减少生产成本,提升政策效应,加强整个产业的全要素生产率。

---

① 杨悦.中国战略性新兴产业生产绩效——基于细分行业的随机前沿生产函数的分析[J].技术经济与管理研究,2014(3):97~104.

② 杨汝岱.中国制造业企业全要素生产率研究[J].经济研究,2015(2):61~74.

③ 齐峰.我国战略性新兴产业全要素生产率的实证测度——基于 DEA 的 Malmquist 指数法[J].科技管理研究,2015(14):121~125.

④ 任保全,王亮亮.战略性新兴产业高端化了吗?[J].数量经济技术经济研究,2014(3):38~55.

三、提高战略性新兴产业商业模式创新能力

1. 鼓励运营商业模式创新

尚处于发展初期的战略性新兴产业的运营商业模式创新主要表现在两个方面，一方面是传统企业开展新业务领域，另一方面是创新型企业开展创新，这两种商业创新模式最大的区别是由于企业基础不同，前者创新多在内部实现，一般追求巩固现有收益，后者力求实现超越式发展，希望通过颠覆式创新后来居上，一般能迅速反应，创造新的商业模式。然而，无论是哪类企业，其运营模式的创新可以粗略分为三点。一是商业方式创新。企业可以通过调整内部运营流程，重新架构商业模式。如通过“互联网+”运营模式的企业，可以增设网络、仓储、配送、售后等环节，针对销售渠道将商业方式创新。二是商业链创新。战略性新兴产业因处于初级阶段，大多配套性的生产服务环节欠缺，产业链与商业链都没有成熟。如新能源汽车的充电桩设施、新能源发电的储能站配套、页岩气的勘探及管理服务等都处于缺失阶段。链接供应、研发、生产、服务、商业等环节，实现全生产环节的创新才能最终实现商业链的创新。三是商业终端创新。战略性新兴产业的商业终端有不同类型，一类是如装备制造业类的大企业，另一类是众多中小企业，如小米的网络创新社区、众筹众包等方式，让社会盈余成为不断进步的源泉，而这类创新的共同点，就是以客户终端为根本需求，以实现客户参与创新为方式，实现客户界面的运营创新。

2. 破除阶段性障碍的因素

战略性新兴产业尚处于初期阶段性的特征，使新兴产业商业模式受到旧有观念、技术、结构等因素的惯性影响。尤其是在旧有商业模式运营成熟的大企业中，会面临与新兴商业模式不匹配、不衔接的困惑。一是思想观念的问题。如在国家引导与发展光伏并网技术的初期，特别是各种野外设施设备以及偏远地区都需要采用并网发电。此时光伏企业若察觉这一市场机会，并愿意上马光伏并网发电项目，选择提供系统集成方案的方式进入该市场，不仅可以获得国家资金支持，而且迅速占领发电市场份额。反之，如果完全沿用集成解决方案的商业模式则将会流失大量客户①。二是技术冲突的问题。新的商业模式所引致的技术总是和企业现存完善的技术相冲突，面向新商业模式的技术体系往往需要重构。

---

① 武光，欧阳桃花，姚唐.战略性新兴产业情境下的企业商业模式动态转换：基于太阳能光伏企业案例[J].管理评论，2015(11)：217～230.

另外,战略性新兴产业发展中,支撑商业模式的技术通常技术路线仍不清晰,技术成熟度不高,整体商业模式创新的边际利润很可能低于现在商业模式,其所取得的关注和资源分配也在一定程度上受到影响①。三是各种结构的问题。战略性新兴产业涉及生产结构、供应链结构、企业组织结构等不匹配的问题,需要以创新为先导、技术为核心、灵活把握市场为原则,冲破结构性障碍,以最快速度进行商业创新。如同上例,企业决策时往往依据传统的主导逻辑,如果盲目遵从这种逻辑就会在一定程度上导致企业失去最有价值的信息。

3. 建立统一规范市场体系

战略性新兴产业只有最终实现了商业模式的运营,才标志着得到了市场的接受,持续创新才能螺旋式再运行。但是,由于行业垄断、市场分割、产业标准不统一等问题,也使战略性新兴产业的商业创新环节受到了影响。例如,武汉康圣达公司通过吸收国外先进检测技术,可以为医院提供专业化检测服务,但由于受到医疗监管体系制约,其服务难以在市场上快速推广。又如风能发电,部分地区发电项目与接网工程规划建设不协调,新能源并网与出售存在一定困难,其主要原因是国家电网针对并网认证有一项强制性规定,即只有通过认证才能被允许并网,一旦核心部件发生变化又须重新认证。再如新能源汽车的使用,由于各地方保护主义明显,该产品无法通过市场行为进行有序竞争。因此,建立统一规范的市场体系,制定产品目录与技术标准,打破行业与垄断,破除地方政府的市场分割行为,建立公平、高效的市场经济体系是战略性新兴产业商业模式运营的根本保障。

第三节　运行板块:优化产业模式的运营创新能力

一、健全金融服务的支撑体系

1. 建立资金保障的法规体系

首先,要协调中央与地方的资金投入重点。国家资金投入与启动市场资金是战略性新兴产业的重要资金来源,仅靠国家投入肯定不能全面为产业发展提

---

① Christensen C, Raynor M.The innovator's solution.Cambridge:Harvard Business School Press,2003.

供所需的资金支持，因而两方面都要配套启动。按照国家最新的产业政策，中央与地方政府都应在确保财政收入稳定增长的基础上，加大对战略性新兴产业的资金支持。中央政府侧重于总体把握、重点项目、重要区域的投入上，地方政府应侧重于对本区域的优势个别产业进行重点支持。在这个安排下，地方政府最应该注意的问题是即使本地区所有战略性新兴产业都有基础，但不能均衡支持每个产业发展，应该在原有产业基础上，了解其他地区的发展动态与科技水平，找准自己的发展重点，可能是极个别产业或是个别子行业，集中力量扶持，尽可能迅速领先，也能达到预期的投入效果。其次，引入民间资本投入并注重风险防范。一方面，战略性新兴产业发展需要大量资金投入，仅依靠政府行为是远远不够的，因而要放松管制，有序引导民间资金规范进入战略性新兴产业；另一方面，因该产业风险性较大，应制定相应法律法规，通过规范风险投资企业法，对私募投资的股权并购、回购、清算、退出等市场行为作出明确规定，保护投资人利益并防范风险。

2. 加快多层次资本市场的建立

活跃的市场资金可以为战略性新兴产业提供源源不断的资金供给，形成良性资金运转链。研究表明，金融支持对我国战略新兴产业发展具有促进作用，金融支持每增加 1%，我国战略性新兴产业增值 0. 641%①。因此，建立多层次资本市场体系，才能为产业健康成长提供有效的资金供给。通过股权融资、风险投资、股权、并购与融资租赁等多种融资渠道构建市场型的资金组成方式。探索组建科技融资平台，为科技型融资提供便利。进一步完善主板市场，做大中小企业板与新三板市场，建立真正的创业板市场，发展场外交易市场，实现各级市场之间的无缝对接。鼓励外资投资人参与市场融资，政府设立种子基金、风投基金资本等，做大风险投资市场。开辟战略性新兴产业金融衍生品市场，可以合理运用金融衍生品来实现风险分散，此外要充分重视战略性新兴产业技术性较强的特征，重视其技术产权交易市场的建设，这类市场交易的各类可以包括科技成果、知识产权、技术外参股权、公开资本市场不愿上市或暂不符合公开上市条件的权利等，全方位满足我国战略性新兴产业发展的资本市场需求。

3. 健全各类企业的信用担保体系

战略性新兴产业在研发、商业等环节的主体力量是民营创新创业型企业，而

---

①　李富有，尹海凤.金融支持与我国战略性新兴产业发展实证研究——基于面板格兰杰因果检验和协整分析[J].科技进步与对策，2014(15)：53~58.

这类企业面临最大的共性问题是资本实力较弱，那么信用担保体系对填补“麦克米伦缺口”具有重要的价值。“麦克米伦缺口”是20世纪30年代由英国金融产业委员会发布并提出，认为中小企业在发展过程中存在着资金缺口，对资本和债务的需求高于金融体系愿意提供的数额。一方面，政府可以鼓励民间投资，促进商业性担保机构发展，建立中小企业互助担保基金，多渠道发展融资担保机构，改变担保公司承担100%风险、作为债权人的银行完全不承担风险的现状，可以形成担保机构、再担保机构、银行、政府等多方面提供风险补偿的格局，同时，扶持产业发展的相关部门如商务、经信等可以将专项扶持小微企业资金转化为专项贷款担保风险准备金，参与融资担保风险分担。在这方面我国已经开展了有效尝试，国家开发投资公司2016年3月对外宣布，国家发改委、国投、中国投融资担保股份有限公司已签署《战略性新兴产业融资担保风险补偿金合作协议》，三方将共同在战略性新兴产业领域开展项目融资风险补偿试点工作，京津冀、上海、广东珠三角、武汉等8个试验区将首批开展试点；另一方面，加快征信体系建设，尽快建立中小企业信用管理体系，将中小企业的公共信用记录，如纳税、债务、资质等信息完整保存下来，作为提供金融支持的重要依据，为战略性新兴产业中的创新创业企业提供良好的信用担保支持。

二、培育人力资本的供给体系

1. 强化人才供给的顶层规划

战略性新兴产业因涉及领域的不同功能、层次和作用，需要五类人才体系作支撑，即科技创新领军人才、经营管理人才、科研人才、高技能创新人才、科研成果转化人才①，强化战略性新兴产业人才发展的顶层设计，建立所需人才的梯队供给模式。首先，确定领军人才的建设目标。围绕战略性新兴产业发展重点，确定领军型、急需型、实用型人才的规划发展目标，定期向国内外发布高层次紧缺人才的目录和全球分布图，设立人才开发专项资金。大力实施“人才特区”制度，加大对引进人才的政策投入，实行灵活多样的工资分配方式，完善高端人才的选拔作用机制，以创新能力论英雄，以产业贡献用人才，不仅要引得进人更注重留得住人。其次，建立产业所需的全球人才枢纽。以“城市合伙人”的精神寻找人才，努力构建我国战略性新兴人才的全球枢纽。这个枢纽是在全球人才网

---

① 中国工程科技发展战略研究院.中国战略性新兴产业发展报告[M].北京：科学出版社，2015年.

络中，因产业集聚、科技创新、设施先进等要素汇集而成，是战略性新兴产业创新人才的中心与节点。它因所处的地位和积蓄的潜力，产生强大的动能，进而对我国战略性新兴产业人才流动、使用、配置产生巨大的吸引力，更加影响全球人才的集聚和辐射。对符合条件或产业急需的国际化、专业化人才，设立政府激励资金引导、社会资本参与的人才投资基金，支持创新创业活动。完善产业成果奖励制度，设立股权激励专项资金，加快战略性新兴产业股权激励、员工持股，推广股权奖励延迟纳税政策。

2. 完善人才使用的科学机制

战略性新兴产业的成败源于人才，需要完善人才培养、引用与评价机制，使人才的效用发挥最大化。一是加强基础管理，完善人才培养机制。建立以高校为基础、以企业为导向的产学研联合培养机制，通过高等院校、企业实践、国际交流等途径，建立多级培养体系。重点支持从事原始创新、高端创新、实用技术创新的人才队伍建设；二是建立引进机制，加大以人才带动项目的建设。对于国家重点扶持的战略性新兴产业项目，加大对核心人员、项目团队的引进方式，力求突破关键技术，带动产业发展。同时，利用与国外机构合作的机会，推动本国战略性新兴产业人才参与实践，推动本地人才国际化；三是健全评价机制，强化人才激励效用。建立战略性新兴产业人才的绩效与能力考评机构，打破阻碍人才发展的地域、身份、资历、职称、名额等限制，建立该产业的人才专家库，突出产业操作性、实用性与效益性为主要特征的人才评价体系，加大科技奖励支持，充分调动战略性新兴产业人才的积极性、创造性与效用性。

三、搭建生产要素的沟通平台

1. 建立以硬件为基础的资源服务平台

提供公共服务平台是政府转变职能的重要方式，而提供以硬件为基础的服务平台更是补充市场短板的有效手段。通过硬件平台的建设，可以集聚各类零散、分割的资源，让先进的人才、设备、信息、技术等现代产业必备的生产要素，通过整合、高效运转，能为产业发展起到积极的乘数效应。这些硬件服务平台包括研发设备、实验场所、生产园区、物流中转、资源保障等内容，这些奠定企业开展有效科研生产的前提和基础，也是政府建立以“硬件为基础的资源集聚共享服务平台”后向“软件为基础的创新服务平台”的转型升级。例如，武汉光谷生物城的六个分类园区主要由政府投资建设，按照“一次规划，分步推进”的方式，使园区建设初具规模，各建成园区基本实现“三横三纵”的路网格局。2016 年生物医药园还将新增面积10万平方米,启动建设全国医药技术交易大厦。新建合成生物学、第三方诊断检测、生物医药中试、文献信息检索等公共服务平台。诊断试剂公共加速、武汉生物样本库、新一代基因测序、质谱技术临床检测等公共技术服务平台投入使用。上海在研发的支撑环节上,利用“科学仪器共用系统”集聚了全市95家单位1230台(套)大型科学仪器和设施,单台(套)价值50万元以上,其中由公共财政购置的大型科学仪器设施入网率达到95%①。

2. 建立以软件为基础的创新服务平台

建立以软件为基础的创新服务平台,不仅是政府行为,更可以发动企业力量。一方面可以从企业层面来组建服务平台。在战略性新兴产业的技术研发期,成立专项产业技术联盟,在高校、科研院所与企业之间建立技术平台,互享国家投入的研发基础设施,互通产业技术研发信息,还可以成立资本融资平台为技术发展提供资金支持,成立风险预警平台为技术出现失误减少损失。在技术产业化期,成立产业化实验基地为技术提供实验平台,成立知识产权服务平台提供制度保障,成立专项产业服务平台节省产业化时间。在技术商业化期,成立生产服务平台减少流通费用、成立品牌宣传平台。另一方面可以从政府供给层面来组建信息服务平台。如通过整合科技文献服务系统、科学数据共享系统等专门的信息咨询机构,为产业发展收集整理国内外最先进的信息与资源,增强国内信息畅通机制,共享可以公开的信息资源。还可以通过关键技术的集成示范、工艺开发服务支撑、技术标准制订指导、创新成果中试检测与转化、咨询培训与人才培养、股权转让与融资平台、国外市场开拓等多渠道开展服务平台建设。

3. 建立以知识产权为基础的战略联盟

知识产权制度是战略性新兴产业发展的前提条件,它能保障技术市场有序运行,对技术提升与自主研发起到积极作用。一直以来,“知识产权保护不力”标签不仅是我国提升自主创新能力的绊脚石,更是发达国家对我们实行技术封锁的重要借口。因而,建设完善的知识产权制度是提高我国技术创新能力的根本前提与重要保障。首先要加强知识产权保护的及时性与有效性。有些战略性新兴产业需要较长的研发周期,例如生物医药,需要经过若干阶段的临床实验才能投入使用,如果因专利审批时间较长导致被其他国家抢先注册,会使前期研发

---

① 芮明杰,刘明宇,胡军等.产业发展与结构转型研究[J].上海:上海财经大学出版社,2014.

投入全部自费。结合该产业发展的特点，要采取简化便利的审批程序，阶段性进行审批，减少审批交易成本，提高审批效率。同时，要修订我国知识产权的相关法律，根据新时期、新产业发展的需求，扩大保护范围，加强执法力度，对侵权行为给予严厉的法律制裁，在更好发挥对创新成果的知识产权保护制度上，更要树立知识产权的威慑作用，提高在全社会保护意识。其次可以通过建立知识产权联盟将战略性新兴产业发展中的科研机构与企业紧密联系。通过企业间的知识产权联盟能使我国尚处于起步阶段的战略性新兴产业形成合力，它们在技术上互通有无、互相交流、互相学习，避免重复研究带来的资源浪费，降低技术投入风险，提高研发成功率与技术创新效率，以知识产权联盟的载体可以通过整合科技资源形成行业标准，积极应对并参与国际竞争，提高科研成果产业化的比率。另外，企业与高校间的知识产权联盟通过专门的产权转让机构，实现科技成果的顺畅流转，更好发挥高校、科研院所服务产业与利用科研成果的作用。

四、培育“中国制造”的创新文化

1. 培育全社会创新文化

培育创新文化，加强创新教育，建立创新机制，让全社区都充盈着浓郁的创新氛围。首先培要育创新文化。提高全社会对创新的认同感，不仅人们谈论创新，而且身体力行地践行创新，让人人内心都有一种创新的冲动，创新成为人们朴素的情愫和价值观，营造自由、民主、宽松的学术环境，鼓励质疑、批判和求异的精神，形成尊重知识、尊重人才、尊重创新的良好环境。增强对创新失败的宽容度，实施科技创新容错，研究制订资本创新投入失败免责制度。其次要建立创新体制。针对产业创新主体、创新资源、创新动力、创新环境中存在的问题，推动产业全面创新。例如，在创新的主体，要完善以企业为主，政府、高校院所等多方参与决策、组织实施，市场为导向的协同创新体制机制。改革财政专项资金管理机制，实施“科技创新券”制度，变项目申报制和直接资助为“后补助”“后奖励”等方式支持企业研发活动。大力发展工研院等新型技术创新机构，探索以企业主导、院校协作、多元投资、军民融合、成果分享的新模式。构建符合创新规律的科研体系，建立公开统一的科技管理服务平台，重点发展研发设计、标准、信息、法律、会议、商务、金融等公共服务平台。探索建立以创新驱动为导向的战略性新兴产业评价机制，加大创新转型考核权重，分类实施以创新体系建设和重点项目为核心的任期创新转型专项评价，对企业科技研发、收购创新资源、业态创新转型等方面的投入，均视同于利润。完善创新驱动的政务环境，推动政府由主导创新向服务创新转变，最大限度减少政府对创新活动的管制。

2. 塑造“工匠精神”

2016 年政府工作报告提出，鼓励企业开展个性化定制、柔性化生产，培育精益求精的工匠精神，提升制造品质、增加产品品种、创建商品品牌，“工匠精神”成为“热词”进入人们的眼球。但是，这种精神不可能以一种思想、观念的形式进行传播与扩散，它需要长时间的培育才能根植于社会。现在，我国战略性新兴产业所需的工匠精神，不仅仅包括一丝不苟、精益求精、刻苦钻研、手艺精湛等，更需要在此基础上倡导持续创新、推动技术不断升级、满足消费者需求。因此，从宏观上需要营造尊崇工匠的社会氛围，要创造出公平公正的法治环境和市场环境，从微观上要加强对工匠的培养，使工匠职业化发展，加强技能工人的培训，既要大力发展职业技术教育，也要注重就业体制与在职培训。我国多年重视教育培育了大量科技人才与高素质的劳动者，为战略性新兴产业发展奠定了人力资本。但是，我国与技术先进的发达国家相比，对人才教育的侧重点明显不同。发达国家重视精英教育、创新教育，注重对学生开拓思维、研究能力与创新精神的灌输，而我国教育首当其冲的目标是培养高素质的劳动力队伍，注重以传授教学知识为主的人才培育方式。基于我国自主创新战略实施与战略性新兴产业发展特点，在人才培育上除了进一步完善基础教育、义务教育制度外，更应该为新型产业发展优化人才结构。改善现有的人才培养方式，根据未来科技与产业发展趋势，适度调整高等院校的专业设置，增加职业技术学校数量，提高专业技术教学质量，增设创新型、实验型、实践型课程，为产业发展培养熟练技术工人，提高学生的科研创新能力与实践创造能力。增强社会舆论的宣传引导，鼓励人才合理流动，人才的流动有利于思想交流，有利于经验传递，有利于企业突破创新。建立一整套学习与培训体系，加强在职培训工作，使在职人员及时接受本行业的新知识、新技术，派遣优秀人员到发达国家学习先进技术。

3. 提高有效的市场需求

战略性新兴产业因独特产业特征，前期市场接受程度不高时，产品生产成本较高，技术成熟度有限，未普及时明显存在价格劣势，市场的有效需求不足。因此，要采取一定的有效渠道，提高有效的市场需求。例如，一方面通过价格补贴、减免税费、重大示范、产品展示、政府采购等需求端的激励措施；另一方面放宽市场准入，降低生产成本，引导消费升级。同时还要从三个方面着手培育内生性市场需求。一是引导新型消费观念，倡导绿色理念，宣传绿色、环保、低碳的消费理念，通过建立产品标识认证体系，让消费者准确把握战略性新兴产业的优越性；

二是树立国货品牌，支持民族工业发展，通过品牌提升、对外宣传、补贴试用、项目援助等形式，加强国内、国际两个市场的宣传，对涉及国计民生战略性产业的引进、使用、普及持谨慎态度，适时建立并采用国家产业安全审查制度；三是普及战略性新兴产业使用时的基础设施，如新能源汽车的充电设备、充电场所，新能源产业、信息技术等方面的新型基础设施等，为企业持续创新提供动力。

第四节　持续创新能力体系构建与平台运行：以武汉生物产业为例

通过前三节的基础板块、支持板块和运行板块，可以构建战略性新兴产业持续创新能力的组成体系。但是仅有这些是不够的，还需要将这些组成要素运行起来，搭建持续创新能力的运行平台。本节以生物产业为例，该产业不仅具有自身发展的个性，也具有一般战略性新兴产业的共性，能够以“窥一斑而见全身”的效用反映战略性新兴产业持续创新能力的体系构建与平台运行。

一、生物产业持续创新能力基础板块

生物产业持续创新能力的基础板块是国家战略。美国、欧盟、日本等先发国家和地区纷纷将生物产业纳入国家发展战略，甚至认为生命科学和生物工程是继第五次科技革命后影响人类发展最重要的第六次科技革命，是下一轮国际产业竞争的重要衡量标志之一。

美国于 1998 年发布《2020 年制造业挑战的展望》，明确将“生物制造技术”列入 2020 年制造技术挑战的 11 个主要方向之一。2012 年 4 月，奥巴马政府发布《国家生物经济蓝图》，指出未来生物经济将依赖于前沿科技发展。并且，美国成立专门的组织领导机构，在美国总统与国会都分别设立了生物伦理委员会、生物技术委员会来专门研究制定生物产业的财税政策与管理法规。如 2012 年政府推出生物基产品优先采购计划，现在大约 5100 种产品已经具备联邦机构的采购资格。欧盟于 2012 年发布的《一个强大的欧盟工业有利于增长和经济复苏》报告中将工业生物技术确定为欧盟的六大关键势能技术之一。《欧盟生物炼制 2030 愿景》报告中预测，至 2030 年欧盟将 30%的化学产品由生物基制造。目前，欧盟主要通过立法、行政、财务等手段支持生物基产品的发展。日本早在 2002 年就提出“生物技术立国”口号，并成立专门的生物产业战略研究会，提出

五年内生物技术科研经费翻一番。

我国在将生物产业确定为战略性新兴产业后,加大对该产业的扶持力度。政府对生物技术的研发投入年均增长率达到28%,科研水平不断提高,生命科学论文发表量和生物技术专利获得量均居世界第二;在生物技术的支撑下,生物经济正成为中国经济的一个重要增长点,产值多年保持20%以上的增长率,2014年达到3.16万亿元,在GDP中的比重由30年前的1.28%上升到2014年的4.63%,即将成为中国下一个支柱产业。2013年先后出台了《关于加强植入性医疗器械临床使用监管工作的通知》《关于印发医疗机构临床检验项目目录的通知》《医疗器械经营质量管理规范》《关于印发创新医疗器械特别审批程序(试行)的通知》等一系列规范与支持产业发展的政策。

各国对生物产业制定的发展规划、扶持政策、行业引导、研发投入等重要因素组成了基础板块,并为该产业持续创新能力的长足发展奠定了基础。

二、生物产业持续创新能力支持板块

由产业内部创新能力与外部支持能力组成。内部创新能力按照产业生命周期理论可以由前沿技术、生产组织、商业模式三个方面共同组成,分别代表该产业由实验室环节、生产环节到商业环节的运行系统。外部支持能力是使内部创新运行系统达到效率最大化的政策改善体系,确保该产业在各个运行阶段协调运转。

根据生物产业生命周期特征,该产业非常容易陷入“卡夫丁峡谷”,技术要求越高的产业对持续创新重要性也显得越突出,生物产业这一特征表现得十分明显。生物企业从出生期、幼年期、成长期、成熟期等各个阶段需要的要素,需要经历研发、突破、生产、市场四个表现环节,这需要一方面从内部创新能力上围绕产业链,确定技术链,汇集人才链,配套服务、资本、政策等,另一方面从外部创新能力上需要将这些要素融合,协调运转,从而实现效率最大化。

1. 内部创新能力板块

(1)生物产业持续技术创新能力子板块。全球首例商业化植物提取人血清白蛋白、全球首个临床可控式胶囊内窥镜、全球唯一蛋白质三维结构对比软件、全球首例生物质提取液体燃料、全球独创算法的医药扫描仪等五大最前沿的生物成果,使光谷生物城已经凸显技术创新领先地位,赢得了世界的赞叹。湖北盛齐安生物科技有限公司“肿瘤囊泡生物免疫治疗技术”已进入多中心临床试验阶段,目前,已跟同济等十余家知名医院开展合作,这项技术埋头研制数年,然后

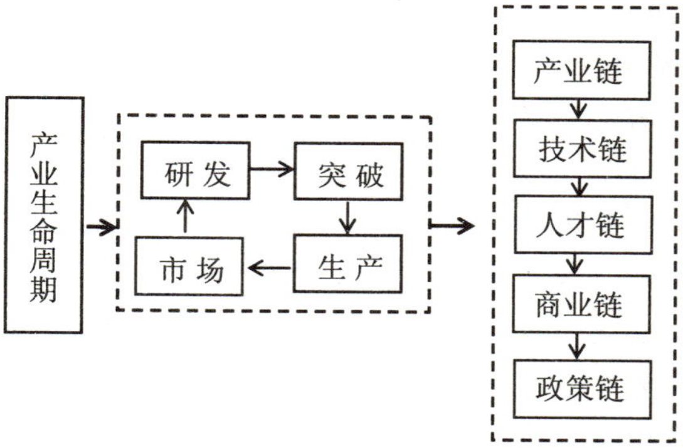

图 8-1　基于技术周期的生物产业持续创新逻辑架构

实现“一技惊人”。武汉佰美斯医疗科技有限公司是全球第三家拥有自主知识产权并生产“血液无菌接驳设备”的企业，此项技术之前一直被德国和日本垄断，该公司目前与欧洲、东南亚等地区的合作伙伴都已签约，2016 年 8 月份上市后仅国内市场就超过 2 亿元，价格仅为进口设备的三分之二。武汉禾元生物科技有限公司可以在 30 秒就能检测转基因技术，同时用于人血清白蛋白生产供不应求。这些技术历时长达 8 年的研制周期，达到 99.9999%准确率，已经进入临床试验申报阶段。目前，在诊断试剂、干细胞、基因检测、医学影像等关键领域，一批“光谷造”已跑步进入市场前列。

(2)生物产业生产组织持续创新子板块。光谷生物城仅用一年建成了符合国际最高标准的全球首个模块化生物医药工厂，达产后将成为全球领先的抗体药物产业化基地。喜康(开曼)股份有限公司和 GE 医疗集团旗下 GE 医疗生命科学部，在位于武汉光谷生物城 JHL-1 生物制药厂完工落成，该生产车间是按国际最高标准建造的，符合中国、欧盟、美国的监管标准，可完成多国药企订单，药品直接进入各国市场。在 2016 年 6 月完成验证工作后，该厂将成为中国规模最大，利用一次性生物反应器技术建成之单抗药工厂，而正式达产后年销售额可达 20 亿元，为更多人提供可负担的世界级生物药物。通常生物企业建厂周期为三年，通过与美国通用电气公司合作引入成品模块化工厂，一年就把这个全球领先的生物制药厂建成了，工厂分成 62 个模块，每个模块为一个长方体，包括外壳和内在管线，在德国生产完成。

(3)生物产业商业模式持续创新子板块。根据每个企业经营战略、营销对象、销售渠道等不同，可以采取多元化的商业模式。以光谷生物城的人福医药为例，它是湖北省第一家上市的民营高科技企业，是湖北省医药工业龙头企业、中国医药工业30强企业、国家级企业技术中心，是资本市场上最受认可和最具投资价值的医药类上市公司之一。它的商业模式主要分为三种。一是建立立足本身的医药工业平台。坚持做医药领域"细分市场领导者"的战略，已在国内的麻醉药、生育调节药、维吾尔药等领域建立了领导地位，并正在生物制品、基因工程药等多个细分领域培养自身特有竞争力，并且旗下拥有10多家医药生产企业。二是拓展多元化的医药商业平台。该公司在武汉市内控股人福诺生、人福康诚、人福益民三家医药商业企业，其中人福诺生已成为省内一家品牌的高端进口药品经营企业。在湖北省内拥有宜昌、襄阳、十堰、荆州、荆门、恩施6家地级市子公司，已基本实现了对全省医疗卫生机构特别是二级及以上医院的全覆盖。三是开辟国际化的医药经营项目。虽然"中国制造"在欧美随处可见，但药品是个例外，出口的几乎都是原料药。但该公司坚持"走出去"，成功将成品制剂打入欧美市场。2009年成立普克药业，进军欧美主流市场；2012年进入美国市场，人福普克软胶囊生产厂以零缺陷通过美国食品和药物管理局（FDA）现场质量核查；2015年在非洲建立生产工厂；2016年全资收购美国医药企业Epic Pharma100%股权和Epic RE Holdco100%股权，标志着该公司全球医药市场产业布局已取得了一定进展①。

2. 外部支持能力板块

（1）生物产业人力资本持续创新子板块。人，是一切技术创新的源动力，具有较高技术含量的生物产业更是需要人才和团队，为内部创新板块的运行提供源动力。光谷生物城的人力资本持续创新子板块依靠两方面组成，一是高端人才与团队。依托光谷"3551人才计划"，光谷生物城吸引了12位院士、22位国家"千人计划"、57位湖北省"百人计划"和385个国内外高层次生物人才团队。例如邓子新，著名微生物学家、中国科学院院士，同时还是武汉大学药学院和上海交通大学生科院的院长。2010年6月，邓子新教授经全球"海选"，出任武汉生物技术研究院院长，还带来一支10多位"牛人"组成的强大科研团队，他们来自英国剑桥大学、美国哈佛大学、斯坦福大学等世界名校。二是基础人才与平台。武汉科教资源丰富，人文积淀深厚，武汉大学、华中科技大学、华中师范大学、中南财经政法大学等30余所知名高校，拥有百万名在校大学生。每年武汉高等院校的生物类专业毕业生达6万多人，涵盖生物技术、临床医学、药学、化工制药、

① 人福医药集团股份公司：http://www.humanwell.com.cn.

生物信息学等多个专业。七年来，光谷生物城与中科院武汉分院、华中科技大学、武汉理工等多个高校院所签下战略协议，就产研结合、成果转化、人才培养进行深度合作，充分发挥教育资源的优势，让更多人才留在湖北，投身生物产业。

（2）生物产业金融资本持续创新子板块。生物企业研发周期长、投资大、风险高，融资的难度比一般企业更大。同时，处于成长初期企业的自身规模小、资产少、缺少抵押物、担保能力弱、信用等级低的种子阶段，资金来源一般考虑个人资本和政府资金支持。因此光谷生物城聚集各方资源，借力投资机构、银行、券商、区域性股权交易中心等金融机构，搭建企业与金融机构沟通平台，营造生物城投融资氛围。一是引导发起基金，直接和间接参与光谷生物城产业创投基金、高新成长基金、科技创业天使投资基金、人福创业投资基金、生物博润基金等 10 支基金，募集资金 18. 1 亿元。2016 年初设立 10 亿元生物医药专项基金，重点支持关键技术研发和成果产业化、技术创新平台建设。二是引进海内外投资机构，形成投资主体来源多元化。引进凯鹏华盈、红杉资本、经纬中国、美国富达基金、君联资本等海内外近 20 家投资机构驻扎光谷生物城，形成了扎堆效应。三是与银行合作，创新科技金融产品，先后与民生银行、建设银行设立"生物科技基金贷"和"生物城助保贷"，向生物城中小微企业投放贷款约 4. 12 亿元。并将光谷生物城作为各银行试行科技金融创新的试验田，如农商行提供保险、汉口银行"萌芽贷"等。此外，光谷生物城还与区域股权交易中心、全国中小企业上市联盟、新三板智库合作，多次联合武汉市股权交易中心、长江证券、中心证券等券商举办"科技板""四板""三板"挂牌的动员会，推动中小微企业登陆多层次的资本市场。2015 年新增 12 家新三板企业、5 家"四板"企业和 54 家"科技板"挂牌企业，上市公司数量达到 102 家。

（3）生物产业政府支持持续创新子板块。从硬件的基础设施上，合理规划园区、分类引导产业。七年来，东湖高新区一直坚持"突出特色、错位发展"的理念建设光谷生物城，规划 30 平方公里，建设了 6 个专业园区。其中，生物创新园、生物医药园、生物农业园和医疗器械园 4 个园区已经基本建成，医学健康园正在加紧建设，水、电、路、气、蒸汽、污水处理等基础设施和生活配套逐步完善，中新生物园正在抓紧推进拆迁、管线工程等前期建设工作。园区通过专业设施的建设，引导企业有序聚集，增强了产业的集中度①。从软件的政策配套上，光谷生物城出台或制定一系列优惠政策，促进生物产业的发展，提高光谷生物城

① 光谷生物城：http://www.biolake.gov.cn.

的区域竞争力,而这些优惠政策的初衷和目的都针对创新创业的根本。在产业园区建设初期的2011年,湖北省出台《中共湖北省委、湖北省人民政府关于促进生物产业发展的若干意见》,在行政审批、项目用地、龙头企业培育、中小企业集聚、产学研合作等方面给予生物城起步期的大力支持;在产业萌芽期的2014年,出台《关于促进生物健康产业发展的实施意见》,推动创新支撑和公共服务体系建设、科技创新、成果转化及产业化进程;2015年,又出台了《关于进一步促进生物产业发展的若干意见》,围绕深化行政审批制度改革、推广自主创新技术及产品、创造产业发展环境三个方面设置了24条具体政策条款,进一步加大支持力度;2016年完成了《东湖高新区"十三五"生物健康产业规划》的编制工作。

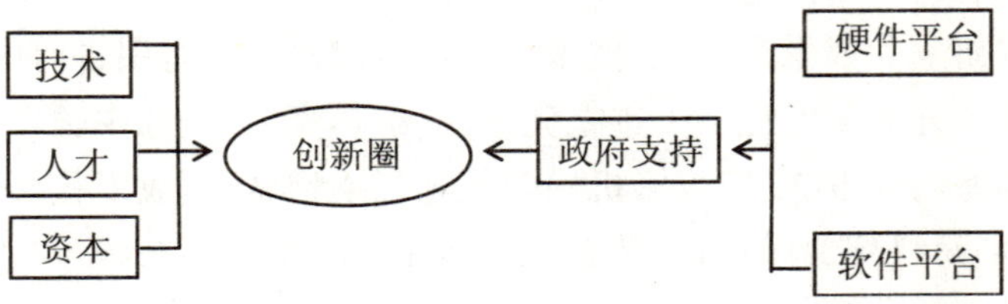

图8-2 武汉光谷生物城持续创新能力板块组成

三、生物产业持续创新能力运行板块

光谷生物城在国家持续创新能力的基础支持上,通过内、外部持续创新因素的融合与组成,构成生物产业持续创新板块。同时,这些融合元素与创新因子需要有机运行、密切配合,使这些创新要素在整个持续创新模型中呈现出明显性、不可或缺性与动态性等特征,构成了该产业持续创新的运行板块。

1. 生物产业持续创新服务圈。根据生物医药行业的特殊性,生物产品要推向市场必须要拿到上市的"通行证",即通过省市相关机构的检验和审批。光谷生物城整合省、市服务资源,建立产业持续创新服务圈,力图企业"足不出园",便可办理生物药品的各类检验审批手续。2010年,湖北省食品药品监督检验中心在光谷生物城开工建设,项目包括湖北医疗器械质量监督检验中心、湖北生物制品检定所、湖北新药评审中心等;2011年,武汉口岸药品检验所在光谷生物城奠基,这是我国中部地区唯一的口岸药品检验所;2012年,湖北省药监局东湖直属分局正式在光谷生物城办公;2014年,湖北省疾病预防控制中心安评中心搬迁至光谷生物城;2015年,湖北省食品药品监督检验研究院光谷生物城院区正式启用。各类检验审批机构,采取搬迁至光谷生物城或在光谷生物城设立分局的方式,就地办理新药检验、检测和申报等业务,形成了行政审批"一站式"、技术检测"零距离"、第三方服务"全覆盖"的审批服务体系,为企业节省了大量的财力、人力和物力,他们将更多的时间与精力投入到创新活动之中,开发出更多的先进技术,创造出更多的领航产品。

2. 生物产业持续创新孵化圈。生物行业具有投入大、周期长、收益慢等特征,仅就投入来说,一台专业的生物实验设备,动辄几十上百万元,是一般小微企业与初创企业"不能承受之重"。因而,给初创的生物企业提供孵化平台,既能实现初创扶持期的规模供给,也能使投入成本降至最低。光谷生物城持续创新孵化圈基本分三个平台实现。一是服务供给平台。从孵化专业来说,覆盖生物医药、医疗器械、生物农业等多个专业领域,企业只需要"对号入孵",便可在这开启"创新之旅"。从孵化服务来说,不仅提供从企业注册、行政外包、人事外包到企业融资等一条龙专业化服务,而且还提供创业培训、信息查询、产品测试、科学仪器共享等特色服务。二是专业技术平台。2009 年,湖北省委、省政府整合武汉大学、华中科技大学、华中农业大学、中科院武汉分院等优势资源,组建武汉生物技术研究院,入驻光谷生物城,下设六大研究中心,建有公共服务平台和中试转化平台,在生物技术应用研究开发、专业服务和成果转化等方面,为企业自主创新和产业转型提供技术支持。三是公共技术平台。在生物研究院中包括生物技术基础仪器、分析检测、高通量筛选、生物制备与中试、分子成像与模拟等 8 个公共服务子平台,配备生物实验大型仪器设备 267 台,其中包括第三代单分子测序仪、X-ray 单晶衍射仪等世界上最先进的实验仪器设备。除此以外,光谷生物城还有 GLP 药物安全评价中心、蛋白三维结构分析公共服务平台、医疗器械生产注册代理服务平台、干细胞储藏研究、农产品电子商务等 30 多个公共技术服务平台。企业只需要通过网上预约,并支付少量的服务费,就可以轻松使用这些仪器设备或得到相应的服务。2016 年 3 月,国家科技部火炬中心官网正式公布 2015 年度新认定国家级科技企业孵化器名单,武汉光谷生物医药科技企业孵化器成功通过复审,获评国家级的科技企业孵化器。至此,光谷生物城已拥有五家国家级科技企业孵化器。

3. 生物产业持续创新联盟圈。光谷生物城的持续创新产业圈,除了在技术创新基础上,建立产品生产专业园区外,还整合各自企业优势,建立企业间的产业联盟。产业联盟作为一种企业"抱团取暖"的组织形式出现,帮助企业分担风险,降低成本,提升创新力。2012 年 1 月,"东湖国家创新示范区生物医药行业

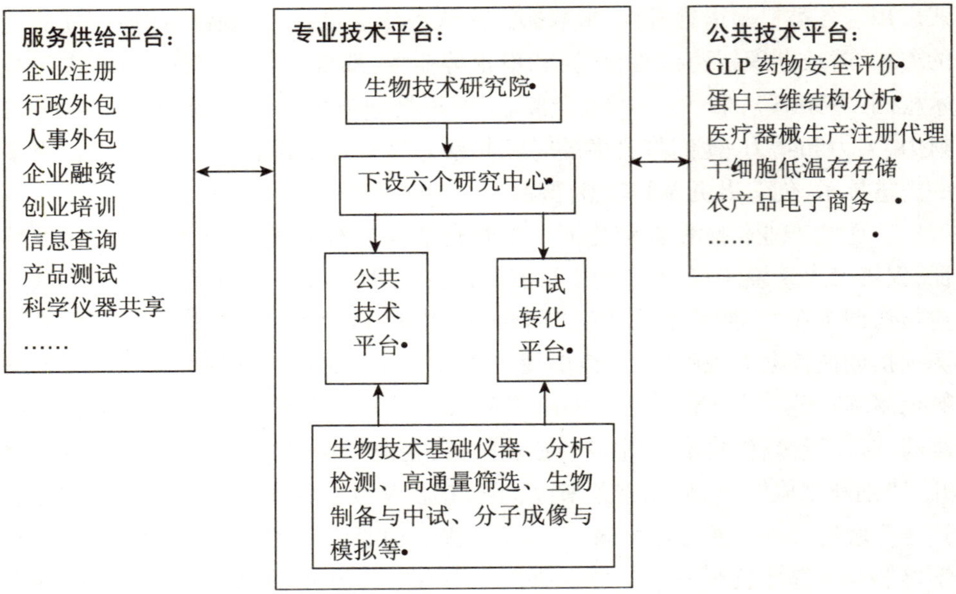

图 8-3　武汉光谷生物城持续创新孵化圈架构

协会"成立，通过举办国际高峰论坛、创新成果对接、项目申报培训、企业家沙龙、技术交流培训等活动，促进医药产业链各环节交流互动；2012 年，"光谷生物城国际医药企业战略联盟"成立，美国芝加哥生物科技协会、匈牙利国家生物科技协会、土耳其国家生物医药园等近 50 家生物医药园区、企业纷纷加盟；2013 年，光谷生物城成立帮企业"跑腿"联盟，联盟企业的产品生产资质、审批等各种繁琐手续由联盟代劳，企业可以专心关注产品研发和市场推广；2015 年，"武汉·中国光谷智慧医疗及健康产业联盟"在光谷生物城成立，吸纳智慧医疗及大健康产业研发、生产、市场化的优势企业近百家。成百上千的企业，营造一个"创新联盟圈"。不论你是小微企业，还是海归企业，又或者是大中企业，大家相互学习，共同成长，都是最大的受益者。若积累到一定程度，必将会超常规发挥，大幅度提高整个产业实力和行业竞争力，实现该区域的产业规模效应。

4. 生物产业持续创新文化圈。培育浓郁的创新意识，增强整体创新能力，促进创新成果转化是构建创新文化的根本目的。为了促进光谷生物城的科技与国际创新体系的交融，七年来，光谷生物城举办或参与了 30 余次国际高峰论坛活动。2013 年 11 月，"第四届中国现代中药产业发展论坛"在光谷生物城举行，来自海内外的 200 余业内专家学者、企业代表共同探讨中药产业发展新机遇；2014

年 10 月,“第三届国际生物药高峰论坛”在光谷生物城召开,讨论当前生物药领域的发展趋势和关键技术;2015 年 6 月,“国际再生医学材料会议”在光谷生物城召开,来自美国、韩国、日本、加拿大等国的学者,开展生物医学材料国际学术交流与探讨。这些论坛活动,让光谷生物城的企业有更多的机会接受来自全球先进的生物“文化”和“思想”的熏陶。在这种熏陶下,他们的思想更加开明,视野更加开阔,创新意识增强,更主动参与创新联盟圈的建立。

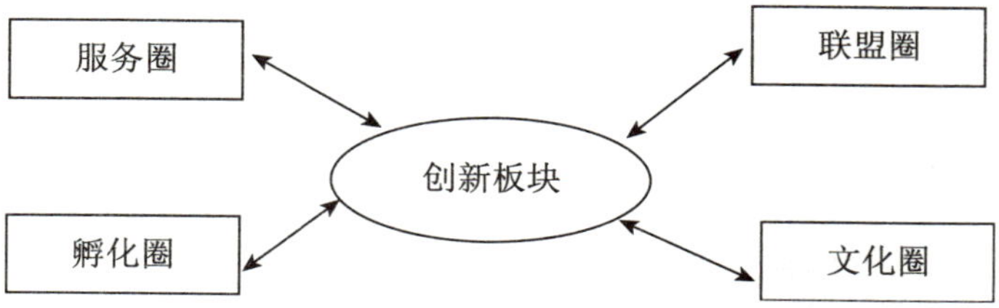

图 8-4　武汉光谷生物城持续创新能力板块的运行图

结论与展望

一、结论

通过研究，本书得到的主要结论如下：

1. 战略性新兴产业是我国实现产业更迭过程中即将占主导地位的支柱性产业，该产业的持续创新能力可以作为我国产业转型能否成功的重要标志之一。其运行机理是基于技术周期理论，这是研究的理论基础和理论根源。结合产业持续创新能力相关基础理论，科学界定了战略性新兴产业持续创新能力的内涵，总结该产业与传统产业可持续创新在战略定位、技术创新、价值创造等方面有明显差异，总结出战略性新兴产业持续创新能力具备创新元素系统性、创新时间持续性、创新环境动态性与创新方式多样性的特征。运用技术生命周期理论合理剖析了战略性新兴产业在技术产业不断演进过程中，即技术研发期、技术突破期、技术生产期及技术商业期四个不同周期应具备的各种持续创新能力。在此基础上，提炼出该产业持续创新的三种新模式，即进程创新、方式创新与主体创新，提示了战略性新兴产业持续创新能力形成的机理。

2. 一个国家的战略性新兴产业持续创新能力的形成，需要基于三个方面的元素共同组成。一是基础板块即国家战略引导能力，国家战略的有效引导能够使战略性新兴产业形成合力，不仅克服成长初期的各种障碍性因素，也能在国际市场形成强大的竞争力。二是支持板块，由产业内部创新能力与外部支持能力组成。内部创新能力按照产业生命周期理论可以由前沿技术、生产组织、商业模式三个方面共同组成，分别代表该产业由实验室环节、生产环节到商业环节的运行系统。外部支持能力是使内部创新运行系统达到效率最大化的政策改善体系，确保该产业在各个运行阶段协调运转。三是运行板块，由支持板块的四个子运行系统共同构建。重在调配各供给要素间相互关系，强效推进战略性新兴产业内部创新、外部支持两方面有序运行、协同发展。

3. 运用 DEA-Malmquist 指数模型得到的结论,我国战略性新兴产业创新效率的总体增长主要来源于技术进步的贡献,资源配置效率的下滑对该产业创新效率的增长造成了不利影响。每当技术进步促进科技创新效率上升时,总会遇到来自资源配置效率下降的束缚。从企业间产业创新效率的变动看,股份制背景的新兴企业的资源配置效率明显高于民营和国有的有限责任公司的资源配置效率,却和企业的规模没有关系。这说明股份制企业既是具有更强的和更完善的自我约束,更灵活的自我发展的经营管理机制,能够使实体性资源得到充分的发挥。资源配置体制创新(如市场机制建立、企业体制的完善)则使得到实体性资源的效能得到充分发挥。同时,运用 FCE 模糊评价法发现战略性新兴产业持续创新能力的各项指数发展并不是十分均衡,其中模块化组织能力指数(C)和支持体系能力指数(D)比较低。说明战略性新兴产业尚需在项目管理决策能力、企业管理激励机制、内部协调顺畅性、市场融资能力、创新人才激励能力、政策创新扶持能力等方面尚需加强。

4. 构筑战略性新兴产业的持续创新能力,无疑需要从三个子板块对其进行加强,即对基础板块要增强国家战略引导创新能力、对支持板块要培育要素环节的协同创新能力、对运行板块要优化产业模式的运营创新能力。

二、展望

本书对战略性新兴产业持续创新能力的运行机理进行分析,提出该产业持续创新能力的理论模型。该模型基于基础板块的支持上,构建支持板块和运行板块,选择以特色区域武汉市为例,构建战略性新兴产业持续创新能力的评估体系,运用 DEA-Malquist 指数法和 FCE 模糊综合分析法对其进行实证检验,并以生物产业为例,构建该产业的持续创新能力模型与运行体系。本书的研究目标已基本达到。

但是由于影响战略性新兴产业可持续创新能力的影响因素纷繁复杂,本书只是从某些角度对其进行简化和梳理,对于影响一些制度方面的因素研究不够深入。而且,战略性新兴产业的研究尚处于初期,故本书的研究还有许多待深入研究内容:战略性新兴产业还只是近年来的发展方向,目前还没有专门的统计口径和数据发布,因此其数据的可获得性是制约研究检验结果完整性和可靠性的主要因素;另外,目前尚没有十分完美的评估研究方法,无论哪种前沿的研究方法,都有其利弊,本书的研究只能根据数据的特征和研究的内容,适当的选取较为有效的方法来进行实证。而且，随着改革制度不断深入与推进，运行板块还在不断更新与升级中。本书有待进一步深入研究的内容，包括战略性新兴产业的创新动力、创新机制之间的关系，以及不同区域间战略性新兴产业的比较、对战略性新兴产业的技术效率、影响力系数等方面的研究。

参考文献

[1] 陈昌曙.技术哲学引论[M].北京:科学出版社,1999.

[2] 曹东溟.技术创新契合论[M].沈阳:东北大学出版社,2005.

[3] 陈锦其,徐明华.战略性新兴产业的培育机制:基于技术与市场的互动模型[J].科技管理研究,2013(2):97~108.

[4] 陈柳钦.战略性新兴产业自主创新问题研究[J].中国地质大学学报(社会科学版),2011(5):56~61.

[5] 陈清泰.战略性新兴产业需要信心和宽容[N].人民日报,2010-7-14.

[6] 陈秀珍.战略性新兴产业的发展条件[M].北京:中国经济出版社,2013.

[7] 陈晓田,杨列勋.技术创新十年[M].北京:科学出版社,1999.

[8] 陈一鸣,吴艳.战略性新兴产业基地知识共享研究[J].财经理论与实践,2013(7):84~88.

[9] 陈志.战略性新兴产业发展中的商业模式创新研究[J].经济体制改革,2012(1):112~116.

[10] 邓龙安,刘文军.产业技术范式转移下区域战略性新兴产业自适应创新管理研究[J].科学管理研究,2011(4):7~11.

[11] 杜传忠,李彤.我国战略性新兴产业商业模式的构建研究——以合同能源管理为例[J].济南大学学报(社会科学版),2013(3):60~66.

[12] 冯赫.关于战略性新兴产业发展的若干思考[J].经济研究参考,2010(43):62~68.

[13] 费钟琳,魏巍.扶持战略性新兴产业的政府政策——基于产业生命周期的考量[J].科技进步与对策,2013(2):104~107.

[14] 藤本隆宏.能力构筑竞争——日本的汽车产业为何强盛[M].北京:中信出版社,2007.

[15] 郭丹.战略性新兴产业人力资本产权激励实现路径探析——基于全国 56

家企业调研数据的实证分析[J].经济问题探索,2013(1):77~83.

[16] 顾海峰.产业生命周期、战略性新兴产业演进与金融支持研究——基于资本市场的分析视阈[J].理论学刊,2013(4):56~60.

[17] 李煜华,武晓锋,胡瑶瑛.基于演化博弈的战略性新兴产业集群协同创新策略研究[J].科技进步与对策,2013(1):70~73.

[18] 胡赛全,詹正茂,钱悦,张峰.战略性新兴产业发展的政策工具体系研究——基于政策文本的内容分析[J].科学管理研究,2013(3):66~69.

[19] 黄幸婷,杨煜.后危机时代战略性新兴产业发展研究——基于核心技术联盟知识创造过程的视角[J].中国科技论坛,2010(8):36~40.

[20] 贺正楚,张训,周震虹.战略性新兴产业的选择与评价及实证分析[J].科学学与科学技术管理,2010(12):62~67.

[21] 贺正楚,吴艳.战略性新兴产业的评价与选择[J].科学学研究,2011(5):678~683.

[22] 贺正楚,吴艳,周震虹.基于知识发现的战略性新兴产业识别研究:兼论长三角战略性新兴产业发展[J].南京财经大学学报,2012(7):22~28.

[23] 贺正楚,张训,陈文俊,吴艳.战略性新兴产业的产业选择问题研究[J].湖南大学学报(社会科学版),2013(1):63~68.

[24] 刘彦文.国际金融危机、结构调整与中国的战略性新兴产业发展[J].湖北经济学院学报(人文社会科学版),2010(11):43~44.

[25] 贾根良.评佩蕾斯的技术革命、金融危机与制度大转型[J].经济理论与经济管理,2009(2):5~11.

[26] 姜江.世界战略性新兴产业发展的动态与趋势[J].中国科技产业,2010(7):54~59.

[27] 柳光强,田文宠.完善促进战略性新兴产业发展的税收政策设想——从区域税收优惠到产业优惠[J].中央财经大学学报,2012(3):1~5.

[28] 李红锦,李胜会.战略性新兴产业创新效率评价研究——LED 产业的实证分析[J].中央财经大学学报(社会科学版),2013(4):75~80.

[29] 李华军,张光宇,刘贻新.基于战略生态位管理理论的战略性新兴产业创新系统研究[J].科技进步与对策,2012(2):61~64.

[30] 吕铁,贺俊.技术经济协同转变与战略性新兴产业政策重构[J].科技进步与对策,2012(2):78~89.

[31] 陆坤,向刚.企业持续创新内部人才激励机制研究[J].昆明理工大学学报

（社会科学版），2007（7）：18～22.

［32］ 张志彤，李天柱，银路，马佳，王敏.战略性新兴产业载体分类研究［J］.技术经济，2013（9）：8～14.

［33］ 罗伯特·M.索洛等.经济增长因素分析［M］.北京：商务印书馆，2003.

［34］ 卢文光，关晓琳，黄鲁成.技术创新与战略性新兴产业的协调发展［J］.技术经济，2013（7）：13～17.

［35］ 肖兴志，何文韬，郭晓丹.能力积累、扩张行为与企业持续生存时间——基于我国战略性新兴产业的企业生存研究［J］.管理世界，2014（2）：77～89.

［36］ 赵玉林，石璋铭.战略性新兴产业资本配置效率及影响因素的实证研究［J］.宏观经济研究，2014（2）：72～80.

［37］ 李兴华.战略性新兴产业 100 问［M］.北京：科技出版社，2010.

［38］ 任保全，王亮亮.战略性新兴产业高端化了吗？［J］.数量经济技术经济研究，2014（3）：38～55.

［39］ 李兴宽，向刚，章胜平.基于直觉模糊集的企业持续创新动力综合评价［J］.技术经济与管理研究，2009（6）：27～30.

［40］ 武建龙，王宏起.战略性新兴产业突破性技术创新路径研究——基于模块化视角［J］.科学学研究，2014（4）：508～518.

［41］ 李永周，刘江日.创新系统范式的古典解释与最新进展［J］.技术经济与管理研究，2011（8）：41～45.

［42］ 柳卸林.21 世纪的中国技术创新系统［M］.北京：北京大学出版社，2000.

［43］ 李支东，章仁俊.企业持续创新能力评价研究［J］.商业研究，2009（8）：8～10.

［44］ 刘志彪.战略性新兴产业的高端化——基于“链”的经济分析［J］.产业经济研究，2012（3）：9～17.

［45］ 迈克尔·波特.国家竞争优势［J］.北京：华夏出版社，2002.

［46］ 马亮，张清辉.R&3D 视角的战略性新兴产业关键共性技术合作研发探讨［J］.生产力研究，2013（1）：148～150.

［47］ 牟绍波.战略性新兴产业集群式创新网络及其治理机制研究［J］.科学进步与对策，2013（11）：55～59.

［48］ 梁军.自主发展还是被俘获：发展战略性新兴产业的抉择［J］.天津社会科学，2011（3）：76～82.

［49］ 欧雅捷，林迎星.战略性新兴产业创新系统构建的基础探讨［J］.技术经

济,2010(12):7~11.
[50] 乔军华.战略性新兴产业发展金融环境比较研究——美国、芬兰的公私协作经验及其对中国的启示[J].科技进步与对策,2013(9):56~60.
[51] 饶扬德等.创新协同与企业可持续成长[M].北京:科学出版社,2012.
[52] 任志成.战略性新兴产业创新价值链锻造方向选择研究[J].南京社会科学,2013(6):22~29.
[53] 宋波,傅元章,史占中.战略性新兴产业公私合作制培育模式分析:基于混合组织的视角[J].中国科技论坛,2013(3):77~81.
[54] 巫强,刘蓓.政府研发补贴方式对战略性新兴产业创新的影响机制研究[J].产业经济研究,2014(6):41~49.
[55] 宋婷安,张峥.企业持续创新能力研究述评[J].技术与创新管理,2010(4):388~391.
[56] 陆国庆,王舟,张春宇.中国战略性新兴产业政府创新补贴的绩效研究[J].经济研究,2014(7):44~55.
[57] 孙颖,包海波.战略性新兴产业的知识产权作用机制研究[J].科技管理研究,2013(5):141~145.
[58] 陆国庆,王舟,张春宇.中国战略性新兴产业政府创新补贴的绩效研究[J].经济研究,2014(7):44~55.
[59] 托马斯·杜兰德.权能的魔力——战略柔性[M].北京:机械工业出版社,2000.
[60] 托尼·达维拉,马克·J.爱泼斯坦,罗伯特·谢尔顿.持续创新的七条法则[M].北京:中国人民大学出版社,2012.
[61] 王程韡.战略性新兴产业是可“选择”的吗[J].科学学与科学技术管理,2013(7):131~140.
[62] 邓洲.技术导入与战略性新兴产业发展[J].经济管理,2014(7):19~30.
[63] 文丰,王玉.企业持续技术创新的路径及传导机理[J].经济管理,2006(7):39~44.
[64] 王宏起,苏红岩,武建龙.战略性新兴产业空间布局方法及其应用研究[J].中国科技论坛.2013(4):28~34.
[65] 刘晖,刘轶芳,乔晗,胡毅,程伟,易香华.我国战略性新兴产业创新驱动发展路径研究——基于北京市生物医药行业的经验总结管理评论[J].管理评论,2014(12):20~28.

[66] 汪秋明,韩庆潇,杨晨.战略性新兴产业中的政府补贴与企业行为——基于政府规制下的动态博弈分析视角[J].财经研究,2014(7):43~53.

[67] 吴永忠,关士续.技术创新系统建构观:背景及其涵义自然辩证法通讯,2002(4):32~39.

[68] 小艾尔费雷德.D.钱德勒.看得见的手——美国企业的管理革命[M].北京:商务印书馆,1987.

[69] 夏保华.企业持续创新的结构[M].沈阳:东北大学出版社,2001.

[70] 向刚,汪应洛.企业持续创新能力:要素构成与评价模型[J].中国管理科学》,2004(6):137~142.

[71] 向刚.企业持续创新[M].北京:科学出版社,2006.

[72] 魏江.企业技术能力论——技术创新的一个新视角[M].北京:科学出版社,2002.

[73] 薛捷,张振刚.基于市场侵入模式的持续性创新和破坏性创新研究[J].中国科技论坛,2010(9):28~33.

[74] 徐莉.增强企业持续创新能力的对策研究——从克服技术创新核心刚性视角[J].江西社会科学,2007(2):140~142.

[75] 解学梅,隋映辉.科技产业集群持续创新的周期演化机理研究[J].科研管理,2008(1):107~114.

[76] 熊勇清,李世才.战略性新兴产业与传统产业耦合发展研究[J].财经问题研究,2010(10):84~87.

[77] 熊勇清.战略性新兴产业与传统产业互动耦合发展研究[J].北京:经济科学出版社,2013(10):38~44.

[78] 解学梅,赛星.科技产业集群持续创新系统运作机理:一个协同创新观[J].科学学研究,2008(8):838~845.

[79] 张少春.中国战略性新兴产业发展与财政政策[M].北京:经济科学出版社,2010.

[80] 约瑟夫·熊彼特.经济发展理论[M].北京:商务印书馆,1990.

[81] 熊正德,詹斌,林雪.基于 DEA 和 Logit 模型的战略性新兴产业金融支持效率[J].系统工程,2011(6):35~41.

[82] 张鹏.模块化全球生产网络与我国战略性新兴产业嵌入发展[J].技术经济,2013(7):47~52.

[83] 张嵎喆,王俊洋.培育战略性新兴产业的政策述评[J].科学管理研究,

2011(3):1~6.
[84] 中国国际经济交流中心课题组.打造中国经济升级版[M].北京:人民出版社,2013.
[85] 赵玉林,史玉芬.中国战略性新兴产业集聚的组织效应实证分析——来自武汉·中国光谷生物城的调研[J].科学学与科学技术管理,2012(10):89~98.
[86] 周菲,王宁.芬兰发展战略性新兴产业的经验与启示[J].理论参考,2010(11):29~31.
[87] 周珊珊,赵玉林.持续创新:国外创新研究的新趋向[J].自然辩证法研究,2007(1):68~71.
[88] 周绍东.战略性新兴产业创新系统研究述评[J].科学管理研究.2012(8):40~42.
[89] 朱瑞博,刘芸.我国战略性新兴产业发展的总体特征、制度障碍与机制创新[J].社会科学,2011(5):65~72.
[90] 黄海霞,张治河.基于DEA模型的我国战略性新兴产业科技资源配置效率研究[J].中国软科学,2015(1):150~159.
[91] 张志彤,李天柱,银路,马佳.战略性新兴产业载体配置研究[J].科研管理,2015(4):73~81.
[92] 熊勇清,李晓云,黄健柏.战略性新兴产业财政补贴方向:供给端抑或需求端——以光伏产业为例[J].审计与经济研究,2015(5):95~102.
[93] 张其春,郗永勤.基于"四链"协同升级的战略性新兴产业发展研究——以我国稀土产业为例[J].当代财经,2015(5):86~96.
[94] 熊勇清,李鑫,黄健柏,贺正楚.战略性新兴产业市场需求的培育方向:国际市场抑或国内市场——基于"现实环境"与"实际贡献"双视角分析[J].中国软科学,2015(5):129~138.
[95] 霍影,霍金刚.地方产业经济发展策略选择:传统产业是否应让位于战略性新兴产业——协同发展视阈下战略性新兴产业布局与传统产业升级路径[J].科技进步与对策,2015(5):28~31.
[96] 曹虹剑,张建英,刘丹.模块化分工、协同与技术创新——基于战略性新兴产业的研究[J].中国软科学,2015(7):100~110.
[97] 刘晖,刘轶芳,乔晗,胡毅.我国战略性新兴产业技术创新效率研究[J].系统工程理论与实践,2015(9):2296~2303.

[98] Cook W. D., Seiford L. M.. Data envelopment analysis(DEA) Thirty years on [J]. European Journal of Operational Research, 2009, 192(1): 1～17.

[99] Charnes A., Cooper W. W., Rhodes E.. Measuring the efficiency of decision making unites[J]. European Journal of Operational Research, 1978, 2(6): 429～444.

[100] Aigner D., Lovell C. A., Schmidt P.. Formulation and estimation of stochastic frontier production function models[J]. Journal of Econometrics, 1977, 6(1): 21～37.

[101] Aghion, Philippe & Howitt, Peter. "A Model of Growth Through Creative Destruction", *Economet rt*, 1992(3).

[102] A.O.Hirschman, The Strategy of Economic Development, *New Haven: Yale University Press*, 1958.

[103] Arestis, P., Financial Development and Economic Growth: Assessing the Evidence, *The Economics Journal*, 1997(5).

[104] Arrow, Kenneth. J., "The Economic Implication of Learning by Doing", *Econometrical*, 1962(5).

[105] Beck, T., Levine, R., Loayza, N., Finance and the Sourcesof Growth, *Journal of Financial Economics*, 2000.

[106] Biggadike, E. R. Corporate Diversification: Entry, Strategy and Performance. Graduate School of Business, *Harvard University*, 1976.

[107] Bond, R.S., Lean, D.F. Sales Promotion and Product Differentiation in Two Prescription Drug Markets, Economic Report, *Federal Trade Commission*, 1977.

[108] BRESCHI S, MALERBA F. Seetoral innovation systems: teehnological regines, Schum peterian dynamies, and spatial boundaries, Edquist. Systems of Innovation: Teehnologies, *Institutions and Organizations. London: Pinter*, 1997.

[109] Bush V., Science and the Endless Frontier, *National Science Foundation: Washington. DC*. 1945.

[110] Clayton M. Christensen. The Innovator's Dilemma. China CITIC Press,. Andersson. *Regional innovation systems: institutional and organizational dimension*[*J*]. *Research Policy*. 1997(2).

[111] CUNNINGHAM N J.Industrial innovation,*Business History*,1960(2).

[112] DeCastro,J.O.,Chrisman,J.J.Order of MarketEntry,Competitive Strategy,and Financial Performance,*Journal of Business Research*,1995(33).

[113] Dillon,W.R.,Calantone,R.,Worthing,P.The New Product Problem: An Approach for Investigating Product Failures,*Management Scienc*,1979(25).

[114] Dodgson,M.,and Rothwell,R.The Handbook of Industrial Innovation,*UK: Edward Elgar Publishing Limited*,1994.

[115] Eisenhardt,K.M.& Martin J.A.Dynamic capabilities: what are they? *Strategic Management Journal*, 2000(21).

[116] Erdogmus S, Koc E.Multi-criteriaselection for a wind observation station location using analytic hierarchy process,*Renew Energy*, 1997(29).

[117] Estades,J.,and Ramani,S.V.Technological Competence and Influence of Networks,*Technology Analysis&Strategic Management*,1998(10).

[118] F. Gertsen.Editorial: Continuous Innovation,Int.J.*Technology Management*, 2003(11).

[119] Freeman,C.,and Soete,L.The Economic of Industrial Innovation(Third Edition),*London*:*Pinter*,1997.

[120] G.A.Soosay.Continuous Innovation in Logistics Services:An Empirical Study of Distribution Centres,*University of Western Sydney*,2003.

[121] Gereffi, G., Humphrey, J., &Sturgeon, T.The Governance of Global Value Chains,*Review of International Political Economy*, 1999(12).

[122] Gereffi G.,International Trade and Industrial Upgrading in the Apparel Commodity Chain,*Journa l of Interna tional Economics*,1999(48).

[123] Ghironi, F., & Melitz, M.J.International Trade and Macroeconomic Dynamics with Heterogeneous Firms,*Quarterly Journal of Economics*, 2005(3).

[124] Giuliani E.,The structure of cluster knowledge networks: RIS,*SPRU working paper*, 2005.

[125] Greenwood, J., Jovanovic, B., 1990, Financial Development,Growth,and the Distribution of Income,*Journal of Political Economy*, 1998(5).

[126] Grossman,Gene M.& Helpman, Elhanan (1991), Innovation and Growth in the Global Economy,*the MIT Press*, 1991.

[127] H Boer,E Gertsen.From Continuous Improvement to Continuous Innovation:

a(retro)(per)spective, *International Journal of Technology Management*, 2003(11).

[128] H. Boer, J. Kuhn, F. Gertsen. Continuous Innovation, *CINet Working Paper Series*, 2006(1).

[129] HELFAT C. E., PETERAF M. A., The Dynamic Resource-based View: Capability Lifecycles, *Strategic Management Journal*, 2003(10).

[130] Hidalgo, C.A., Klinger, B., Barabasi, A.L., &Hausmann, R.The Product Space Conditions the Development of Nations, *Science*, 2007(317).

[131] Identification of Strategic Industries: A dynamic Perspective , Bart Los., *Journal of Economics*, 2004(4).

[132] J.Rodriguez.Achieving Continuous Innovation in Todaycs Competitive Economy ,*Renaissance Executive Forums*, 2003.

[133] Kline, S., and Rosenberg, N. An Overview of Innovation, in Landon and Rosenberg: The Positive Sum Strategy, *National Academy Press*, 1986.

[134] Leonard Barton, D.Core capabilities and core rigidities: a paradox in managing new product development, *Strategic Management Journal*, 1992(12).

[135] Lilien, G.L., Yoon, E.The Timing of Competitive Market Entry: an Exploratory Study of New Industrial Products, *Management Science*, 1990, 36(5).

[136] Lin, P., Saggi, K.Timing of Entry Under Externalities, *Journal of Economics*, 2001, 75 (3).

[137] Lucas, Robert E., J r., "On the Mechanics of Economic Development", *Journal of Monetary Economics* , 1988(9).

[138] MALERBA F..Sectoral systems of innovation: A framework for linking innovation to the knowledge base, structure and dynamics of sectors, *Economics of innovation and new technology*, 2005, 14 (1~2).

[139] McKinsey Global Institute, Curbing Global Energy Demand Growth: The Energy Productivity Opportunity, *San Francisco*, 2007(5).

[140] Michael E.Porter.Competitive advantage, agglomeration economies, and regional policy, *International Regional Science Review*, 1996(19).

[141] Mil . Terziovski, Amrik S Sohal.The adoption of continuous improvement and innovation strategies in Australian manufacturing firms, *Technovation*, 2000(20).

[142] M.Russo.The emergence of sustainable industries: building on natural capital., *Strategic Management Journal*, 2003, 24(4).

[143] Murray B.Low, Eric Abrahamson.Movements, bandwagonsand clones: industry evolution and the entrepreneurial process, *Journal of Business Venturing*, 1997, 12 (6).

[144] Nolan, P.China and the Global Business Revolution, *Cambridge Journal of Economics*, 2002, 26(10).

[145] OECD, Oslo Manual: Guidelines for Collecting and Interpreting Innovation Data (3rd ed), *Paris: A joint publication of OECD and Eurostat*, 2005.

[146] Robert, E Cole.From Continuous Improvement to Continuous Innovation, *Total Qulaity Management*, 2002(11).

[147] Robinson, W.T., Fornell, C.Sources of Market Pioneer Advantages in Consumer Goods Industries, *Marketing Research*, 1985, 22 (3).

[148] Romer, P.M.(1990), "Endogenous Technological Change", *Journal of Political Economy*, 1998 (8).

[149] Rothwell, R., and Robertson, A.The Role of Communications in Technological Innovation, *Research Policy*, 1973(2).

[150] Stewart F.International transfer of technology: Issues and policy options, In Streeten P, Jolly R (eds).Recent issues in world development. *Oxford: Pergamon Press*, 1981.

[151] Stephen M.Shapiro.24/7 Innovation: A Blueprint for Surviving and Thriving in an Age of Change, *McGraw-Hill Trade*, 2001.

[152] Szymanski, D.M., Troy, L.C., Bharadwaj, S., G.Order of Entry and Business Performance: AnEmpirical Synthesis and Reexamination, *The Journal of Marketing*, 1995, 59(4).

[153] Tichy G.Clusters.Less, Dispensable and More Risky than Ever Clusters and Regional Specialisatio, *Published by Pion Limited*, 1998.

[154] Urban, G. L., Carter, T., Gaskin, S. Market Share Rewards to Pioneering Brands: An Empirical Analysis and Strategic Implications, *Management Science*, 1986, 32 (6).

[155] Vernon, R., International investment and international trade in the product cycle, *Quarterly Journal of Economics*, 1966.

[156] Whitten, I.T.Brand Performance in the Cigarette industry and the Advantage to Early Entry, Federal Trade Commission, *Bureau of Economics*, 1979.

[157] William J. Abernathy and James M. Utterback, Patterns of Innovation in Technology, *Technology Review*, 1978, 80(7).

[158] Yeung, B., Mitchell, W., Shaver, J. M. ForeignEntrant Survival and Foreign Market Share: Canadian Companies Experience in the United States Medical Sector Markets, *Strategic Management Journal*, 1994, 15(7).

附录一

关于战略性新兴产业持续创新能力调查问卷

尊敬的女士/先生您好：

非常感谢您在百忙之中阅读并填写这张调查问卷！我们目前正在进行一项关于战略性新兴产业持续创新能力的研究，恳请您给予宝贵的意见！您的协助将使此项研究的内容更加深入、结论更为正确。本问卷所得资料，纯粹用于学术研究，不作其他用途，敬请放心填答。我们郑重承诺对您所提供的资料绝对保密。

再次感谢您的支持与配合！顺祝身体健康、万事如意！

战略性新兴产业持续创新能力研究组

贵企业基本情况：

1. 企业名称：________________________
2. 注册资本：________________________
3. 所属行业：(请选择，如以下都不是请自行填写)

A. 节能环保　　B. 新一代信息技术　　C. 生物

D. 高端装备制造　　E. 新能源　　F. 新材料

G. 新能源汽车产业　　H. 北斗卫星及地理信息

4. 企业性质：________________________
5. 填表人所在部门/职务/工龄：________________________

表一:企业持续创新能力评价定量指标体系

序号	测评指标	请根据贵企业实际情况填写
1	企业员工总人数	
2	科技(或研发)活动人员数	
3	科技(或研发)经费总支出	
4	实施科研项目的数量	
5	实施科研项目的成功率	
6	科研成果的实际采用大约比率	
7	科研成果进行商业化大约比率	
8	销售收入	
9	销售利润	
10	新产品(技术)带来的销售收入	
11	新产品(技术)产生的销售利润	
12	技术转让收入	
13	发明专利申请数目	
14	专利申请的成功率	

说明:以上指标均为贵企业上一年度的实际数额。

表二:企业持续创新能力评价定性指标体系

序号	指标	指标重要性					指标评价(贵单位实际情况)				
		5	4	3	2	1	5	4	3	2	1
1	企业家创新精神										
2	企业家对环境的预见能力										
3	项目管理决策能力										
4	职能结构的完整性										
5	内部协调顺畅性										
6	企业的组织文化性										
7	企业管理激励机制										
8	企业家任用机制										

续表

序号	指标	指标重要性					指标评价(贵单位实际情况)				
		5	4	3	2	1	5	4	3	2	1
9	企业信息管理创新能力										
10	科研经费支出										
11	科研人员数量										
12	人员培训支出										
13	科研开发成功率										
14	企业自主专利率										
15	产品生产成本降低率										
16	科研成果转化率										
17	新产品销售利润增长率										
18	对消费者的了解能力										
19	产品的市场占有率										
20	企业品牌能力										
21	财政税收扶持能力										
22	政策创新扶持能力										
23	市场融资能力										
24	创新人才激励能力										
25	灵活的人才能力										

说明:此表包括两部分:一是指标重要性,指标非常重要、重要、一般重要、不重要、很不重要,分别记5、4、3、2、1分;二是贵企业的实际情况,贵企业某项指标优秀、良好、中等、较差、很差,分别记5、4、3、2、1分。

附录二

关于战略性新兴产业持续创新能力评分赋权调查问卷

各位专家：

您好！非常感谢您在百忙之中阅读并填写这张调查问卷！我们目前正在进行一项关于战略性新兴产业持续创新能力的研究，恳请您对下列指标按照您认为重要的程度权重进行打分（总分为10分）！您的协助将使此项研究的内容更加深入、结论更为正确。本问卷所得资料，纯粹用于学术研究，不作其他用途，敬请放心填答。

再次感谢您的支持与配合！顺祝身体健康、万事如意！

战略性新兴产业持续创新能力研究组

战略性新兴产业持续创新能力评分赋权表

目标层	一级指标	权重分数（每一项为10分）
前沿技术	研发投入强度（研发经费/产值）	
	科技人员占从业人员比例	
	科技人员培训支出	
	产业专利申请数	
	产业研究新技术的成果数量	
	有研发技术活动的企业数量	
	技术创新能力	
	产业产值	
	新技术对总产值的贡献度	

续表

目标层	一级指标	权重分数(每一项为 10 分)
商业模式	新技术的市场规模	
	新技术的质量满意度	
	产业之间的竞争程度	
	新产品新流程的商业化	
	企业家的创新精神	
	企业家对市场环境的预见能力	
	企业家的决策判断能力	
	消费者对新产品的接受能力	
	企业的品牌宣传能力	
	营销体制适应能力	
	分销网络能力	
模块化组织	产品通过标准化的部件组装	
	跨部门工作程序的标准化程度	
	成本管理的计划、程序和方法	
	销售商对企业的重要程度	
	网络化商业模式的重要程度	
	企业内部的战略目标性	
	企业内部运转的流畅性	
	企业文化的重要程度	
	企业获得外部信息的重要程度	
支持体系	政府创新政策的扶持能力	
	财政税收的支持程度	
	市场的融资能力	
	创新人才的激励机制	
	灵活的人才能力	
	地方政府的支持能力	
	园区集聚发展的运营能力	
	大型国有企业的带动能力	
	中小企业自主创新的能力	

后　记

在本书即将付印之际，我不禁思绪万千、感慨万分。

回首往昔，时光荏苒，岁月悄逝。十年的基层行政工作、十年的党校教坛生涯，一番前行与忙碌让我站在了四十岁的风景处，这已经是一个不年轻的年纪了。人生过半，才有了自己的处女作，显然是一份迟到的收获。虽然它显得那么幼稚，还有那么多缺憾，但这毕竟是我“从政”到“从教”成功转型的标志，毕竟是我“边工作”与“边学习”并驾齐驱的结晶，毕竟是我“隐忍着冷凳孤灯折磨”与“体味着人生繁华百味”汇聚心头的收获。我想这本书将是我前进路上的起点与鞭策。

该书是在博士论文基础上修改而成的，并且得到了中共武汉市委党校课题“武汉战略性新兴产业持续创新能力研究”(武校〔2014〕10号)的支持。在研究过程中，得到了中南财经政法大学经济学院博士生导师程启智教授的悉心指导。记得第一次与他的见面，他就对我提出“认真研读”的要求，并且一直用这个要求鼓励我这个科研基础薄弱的学生。他对学科前沿的敏锐洞察力、相关问题的逻辑分析力与高屋建瓴的思维力都是我终生学术追求的目标。在本书即将付印之际，谨向我最敬重的导师程启智教授表示深深的敬意和谢意！

在本书撰写过程中，笔者有幸得到了中南财经政法大学诸多博导的指导和帮助，有睿智幽默的曾繁华教授、高端优雅的朱巧玲教授、博学沉潜的杨虎涛教授。感谢您们用深厚的理论功底、丰富的实践经验，对我论文给予了多方面的指导和思维启发，您们的智慧使得本论文更加臻于至致。

衷心感谢中共武汉市委党校杨学文校长和各位校委、我的同仁们，是你们一直大力支持、积极鼓励着我。感谢广西民族大学陈敏娟副教授参与第六、七章的撰写与全文校对工作，感谢武汉市委办公厅黄江波处长、武汉市统计局胡开锋处长、武汉市经信委邵青松处长、武汉东湖综合保税区建设管理办公室郭全录处长、武汉市科技局李云龙科长等，感谢大家为我发放调查问卷，组织实地调研，提供现场咨询，为论文的数据的真实性提供了无私的支持。

衷心感谢我最亲密的家人。感谢我的父母，虽早已年迈却在我求学道路上给予的莫大支持和无私奉献。感谢我的女儿，贴心懂事并与我一起前行在求学求知的道路上。谨以此书献给帮助我、支持我和关心我的老师、朋友和亲人！

囿于时间和本人研究水平的限制，本书尚有很多不尽如人意之处，望专家学者不吝赐教，以期在进一步研究中不断完善。

张　璇

2016 年 8 月于武汉